Accounting and Financial Management Textbook Series

会 计 与 财 务 管 理 系 列 教 材

成本会计学

闫红瑛　赵　莉　主编

图书在版编目(CIP)数据

成本会计学/闫红瑛,赵莉主编.—厦门:厦门大学出版社,2021.6
ISBN 978-7-5615-8251-0

Ⅰ.①成…　Ⅱ.①闫…②赵…　Ⅲ.①成本会计—民族学院—教材　Ⅳ.①F234.2

中国版本图书馆 CIP 数据核字(2021)第 106255 号

出 版 人　郑文礼
责任编辑　许红兵
美术编辑　张雨秋
技术编辑　朱　楷

出版发行　厦门大学出版社
社　　址　厦门市软件园二期望海路 39 号
邮政编码　361008
总　　机　0592-2181111　0592-2181406(传真)
营销中心　0592-2184458　0592-2181365
网　　址　http://www.xmupress.com
邮　　箱　xmup@xmupress.com
印　　刷　三明市华光印务有限公司

开本　787 mm×1 092 mm　1/16
印张　19.5
字数　451 千字
版次　2021 年 6 月第 1 版
印次　2021 年 6 月第 1 次印刷
定价　55.00 元

本书如有印装质量问题请直接寄承印厂调换

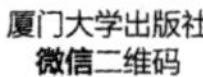

厦门大学出版社
微信二维码

厦门大学出版社
微博二维码

前　言

成本会计是现代企业会计的重要组成部分。成本会计学是高等院校经济、管理类专业的一门重要的专业必修课，这门课程着重讲述企业成本核算的基本理论、基本方法和基本操作技能，其理论性、实践性和应用性都很强。

本教材是在过去成本会计学教材的基础上，吸收国内外成本会计理论的精华，结合我国最新颁布的《企业会计准则》，以及民族院校特点和教学规律而编写的。教材以制造业企业为例，在介绍成本会计基本理论的基础上，将理论与实务相结合，注重培养和提高学生分析和解决企业实际问题的能力。本教材内容体系新颖完整，框架结构简约明晰，理论与实际相结合，体现最新政策精髓。每章配有案例和习题，便于学生梳理重点，掌握所学知识。在以"立德树人"为根本，系统构建"大思政"教育格局背景下，本教材每章设置了思政德育课堂栏目，充分挖掘财会类课程思政资源。因此，以"课程思政"实现协同育人是本教材的特点之一。

本教材分为四篇，共十二章。

第一篇，成本会计理论。该篇由第一章和第二章构成，阐述成本的含义与作用、成本会计的对象和职能、成本会计工作组织、费用的分类、成本核算的原则与要求、成本核算的一般程序和账户设置，系统介绍成本会计的基本理论。

第二篇，成本项目核算。该篇由第三章至第六章构成，系统介绍要素费用、辅助生产费用、制造费用、生产损失的核算方法，以及生产费用在完工产品和在产品之间的核算方法。

第三篇，产品成本计算方法。该篇由第七章至第十章构成，系统介绍产品成本计算的基本方法、辅助方法和其他主要行业成本核算方法。

第四篇，成本报表与成本分析。该篇由第十一章和第十二章构成，介绍成本报表及其编制方法、成本分析的主要方法。

本教材由西藏民族大学闫红瑛、赵莉担任主编，杨西平、秦国华、李爱琴等参与编写。闫红瑛、赵莉负责本教材编写的组织工作及全书的统稿、修改和定稿工作。杨西平编写第一章；李爱琴编写第二章；赵莉、闫红瑛编写第三章；赵莉编写第四章；闫红瑛编写第五章；任富强编写第六章；秦国华、马锦编写第七章；王海苴、刘强编写第八章；张晓雁编写第九章；闫红瑛编写第十章；杨西平、李爱琴编写第十一章；闫红瑛、乔鹏程编写第十二章。

本教材可作为高等学校会计学、财务管理学、审计学等专业学生的课程教材或辅导教材，也可作为企业会计人员培训、自学的参考用书。

本教材是西藏民族大学会计学一流学科建设的成果之一，也是西藏民族大学成本会计重点课程建设的成果。在教材编写过程中，西藏民族大学教务处、财经学院、管理学院等相关部门给予了大力支持和帮助，在此表示感谢！

本教材的编写参考和引用了国内外会计学诸多书籍和网上资料，吸收和借鉴了最新的研究成果，在此向原作者表示感谢！

由于编者水平有限，书中错漏在所难免，敬请同行及广大读者批评指正。

编　者
2021 年 3 月

目 录

第一篇 成本会计理论

第二篇 成本项目核算

第三篇　产品计算方法

第四篇　成本报表与成本分析

第一篇

成本会计理论

第一章　成本会计概述

学习目标

通过本章学习，掌握成本的基本概念，掌握成本会计的含义、职能，理解成本会计的对象与任务，了解成本会计的发展历程与成本会计工作的组织。

引导案例

任何事情都有成本

一本书10万元，一碗粥1万元，你必然不消费，成本太高。你准备开一个店，明确知道亏本，只有傻子才会继续保有热情。

一个人有限的本钱是他的时间。增长本事，积累财富、名声和地位，都得消耗时间，一个人最终极的成本是生命。

一个人建立了成本概念，他就不想浪费时间了。不浪费时间，你的本事自然慢慢变大，你可交换的价值增加，你的自尊也得到满足。同时，你也不可能让他人浪费你的时间，那种让你白干活的……损耗你精力的无用功，你也敢于拒绝。

（资料来源：陈文军.成本会计学——理论、实务与案例[M].北京：电子工业出版社，2017.）

第一节　成本会计概述

一、成本的含义

成本作为商品生产的经济范畴，随着产品生产而产生，又随着商品经济的发展而不断改变其表现形式。特别是在商品经济日趋成熟的今天，出于各种管理的需要，成本更是不断拓宽其发挥作用的领域，在表现形式上更加丰富、完善。成本的概念和内涵也在不断地发展、变化，其范围也在逐渐扩大。学习成本会计就必须首先认识和掌握成本的经济内涵。

（一）理论成本

在市场经济条件下，成本是指商品价值中已经耗费的需要在产品销售收入中获得补偿的那部分价值，即已经消耗的生产资料转移的价值和活劳动消耗的价值。

马克思指出："按照资本主义方式生产的每一个商品 W 的价值，用公式可以表示为 W＝C＋V＋M。如果我们从这个产品价值中减去剩余价值 M，那么，在商品中剩下的，只是一个在生产要素上耗费的资本价值 C＋V 的等价物或补偿价值。"[①]"只是补偿商品使资本家自身耗费的东西，所以对资本家来说，这就是商品的成本价格。"马克思成本价格理论中成为商品"成本价格"的那部分商品价值，指的就是商品成本，即：产品成本的经济内容包括物化劳动 C 和生产者必要活劳动 V 两部分。物化劳动 C 是指生产过程中所耗费的生产资料（劳动对象和劳动资料）转移的价值，如材料耗费、燃料耗费、动力耗费的价值，机器设备、厂房等固定资产的折旧费，工具、用具等低值易耗品的摊销费。生产者必要活劳动 V 是指一定生产力水平下劳动力再生产所需平均生活资料的价值，是劳动者为自己劳动所创造的价值。劳动者在进行生产时，要耗费一部分必要劳动以保证劳动力自身再生产的需要，具体表现为工资及其他工资性支出。

马克思指出："不论生产的社会形式如何，劳动者和生产资料始终是生产的因素。"[②]所以不论是在资本主义市场经济条件下，还是在社会主义市场经济条件下，成本的经济内容都是一样的。根据马克思的成本价格理论，产品的成本由 C＋V 两部分构成，C＋V 构成的内涵既是成本研究的理论基础，又是测算理论价格的依据，所以称之为理论成本。

理论成本是按马克思的价值学说对成本做出的符合其客观经济内涵的高度理论概括，它对正常生产经营下的成本认识具有普遍的指导意义。成本概念中最具典型意义的是产品成本。企业的生产过程既是产品的制造过程，也是物化劳动和活劳动的消耗过程。从理论上说，产品成本是指企业为生产一定种类和数量的产品而发生的生产耗费。所以，成本的经济内涵可以概括为：成本是生产经营过程中所耗费的生产资料转移的价值和劳动者为自己劳动所创造的价值的货币表现，是企业在生产过程中所耗费的资金的综合。

（二）核算成本

在会计核算中，为了保持成本核算口径一致，防止乱挤乱摊成本，核算成本的开支范围是由国家在《企业会计准则》《企业财务通则》《企业会计制度》中统一规定的。核算成本的基础和理论依据是理论成本，但它与理论成本的内涵有一定的差别。

成本开支范围主要包括：

（1）为制造产品而消耗的原材料、辅助材料、外购半成品和燃料动力费。

（2）企业支付给生产单位职工的薪酬，包括工资、奖金、津贴和补贴，职工福利费，医疗保险费、养老保险费、失业保险费、工伤保险费等社会保险费，住房公积金，工会经费和职工教育经费，非货币性福利。

（3）生产用固定资产折旧费、维修费。

（4）生产单位因生产原因发生的废品损失，季节性、修理期间的停工损失。

（5）企业生产单位为管理和组织生产而支付的办公费、水电费、劳动保护费、设计费和差旅费等。

---

① 马克思.资本论：第 3 卷[M].北京：人民出版社，1995：30.

② 马克思.资本论：第 3 卷[M].北京：人民出版社，1995：30.

为了促使企业加强经济核算、节约资源、减少生产损失，充分考虑到经济生活中的许多特殊情况以及相关方针政策的影响，将不属于理论成本的、不形成产品价值的损失（如废品损失、停工损失等），也允许计入产品成本。同时，为了简化成本核算工作，对于属于理论成本的、企业物化劳动耗费和活劳动耗费的部分（如管理部门的固定资产折旧和管理人员薪酬等），则作为期间费用直接计入当期损益而不再计入产品成本。

我国由国家通过有关法规、制度界定的成本开支范围，是我们在成本核算中应遵循的规则，它对于加强成本管理、正确评价企业的经济效益、保证企业再生产的顺利进行具有重要意义。

（三）管理成本

成本概念产生于商品生产的经济环境中。作为管理的重要手段，成本的内涵和外延也随着商品经济的不断发展而处于不断的变化之中。世界各国由于具体情况不同，对成本概念的认识和对实际应用成本的规定也不完全一致。服从于成本管理的不同目的，服务于成本信息的不同需要，形成了成本定义更为广泛的外延和成本表现形式的各种不同组合。

在管理会计中，为了进一步研究成本，满足成本核算的要求，有效地进行成本预测、决策、计划和控制，寻求降低成本的途径，可按照不同标准对成本进行分类。

1.成本按其可变性分类

成本的大小，与业务量（产量或销量）的增减变动具有一定的关系。成本按可变性分为变动成本和固定成本。

变动成本是指在一定时期和一定业务量范围内，成本总额的变动和业务量之间保持正比例关系的成本。例如产品生产中的原材料成本、计件工资等。

固定成本是指在一定时期和一定业务量范围内，成本总额不受业务量增减变动的影响而保持固定不变的成本。例如按直线法计提的折旧费、计时工资、房屋设备的租金、保险费、广告费等。

2.成本按其是否与决策相关分类

成本按其是否与决策相关可分为相关成本和无关成本。

相关成本是指与特定决策有关，在决策过程中必须考虑的成本。例如机会成本、差别成本、重置成本、专属成本、边际成本等。

无关成本也称不相关成本，是指对未来决策没有影响的成本。例如沉没成本、共同成本等。

以上这些概念解释如下：

（1）机会成本。在决策时，由于选择一个方案而放弃或错过其他方案所失去的收益就是所选择方案的机会成本。机会成本是一个特殊的成本概念，它不是一项现实的成本支出，只是用于计量各决策方案潜在的经济影响，在会计核算中不用入账，但它又是决策分析时必须考虑的重要因素，如果忽视机会成本，可能会造成决策失误。例如运输卡车一辆，若出租，每年可取得租金 5 万元；若自营，每年可取得收入 10 万元，营运费用共计 6 万元，每年可获得收益 4 万元。运输卡车出租可取得的租金 5 万元，就是自营方案的机会成本，则自营成本总额为 11 万元，高于未来收入，因此企业应放弃自营而将卡车出租。机会成本在决策分析中的应用，有助于企业全面考虑可能采用的各种方案，为有限资源寻求最为有利的使用途径。

(2)差别成本,又称差量成本,是指可供选择方案之间的预计成本的差异。它在定价决策中有重要用途。

(3)重置成本,是一种资产成本,是指目前从市场上新购买同一项资产所需支付的成本。它是制定产品价格的重要依据,在进行经营决策时应着重考虑重置成本。

(4)专属成本,是指可以明确归属于某种、某批产品或某个部门等特定对象的成本。例如生产某产品的专用设备折旧费、维修费等。

(5)边际成本,从理论上说,是产量无限小的变化所引起的成本总额的变动。在实际经济生活中,边际成本是产量每增减一个单位所引起的成本总额的变动,在一定范围内,边际成本就是单位变动成本。它在生产决策和定价决策中有着重要作用。

(6)沉没成本,是指过去已经支付、无法收回或得到补偿的成本。例如企业厂房原值100 万元,已提折旧 40 万元,账面价值 60 万元,在进行固定资产决策时,厂房的原值 100 万元和账面价值 60 万元,都是沉没成本,无须再考虑。

(7)共同成本,是指需要由几种或几批产品等成本对象共同负担的成本。在进行这些产品的决策时,不用考虑共同成本因素。

美国会计学会与标准委员会对成本的认识是比较广义的,他们认为:成本是为了一定的目的而付出(或可能付出)的用货币测定的价值牺牲。这就远远超出了成本概念的内涵与外延。按照这种解释,劳务成本、资金成本、开发成本、工程成本、资产成本、质量成本、人力成本、环保成本等都是成本范畴,形成了不同方面、不同管理要求的不同成本组合。同时,由于人们对成本所具有各种特性的进一步认识,以及人们对影响成本的各种复杂因素的深入了解,在成本管理和核算的实践中不断推出了诸如标准成本、作业成本等新的成本概念,组成了多元化的成本概念体系。

本书所讲的"成本"一词,遵循了成本的原始经济含义,主要以产品成本作为特定目标,着重研究制造业企业在产品制造过程中所发生的产品成本的会计核算这一特定问题。

二、成本的作用

随着社会主义市场经济的发展,成本在经济管理工作中的作用越来越重要,概括起来,主要包括以下几方面:

(一)成本是产品生产耗费的补偿尺度

成本是企业生产消耗的客观范畴,任何企业要维持简单再生产、保证继续经营,其必要条件是首先要补偿在生产中发生的耗费。其生产耗费必须从销售收入中得到补偿,补偿数额的多少取决于成本,成本是衡量这一耗费补偿的价值尺度。如果能够按成本得以补偿生产经营中的资金耗费,才能保证企业再生产的正常进行。如果不能按照成本来补偿生产耗费,就会影响整个社会的再生产和扩大再生产。因此,加强经济核算,降低成本,提高经济效益,不仅是每个企业自身生存的需要,也是整个社会供求发展的必然要求。

(二)成本是反映企业管理水平的综合指标

成本是一项综合性的经济指标,是生产耗费的综合反映,它体现在企业经营管理的方方面面。比如,产品设计是否合理,原材料消耗是否节约,生产工艺的合理程度,固定资产是否充分利用，劳动生产率的高低，产品质量的优劣，产品产量的多少，生产组织是否协调等，都可以通过成本反映出来。这一切都促使企业必须合理地使用人力、物力和财力，不断寻求降低成本的途径。所以说，成本是综合反映企业管理水平的指标。

（三）成本是制定产品价格的重要依据

在商品经济中，产品价格是产品价值的货币表现。制定产品价格要考虑多方面的因素，根据价值规律的要求，产品价格应大体上符合其价值，这就必须充分考虑企业目前的成本水平和可实现的成本目标。正常情况下，产品价格制定是否合理，关键在于成本因素考虑得是否充分，而产品成本是否合理，关键在于成本的管理、控制是否得当。这就要求企业必须提高经营管理水平，依据市场和企业成本情况，向市场提供价廉物美的产品。所以产品成本是制定产品价格的一项重要因素。

（四）成本是企业生产经营预测、决策的重要依据

在市场经济条件下，企业要努力提高在市场上的竞争能力和经济效益，在激烈的竞争中求得生存和发展，就要勇于面对市场，根据外部环境和内部条件的变化，对新产品的开发、生产计划的安排等做出科学合理的生产经营预测和决策。成本是影响企业发展的一个非常重要的因素，在产品价格和税收一定的情况下，产品成本水平的高低直接影响着企业经济效益的高低和市场竞争能力的大小。因此，企业进行经营决策就必须考虑产品成本这一重要因素，并以经济效益为标准来选择最优方案。

（五）成本是编制企业内部财务报表的主要依据

成本报表是根据产品成本和期间费用的核算资料以及其他有关资料编制的，企业管理者通过成本报表可以了解企业成本管理的现状和发展趋势，考核各部门成本计划的完成情况，进一步挖掘降低成本的潜力，并通过综合分析，做出正确的经营决策。

三、成本会计的产生和发展

成本会计是基于生产的需要而产生的，是随着社会经济发展和管理的需要而逐步发展的。成本会计产生于19世纪后期，经历了传统成本会计阶段和现代成本会计阶段，在实践和理论方面都得以不断充实和完善，形成了独立学科。

（一）传统成本会计阶段（1880—1945年）

成本会计起源于英国。随着西方各国产业革命的完成，英国成为资本主义最发达的国家，工厂代替了手工工场，机器代替了手工劳动，企业规模不断扩大，出现了竞争，产品的生产成本得到普遍重视。会计人员为了满足生产和外部审计的需要，精确计算成本，将成本计算与复式簿记结合起来，利用账户对应关系，通过借贷平衡原理，反映生产过程的各种耗费，形成了记录型成本会计。成本会计产生以后，陆续传入美国及其他国家。20世纪初，随着资本主义的迅速发展，企业推行泰罗制的科学管理制度，使成本会计的职能扩大，不仅能够计算成本，还能够控制和分析成本。20世纪30年代，科学管理制度预算控制被引入成本会计，使成本会计的理论与方法进一步完善和发展。在传统成本会计阶段，成本会计取得了以下成就：

1.会计核算方面，成本核算方法逐步完善

建立了材料核算和管理办法，建立了工时记录和人工成本计算方法，规范了间接费用、制造费用分配办法，根据制造业生产特点，出现了产品成本计算的品种法、分批法、分步法及一系列辅助方法，为现代成本会计的发展奠定了基础。

2.会计控制方面，形成成本事前控制、事中控制和事后控制

由于泰罗制的科学管理方法在企业的广泛运用，美国会计学家提出了标准成本制度，为生产过程的成本控制提供了条件，而在成本会计中引入弹性预算，使企业预算可以合理地控制不同属性的费用支出，有助于正确考核经营者的工作成绩。标准成本制度和预算控制成为成本控制的两大支柱。

3.会计理论方面，成本会计著作大量出版

1885 年，英国 H. 梅特卡夫所著第一本成本会计著作《制造成本》一书出版，为成本会计的发展奠定了基础。而 1887 年由 E. 加可和 J. M. 费尔斯合著的《工厂会计》一书，对于成本会计的建立具有极为重要的意义，被认为是 19 世纪最著名、最有影响的成本会计著作。20 世纪初，成本会计名著纷纷出版，美国尼克尔森和罗尔巴可合著的《成本会计》、托尔的《成本会计原理和实务》等，使成本会计具备了完整的理论和方法体系，形成了独立学科。

4.成本会计的应用范围扩大

在传统成本会计阶段，成本会计的应用范围最初只限于工业企业，后来逐渐扩大到各种行业，并应用到企业内部的各个部门，在企业的经营和销售方面也得到了广泛应用。

(二)现代成本会计阶段(1945 年以后)

第二次世界大战以后，科学技术迅速发展，企业规模越来越大，市场竞争十分激烈，对企业管理提出了更高的要求。电子计算机等各种科学技术成就在成本会计中得到广泛应用，形成了新型的着重管理的经营型成本会计。主要表现如下：

1.成本会计的职能扩大

在传统成本会计阶段，以成本核算为主，在此基础上进行成本的控制和分析。而为了主动控制成本，现代成本会计逐步把成本的预测和决策放在主要地位，利用各种成本数据，对未来成本发展趋势做出科学的估计和预算，按照成本最优化要求，研究各种方案的可行性，选取最优方案，获得企业最佳效益。

2.成本会计的方法体系不断完善

实行目标成本计算，使成本会计扩展到技术领域，把技术与经济结合起来，促使企业有效降低成本。实行责任成本核算，加强了企业内部各级单位的业绩考核，使成本控制更为有效。实行变动成本计算法，不仅可以减少成本计算工作量，同时还为企业进行成本预测和决策创造了有利条件。推行质量成本核算，提高了产品质量，扩大了成本会计的研究领域。

(三)成本会计的发展趋势

随着社会经济的发展、科学技术的进步，企业的内部环境发生了巨大变化：成本会计技术手段与方法不断更新，会计电算化已经或正在取代手工记账，而且由于企业内部网的建立，实时报告成为可能；成本会计的应用范围也在不断拓展，不论在银行、快餐连锁店、专业组织还是政府机关，成本控制已受到越来越广泛的重视。

此外，企业外部环境也日新月异：大多数产品供过于求，国际上贸易合作日趋频繁、密切，使全球市场竞争日趋激烈；产品需求多样化，顾客对产品质量的苛求，使新技术、新工艺的创新蔚然成风。

企业内部环境和企业外部环境的变化，要求成本会计必须适应新的制造环境，不断创新成本管理理论与方法。

1.制造环境的变化促使成本会计的方法不断创新

相对于传统制造环境，新制造环境主要表现为：

(1)弹性制造系统，是指使用机器人及电脑控制的材料处置系统，结合各种独立的电脑程式机器工具进行生产。它有益于产品制造程序的弹性化，可以从事多样化产品的生产，解决对产品多样化、精致化的需求。

(2)电脑辅助设计、电脑辅助工程及电脑辅助制造系统，不但提高了电脑的功能，而且为厂商提供了更为宽广的发展空间。使用电脑辅助系统可减少人工成本，节省时间，并提高工作效率。

(3)制造资源规划，是指制造业所采用的电脑管理信息系统，有助于管理当局进行及时、有效的投资与生产经营决策。

(4)电脑整合制造系统，是指以电脑为核心，结合所有新科技的系统，以形成自动化的制造程序，实现工厂无人化管理。

在企业新制造环境的冲击下，传统的成本会计技术与方法造成产品成本计算不正确和成本控制可能产生反功能行为的后果。针对传统成本会计不适应新制造环境的局面，美国会计学者提出了作业成本法(ABC)。作业成本法就是把为生产一种产品所发生的所有作业(如质量检验、机器维修和顾客服务等)分配到产品成本中的一种成本计算方法。这种方法较传统成本计算方法更为精细，成本数据更加准确。作业成本法所提供的成本信息能够促使管理人员重新设计整个价值链上的作业活动以节省企业资源。

2.管理理论与方法的创新使成本会计理论体系不断完善

管理理论与方法的创新主要表现为：

(1)适时制。它是一种严格的需求带动生产制度，要求企业生产经营管理各环节紧密协调配合，原材料、在产品、产成品保质保量并适时地送到后一加工(或销售)环节。其目的是使原材料、在产品及产成品等各类存货保持在最低水平，尽可能实现“零存货”，以降低存货成本。在存货水平很低的情况下，会计人员为简化存货计价，可能采用倒推成本法，就是当产品完工或销售时，倒过头来计算在产品、产成品等生产成本。这样，倒推成本法便应运而生。

(2)全面质量管理(TQM)。全面质量管理是20世纪60年代从传统质量管理发展起来的，随着国际国内市场环境的变化，全面质量管理已经发展成为一种企业竞争的战略武器，一种由顾客的需要和期望驱动的、持续的改进产品质量的管理哲学。全面质量管理的目标就是公司在生产的各个环节追求产品“零缺陷”，并由顾客最终界定质量。在全面质量管理情况下，管理人员绩效衡量标准包括产品的可靠度、服务的及时性等，促使管理人员努力提高产品质量的非货币性指标。

(3)战略管理。所谓战略管理，就是着眼于对企业发展有长期性、根本性影响的问题。战略管理思想对成本会计系统的影响主要体现在战略成本管理的提出。战略成本管理就是运用成本数据和信息，来发展及确认能促进公司竞争优势的最优战略。

(4)基准管理和持续改进。管理方法的新趋势就是基准与持续改进的结合。所谓基准，就是以公司外部或内部最优的业绩标准来衡量自身的生产活动。持续改进意味着管理人员不是一次性地确定基准，而是持续不断地改进提高的过程。基准管理与持续改进对成本会计系统的影响，主要表现在管理人员和会计师认识到降低成本要向本行业最好的公司学习，以同质产品的最低成本作为基准，了解自身与最优者的差距，并分析其原因，进而实行企业再造工程，以增强竞争力。

(5)限制理论(TOC)。根据限制理论，每个公司至少有一个“瓶颈”制约着它的发展，否则无论公司定下什么目标都会实现。企业限制因素通常可分为资源、市场、政策、原材料和后勤五类。限制理论把企业看成一系列链状相连的过程，如果薄弱的连结处得到了加强，那么整个链也就得到了加强；但是如果加强了非薄弱的连结处，整个链就不会得到显著加强。限制理论对成本会计系统的影响是促使管理人员和会计人员认识到，在有些情况下，不能一味强调降低成本和费用，要有逆向思维，要在企业的薄弱环节加大投入量，为了省钱而花钱。

(6)目标管理。按目标进行管理，要求一个企业在一定时期内应当确定总的奋斗目标，如利润总额、资金利润率等，并据以指导、组织、动员员工为完成企业总目标而努力。围绕这个总目标，企业各部门、各环节乃至每个人都应当制定自己的奋斗目标，如销售量目标、成本目标、技术目标等，并制定实现目标的措施，以保证总目标的完成。实行目标管理可以提高企业管理工作的主动性和积极性，克服盲目性，提高企业的经营管理水平。目标管理对成本会计系统的影响就是目标成本的制定、分解、控制和分析。我国的目标成本管理已初步形成比较完整的体系。

面对现代成本会计的发展趋势，我国的成本会计工作应顺应国际国内市场环境以及企业生产环境的变化，加强成本理论的研究，建立中国特色的会计理论研究方法体系，总结完善和推广我国行之有效的成本会计方法，提高我国成本会计水平。同时，要学习外国一切先进的经验和方法，博采众长，为我所用，借鉴西方成本会计理论与方法，与我国国情相结合，不断创新、探索，形成一套中国特色的现代成本会计理论与方法体系。

四、成本会计的含义

成本会计与财务会计、管理会计有着密切的联系又各有特点，从成本会计与财务会计、管理会计的比较，可以抽象出成本会计的本质内涵。

成本会计与财务会计相比，由于成本会计是从财务会计中分离出来的，所以，两者之间存在着密切联系，有很多相同的方面，如都是以货币为主要计量单位，有着相同的会计核算基础和计量方法等。当然，也有许多不同之处。首先，会计对象方面，财务会计的对象主要是资产、负债、所有者权益、收入、利润等要素；成本会计的对象侧重于费用要素，同时，在对费用要素进行核算时也会涉及资产、负债等要素，但资产、负债等不是主要核算对象，成本会计详细核算、披露的是费用要素，所以要采用一些专门的核算方法。其次，会计目标方面，财务会计以满足企业外部利益各方面所需会计信息为目标；成本会计侧重于企业内部成本管理提供费用成本信息。

管理会计是在成本会计的基础上产生的，随着管理会计的发展，有关预测、决策、计划、控制、考核等技术方法日益完善，运用于成本会计，使得成本会计的职能也日趋完善。

综上所述，成本会计是会计的一个分支，是以成本为对象的专业会计。现代成本会计是以成本资料和其他有关资料为依据，采用成本核算、成本预测、成本决策、成本计划、成本控制、成本分析和考核等方法，对企业生产经营活动过程中发生的各种费用、成本进行连续、系统、全面、综合的核算和监督，是促使企业不断降低成本、加强企业内部经营管理、提高经济效益的一种价值管理活动和信息系统。

第二节　成本会计的对象

成本会计的对象，是成本会计反映和监督的内容。成本会计对象是会计对象的一部分，即涉及有关成本、费用的那一部分，而不是会计对象的全部。不同性质的企业，其生产经营业务成本和经营管理费用（也称期间费用）的具体内容不同。下面分别就制造业，商品流通企业，施工企业和房地产开发企业，交通运输业，旅游、饮食服务业的成本会计对象进行阐述。

一、制造业企业成本会计对象

在制造业，生产经营业务成本是指不同阶段发生的物资采购成本和产品的生产成本。因此，制造业成本会计的对象是指各阶段发生的物资采购成本和产品的生产成本以及经营管理费用。其中产品的生产成本是由生产费用按成本对象归集形成，包括生产产品发生的直接材料、直接人工和制造费用等；经营管理费用是指制造业的行政管理部门为组织和管理生产经营活动而发生的管理费用，为筹集生产经营资金而发生的财务费用，以及为销售产品而发生的销售费用。经营管理费用虽然与产品生产没有直接关系，不予计入产品成本，但与会计期间密切相关，应列为期间费用，现行会计准则要求将期间费用不计入产品成本，直接计入当期损益，从当期收入中扣除。

制造业成本会计的具体内容如图 1-1 所示：

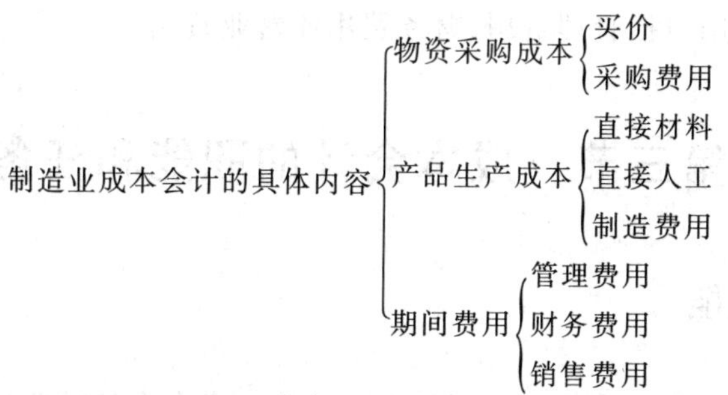

图 1-1　制造业企业成本会计内容

制造业的成本会计是最典型的成本会计，成本会计的对象也是最具代表性的。其他行业的企业生产经营虽有其特点，但其成本也不外乎表现为采购、生产、服务成本和经营管理费用。

二、商品流通企业成本会计对象

商品流通企业的基本经济活动是商品采购和销售。因此，商品流通企业成本会计的对象是商品流通企业商品的采购成本、销售成本和经营管理费用（商品购、销、存各环节的费用）、管理费用和财务费用。

三、施工企业和房地产开发企业成本会计对象

施工企业和房地产开发企业的基本经济活动是建筑安装和房地产开发。因此，施工企业和房地产开发企业成本会计的对象是其生产经营成本和期间费用。生产经营成本包括采购成本、工程成本、机械作业成本和房地产开发成本；期间费用包括管理费用、财务费用和销售费用。

四、交通运输企业成本会计对象

交通运输企业的基本经营活动是运输业务。因此，交通运输企业成本会计的对象是其营运成本和期间费用。交通运输企业营运成本主要包括营运过程中实际消耗的各种燃料、材料，营运人员的工资及附加费用，运输工具的折旧费、修理费等。交通运输企业还会发生港务费、养路费及道路运输管理费等间接计入费用，间接计入费用如果不便于分摊，也可以计入管理费用。期间费用包括管理费用和财务费用。

五、旅游、饮食服务业成本会计对象

旅游、饮食服务业是以提供劳务为主的产业。因此，旅游、饮食服务业成本会计的对象是其营业成本和期间费用。其中营业成本包括饮食原材料成本、商品进价成本和车队营业成本等，期间费用包括管理费用、财务费用和营业费用。

第三节　成本会计的职能和任务

一、成本会计的职能

所谓职能，是指事物本身客观上所具有的功能。成本会计的职能，是指成本会计在经济管理工作中所具有的客观功能。成本会计作为会计的一个重要分支，其基本职能同会计一样，具有反映和监督两大基本职能。但现代成本会计因涉及多种目的，已在成本核算这一基本职能之上有了新的功能。因此，完整意义上的成本会计职能应包括成本预测、成本决策、成本计划、成本控制、成本核算、成本分析和成本考核。

(一)成本预测

成本预测是指依据成本的有关资料及其与各种技术经济因素的依存关系,结合发展前景,采取各种措施,通过一定的程序、方法和模型对未来成本水平及其变化趋势做出科学的估计。通过成本预测,有助于企业减少盲目性,选择最优方案,提高了降低成本的自觉性。

(二)成本决策

成本决策是根据成本预测提供的资料和其他有关资料,制定出优化成本的各种方案,运用决策理论和方法,对各种方案进行比较分析,从中选择最优方案进而确定目标成本的过程。进行成本决策、确定目标成本是编制成本计划的前提,也是实现成本的事前控制,提高经济效益的重要途径。

(三)成本计划

成本计划是在成本预测和成本决策的基础上,为保证成本决策所确定的目标成本的实现,具体规定在计划期为完成生产经营任务所应发生的生产耗费和各产品的成本水平,并提出达到规定成本水平所应采取的措施方案。成本计划是建立成本管理责任制的基础,对于控制成本、挖掘降低成本潜力有着重要的作用。

(四)成本控制

成本控制的实质是根据成本预算,制定各项消耗定额、费用定额、标准成本等,对实际发生的和将要发生的各项费用成本进行审核,及时揭示实施过程中的差异,采取措施将费用成本控制在预算、计划之内,以实现或超过预期的成本目标。成本控制是成本预测、成本决策、成本计划所拟定目标的实施环节,它对成本计划的正确实施起到保证作用。

(五)成本核算

成本核算是指对生产经营过程中实际费用的发生和产品成本的形成进行的核算。它包括对发生的费用成本的审核、记录、归集、计算、分配,并做出有关账务处理,直至编制成本报表等一系列核算环节,最终为成本管理提供客观、真实的成本资料。

(六)成本分析

成本分析是指根据成本核算所提供的信息和其他相关资料,对成本水平及构成变动情况、影响成本费用的各种因素及其影响程度、成本超支节约的责任和原因等进行的分析研究。通过成本分析,企业可以了解成本水平与结构是否合理,发现成本管理中存在的问题及其原因,从而寻求进一步降低成本的途径。

(七)成本考核

成本考核是在成本分析的基础上,对成本计划的执行结果或完成情况进行的考察评价。成本考核应将责、权、利紧密结合,明确责任,赏罚分明。通过成本考核,企业能调动职工控制成本、降低成本的自觉性。

必须指出,成本会计的各项职能之间是相互联系、相辅相成的,它们贯穿于企业生产经营的全过程,构成现代成本管理的整体框架。成本预测是成本会计的首要环节,是成本决策的前提。成本决策是成本会计的重要环节,在成本会计中居中心地位,它既是成本预测的结果,又是制定成本计划的依据。成本计划是成本决策的具体化。成本控制是成本会计的必要环节,对成本计划的实施进行监督,是实现成本决策既定目标的保证。成本核算是成本会计的最基本职能，提供企业管理所需的成本信息资料，是发挥其他职能的基础，同时也是对成本计划是否得到实现的最后检验。成本分析和成本考核是实现成本决策目标和成本计划的有效手段，只有通过成本分析，查明原因，制定和执行改进、完善企业管理的措施，才能有效降低成本。通过正确评价与考核各责任单位的工作业绩，才能调动各部门和全体职工的积极性，进行有效控制，为切实执行成本计划、实现既定目标提供动力。

二、成本会计的任务

成本会计的任务，是成本会计职能的具体化，也是人们期望成本会计应达到的目的和对成本会计的要求。从整体上说，成本会计的根本任务是促进企业尽可能节约生产经营过程中物化劳动和活劳动的消耗，不断提高经济效益。具体来说，成本会计的任务有如下几个方面：

（一）正确计算产品成本，及时提供成本信息

成本计算是成本核算的具体工作，是成本会计的关键和基础。企业的成本信息，主要来源于成本计算。只有在正确计算产品成本并及时提供成本信息的基础上，企业才能保证损益计算的正确性，并有效地考核成本计划的完成情况，为成本的预测、决策、控制等提供资料，为财务报表的编制提供资料。所以，企业应严格按照国家规定的成本开支范围，结合企业自身特点，采用适当的成本计算方法，以正确、及时地计算产品成本。这是做好成本会计工作、完成成本会计任务的最基本要求。

（二）加强成本预测，优化成本决策

搞好成本预测、优化成本决策是成本会计适应社会生产发展和现代化管理需要而必须承担的重要任务。搞好成本预测，应兼顾事前和事中全过程的成本预测，并按照一定程序，在充分占有资料的基础上采用科学的计算方法，才能确保预测的准确程度。优化成本决策，应对收集的有关信息去伪存真，去粗取精，并在客观评价、合理判断的基础上做出正确决策，确保成本的最优化。成本预测和成本决策两者具有密切的联系，搞好成本预测是优化成本决策的前提，而优化成本决策则是搞好成本预测的结果。因此，将两者有机地结合起来，可以为企业挖掘降低成本的潜力、提高经济效益指明方向和途径。

（三）制定目标成本，强化成本控制

目标成本是为了保证实现目标利润而制定的成本控制指标。目标成本是成本控制的依据，其制定得正确与否对于成本控制的有效性有着重要的影响；而成本控制是目标成本的实施过程，可以促进目标成本更好地实现。目标成本的制定必须以可靠的资料为依据，采用科学的方法计算出来，同时注意激发职工的积极性，经过主观努力达到目标，保证其可行性。加强成本控制，则必须对目标成本的各分指标进行归口分级控制，并以产品成本的整个过程为对象，结合生产经营不同阶段的不同性质和特点进行有效的控制，确保成本管理工作的改进和成本效益的提高。

（四）建立成本责任制度，严格成本业绩考核

成本责任制是企业内部对各部门、各层次和执行人在成本方面的职责做出的规定。建立成本责任制度，要把成本责任指标分解落实到生产经营的各部门、各层次甚至每个责任人头上，使其直接承担一定的成本责任。同时，将责权利结合起来，形成激励机制，以增强企业的活力。实行成本责任制，最好是先建立成本责任单位，然后通过对责任成本的核算，特别是对各责任单位的可控费用实际发生额的计算，参照责任成本指标确定成本差异，分析原因，提出建议，消除不利差异，扩大有利差异，以确保成本目标的实现。成本考核是成本责任制顺利进行的保证，明确了责任就应该严格考核。通过成本业绩考核，可以分清责任，客观评价各责任单位的工作，以鼓励先进、鞭策后进，使成本管理的业绩与职工的切身利益紧密结合，提高各部门主动降低成本的意识，自觉为企业获取更大经济利益做出贡献。

第四节　成本会计工作的组织

一、成本会计的工作机构

企业的成本会计机构，是指在企业中直接从事成本会计工作的机构。成本会计机构是企业会计机构的一部分，建立成本会计机构是为搞好成本会计工作提供了组织上的保证。一般来说，成本会计机构的设置应与企业经营规模的大小、业务的多少和管理的体制相适应。在大中型企业中，应单独设置成本会计机构（如成本处、成本科），在总会计师的领导下进行成本会计的各项工作。在规模较小、会计人员不多的企业，可以不设立成本会计的专门机构，在会计部门中配置专职的成本会计人员负责成本会计工作。另外，企业的有关职能部门和生产车间，也应根据工作需要设置成本会计组，或者配备专职或兼职的成本会计人员。

企业内部各级成本会计机构的设置分为集中设置和分散设置两种方法。

在集中工作形式下，企业成本会计工作中的计划、控制、核算和分析主要是由厂部成本会计机构集中处理，车间等其他单位中的成本会计机构或人员只负责原始记录和原始凭证的填制，对它们进行初步的审核、整理和汇总，为厂部成本会计机构进一步工作提供基础资料。在这种方式下，车间大多只配备专职或兼职的成本会计人员或核算人员。集中设置的优点是：有利于厂部成本会计机构及时掌握有关成本的全面信息，便于集中使用计算机进行成本数据处理，还可以减少成本会计机构的层次和成本会计人员的数量。但这种工作形式不便于直接从事生产经营活动的各单位和职工及时掌握本单位的成本信息，从而不便于加强对成本的及时控制。因此，这一形式一般只适用于小型企业。

在分散工作形式下，成本会计工作中的计划、控制、核算和分析由车间等其他单位的成本会计机构或人员分别进行，成本考核工作由厂部成本会计机构对车间等其他单位中的成本会计机构逐级进行。厂部成本会计机构除对全厂成本进行综合的计划、控制、分析和考核以及汇总核算外，还应负责对各下级成本会计机构或人员进行业务上的指导和监督。

分散工作形式虽然会相应增加成本会计工作的层次和会计工作人员的数量，但它有利于各具体生产经营单位及时掌握成本信息和进行成本控制，促进各单位的生产经营管理，也便于配合经济责任制的实行，为各单位的成本控制业绩考核提供必要信息。因此，这种组织形式一般适用于成本会计工作较为复杂、会计人员数量较多、各单位独立性较强的大中型企业。

企业应该根据规模大小、内部单位经营管理的要求以及成本会计人员的数量和素质，从有利于发挥成本会计的职能和提高成本会计的效率出发，确定企业应该采用哪一种工作方式。大中型企业一般采用分散工作形式，中小型企业一般采用集中工作形式，但也可以在一个企业中结合采用两种形式。

二、成本会计人员的配备

社会主义市场经济的建立、科学技术的迅猛发展、经济业务的日新月异、经营管理要求的不断提高，都要求成本会计人员更新观念、解放思想，以适应瞬息万变的市场经济。我国已正式成为世界贸易组织的成员国，要遵照国际惯例开展贸易服务活动，在国际经济大舞台上与国外企业平等竞争，因此要求成本会计人员必须具有经营意识、竞争意识、风险意识、创新意识和终身学习意识，不断提高自身素质，加强成本核算和成本管理，向管理要效益，为企业提高效益和创造价值。

要充分发挥成本会计的职能作用，完成成本会计的任务，就必须配备合格的成本会计人员。合格的成本会计人员必须符合以下两方面要求：

（一）具备良好的职业道德

我国的会计人员职业道德的研究起步较晚，但在《会计基础工作规范》等会计法规中都做了明确规定，主要有以下七条：

1.爱岗敬业

爱岗敬业，热爱本职工作，这是做好会计工作的出发点，也是会计人员职业道德的首要前提。具体表现为会计人员对工作有责任感和义务感，热爱自己的职业，忠实地履行自己的职责，努力做好自己的本职工作。

2.诚实守信

诚实守信是会计职业道德的一个重要内容，具体表现为会计人员要真实客观地反映单位的经济活动状况，实事求是，不弄虚作假，不欺上瞒下。

3.廉洁自律

廉洁自律是会计职业道德的一个重要标志。会计人员必须做到不义之财不取，金钱面前不动摇，不沾、不拿、不贪，坚持原则，依法办事。自觉做到行为清廉，奉公守法，依法理财。

4.坚持准则

坚持准则是指会计人员在进行会计工作时，以会计准则为自己的行动指南，熟悉财经法律、法规、会计制度和会计准则，结合本单位的实际情况，合理设置会计科目进行账务处理，明确人员职责分工等。会计人员要做到在处理各项经济业务时知法依法、知章循章。

5.客观公正

客观公正是一种工作态度，也是会计人员追求的一种境界，会计人员在办理会计事务中，应当实事求是、客观公正。

6.精通业务

精通业务是指会计人员必须具备全面的专业知识、丰富的专业经验，以及应用这些知识和经验处理会计具体问题的能力。会计人员要在实践中不断磨炼自己，提高自己的综合素质水平，做一名理论强、业务精、技术硬的会计人员。

7.保守秘密

保守秘密是指会计人员在处理业务过程中，除法律规定和单位负责人外，不能私自向外界、向任何人提供或者泄露单位的会计信息。会计人员对单位财务情况负有保密的义务，在工作中应做到不该问的不问，不该说的不说，不为利益所诱惑，坚决保守秘密。

以上会计职业道德只是约束成本会计人员的最低下限，是对成本会计人员的基本要求。

(二)熟悉成本会计人员的职责和权限

1.成本会计人员的职责

成本会计机构和成本会计人员应在企业总会计师和会计主管人员的领导下，正确计算产品成本，及时提供成本信息资料，有效实施成本预测，认真参与制定生产经营决策，深入生产经营的各个环节；结合实际情况，制定目标成本，向有关人员和职工宣传企业在成本管理方面的计划和目标等；强化成本控制，建立成本责任制度，及时发现成本管理中存在的问题并提出改进成本管理的意见和建议，为降低成本、提高企业经济效益发挥重要作用。

2.成本会计人员的权限

成本会计人员有权要求企业有关单位和有关人员认真执行成本计划，严格遵守有关法规、制度和财经纪律；有权参与制定企业生产经营计划和各项费用定额，参加与成本管理有关的生产经营管理会议；有权督促检查企业各单位对成本计划和有关法规、制度、财经纪律的执行情况。

成本会计工作是企业经营管理工作的重要组成部分，成本会计人员应顺应时代的发展，摆脱传统会计记账、算账的束缚，把成本预测、决策、控制和分析逐步应用到成本会计的日常工作中来，更好地发挥成本会计的职能作用，以适应经济发展对成本会计越来越高的要求。

三、成本会计的法规和制度

成本会计制度是组织和从事成本会计工作必须遵循的规范和具体依据，是会计法规和制度的重要组成部分。企业必须根据《企业会计准则》《企业财务通则》等法规、制度的有关规定，根据企业生产经营的特点和管理的要求，建立企业内部成本会计制度，使企业成本会计的各项工作有章可循，做到规章明确、管理有序，保证成本会计核算资料真实、可靠、规范、有用。

企业成本会计制度的制定，除必须考虑国家的法规、制度等有关规定外，还必须根据企业的生产经营特点和成本管理要求，从实际出发，做到规范、简明、适用。就工业企业来说，成本会计制度一般应包括以下几个方面的内容：

(1)成本会计岗位责任制度；

(2)成本预测和决策的制度;

(3)目标成本制定和成本计划编制的制度;

(4)成本控制制度;

(5)成本核算制度;

(6)成本报表制度;

(7)成本分析制度与考核制度;

(8)企业内部价格制定和内部结算制度;

(9)其他有关成本会计的制度。

成本会计制度制定以后,要认真严格执行,保持相对稳定性。随着时间的推移和经济技术条件的变化,应对成本会计制度进行相应的修订和完善,以充分发挥成本会计制度应有的作用。

思政德育课堂

好友的临终嘱托

1.案例资料

鲍勃和史蒂夫是非常要好的朋友。两人在事业上都获得了成功,分别成为两家大型公司的会计主管。因为工作非常繁忙,两人一年中见面的机会并不多。尽管如此,他们都争取在每年中抽出一周的时间一同去狩猎,借此放松一下自己,并且增进彼此间的友谊。

在一年的圣诞节后的第二天,两人又一同出发了。但不幸的是,他们在途中遭遇了风暴。飞机由于机械故障在野外被迫紧急降落,飞行员不幸当场死亡,鲍勃也受了重伤。通信联络这时也已中断,没有人知晓这次事故和他们目前的位置。

预感到自己不久就要告别人世,鲍勃向史蒂夫讲述了一件事情:在上一次打猎中,鲍勃无意中看到了史蒂夫公文箱中的一些关于史蒂夫的公司即将推广的一种新产品的会计资料,鲍勃感到这项产品的推出一定会使史蒂夫的公司的股票大幅上升,因此回去后立即购买了该公司大量的股票。事情果真如鲍勃预期的那样,鲍勃由此大赚了一笔。在弥留之际,鲍勃对这件事感到非常内疚,请求史蒂夫把这笔钱连同利息一并捐给一家一直由史蒂夫的公司资助的慈善机构,并且要求史蒂夫不要把这笔资金的来源告诉任何人。为了安抚自己的挚友,能让他平静地离开人世,史蒂夫答应了鲍勃的请求。

几天后,史蒂夫被几名野营者发现并送进了医院。又过了几天,他痊愈出院。但是,一想到他对鲍勃的承诺,史蒂夫总感到几分不安,觉得既然他已经因为疏忽让鲍勃看到了公文箱中的资料,也许就应该把这件事向自己公司的总裁汇报,他相信总裁能够理解这件事并对此守口如瓶。

当把那笔钱转交给慈善机构以后,史蒂夫向总裁报告了整个事情的经过。但是出乎意料的是,总裁不仅指责他将内部信息用于谋取个人利益,还因此解雇了他,并且向董事会通报了这件事情。

(资料来源:百度文库,https://wenku.baidu.com/view/17457930a216147917112898.html)

2.研讨问题

(1)根据企业会计人员的职业道德规范,史蒂夫是否该将这件事情报告给总裁?

(2)公司商业秘密的价值在哪里?你认为应如何对待公司的商业秘密?

3.案例启示

根据会计人员职业道德规范,在一开始史蒂夫就不应该将会计资料擅自带出公司,并放在打猎时带的公文箱里,且保管不严,未上锁及设密码,以至于信息外漏。这一行为本身就违反了会计人员职业道德规范。作为公司财务人员,要有保守公司商业秘密的意识,对于机密文件,不得随意带出办公场所;要严格按照会计法律制度办事。同时,广大会计人员也要不断加强自身会计职业道德建设,坚持准则,提高会计的公信力。

本章小结

成本的经济内涵可以概括为:成本是生产经营过程中所耗费的生产资料转移的价值和劳动者为自己劳动所创造的价值的货币表现,是企业在生产过程中所耗费的资金的综合;产品成本是指企业为生产一定种类和数量的产品而发生的生产耗费。

成本在经济管理工作中的作用越来越重要:成本是产品生产耗费的补偿尺度,是反映企业管理水平的综合指标,是制定产品价格的重要依据,是企业生产经营预测、决策的重要依据,也是编制企业内部财务报表的主要依据。

成本会计是会计的一个分支,是以成本为对象的专业会计。现代成本会计是以成本资料和其他有关资料为依据,采用成本核算、成本预测、成本决策、成本计划、成本控制、成本分析和考核等方法,对企业生产经营活动过程中发生的各种费用、成本进行连续、系统、全面、综合的核算和监督,是促使企业不断降低成本、加强企业内部经营管理、提高经济效益的一种价值管理活动和信息系统。成本会计产生于19世纪后期,经历了传统成本会计阶段和现代成本会计阶段,在实践和理论方面都得以不断充实和完善,形成了独立的学科。

现代成本会计的主要职能有成本预测、成本决策、成本计划、成本控制、成本核算、成本分析和成本考核七个方面,各项职能相互联系、互为条件,相辅相成。

成本会计工作的组织,主要包括设置成本会计机构,配备成本会计人员,加强制度建设等。与成本会计有关的法规和制度主要有《企业财务通则》《企业会计准则》以及企业内部成本会计制度等。

关键概念

成本(cost)　　生产成本(cost of manufacture)

成本会计(cost accounting)　　管理成本(managerial cost)

成本会计的职能(the function of cost accounting)

成本会计的任务(assignment of cost accounting)

成本会计制度(cost accounting system)

习　题

一、单项选择题

1.下列各项费用中，应计入产品成本的是（　　）。

A.废品损失　　B.管理费用　　C.销售费用　　D.财务费用

2.产品成本是企业在生产产品过程中已经耗费的，用货币表现的生产资料的价值与相当于工资的劳动者为自己劳动所创造的价值的综合。这种成本称为（　　）。

A.核算成本　　B.理论成本　　C.管理成本　　D.制造成本

3.一般情况下，理论成本包括的内容与实际工作中成本开支范围（　　）。

A.毫无关系　　B.有一定差别　　C.相互一致　　D.可以相互代替

4.成本会计最基本的职能是（　　）。

A.分析职能　　B.预测职能　　C.决策职能　　D.核算职能

5.在下列各项目中，不属于核算成本内容的有（　　）。

A.废品损失　　B.燃料及动力　　C.制造费用　　D.管理费用

6.成本会计最基本的任务是（　　）。

A.加强成本预测，优化成本决策

B.制定目标成本，强化成本控制

C.建立成本责任制度，严格成本业绩考核

D.正确计算产品成本，及时提供成本信息

7.从理论上来讲，产品成本是（　　）。

A.已耗费的生产资料转移的价值

B.劳动者为社会劳动所创造的价值

C.劳动者为自己劳动所创造的价值

D.已耗费的生产资料转移的价值和劳动者为自己劳动所创造的价值

8.下列各项费用中，不应计入产品成本的是（　　）。

A.废品损失　　B.季节性的停工损失

C.销售费用　　D.修理期间的停工损失

9.在决策分析过程中，从各个备选方案中，选取最优方案而放弃次优方案所损失的潜在收益为（　　）。

A.沉没成本　　B.机会成本　　C.边际成本　　D.付现成本

10.下列各项费用中，属于期间费用的是（　　）。

A.废品损失　　B.制造费用　　C.生产成本　　D.财务费用

二、多项选择题

1.成本的作用主要表现在（　　）。

A.是产品生产耗费的补偿尺度

B.是反映企业工作质量的重要因素

C.是制定产品价格的重要因素

D.是进行产品经营预测和决策的重要依据

2.企业如何组织成本会计工作应考虑的因素有(　　)。

A.企业生产经营特点　　B.企业规模大小

C.会计人员的素质　　D.企业管理的要求

3.从理论上讲,产品成本是由生产产品所耗费的(　　)构成的。

A.劳动者为社会劳动所创造的价值　　B.劳动者为自己劳动所创造的价值

C.必要的社会劳动价值　　D.生产资料转移的价值

4.在下列各项目中,属于理论成本内容的有(　　)。

A.劳动手段的耗费　　B.劳动对象的耗费

C.劳动者为自己劳动所创造的价值　　D.废品损失

5.降低产品成本的意义是(　　)。

A.可以提高劳动生产率　　B.可以提高经济效益

C.它是降低产品价格的重要因素　　D.可以降低各项间接费用

6.实际工作中,为了促使工业企业加强经济核算,某些不形成产品价值的损失也作为生产费用计入产品成本,主要有(　　)。

A.废品损失　　B.停工损失　　C.销售费用　　D.财务费用

7.制造业企业的经营管理费用是指(　　)。

A.制造费用　　B.销售费用　　C.管理费用　　D.财务费用

8.现代成本会计的职能包括(　　)。

A.成本预测和决策　　B.成本控制和考核　　C.成本计划　　D.成本核算和分析

9.成本会计的任务是(　　)。

A.正确计算产品成本,及时提供成本信息

B.加强成本预测,优化成本决策

C.制定目标成本,强化成本控制

D.建立成本责任制,严格成本业绩考核

10.下列属于制造业企业生产成本的是(　　)。

A.直接材料　　B.直接人工　　C.制造费用　　D.管理费用

三、思考题

1.什么是成本？成本的经济内涵是什么？

2.简述成本会计的任务。

3.成本的开支范围如何确定？

4.简述成本的作用。

5.成本会计的基础工作包括哪些内容？

○ 案例分析

世界最佳低成本航空公司CEO:低成本不等于低质量

“低成本不等于低质量。我们会做得越来越好。”亚洲航空集团首席执行官(CEO)东尼·费南德斯24日在中国媒体见面会上表示。

在回答“什么是真正意义的低成本”的问题时,东尼说,低成本的意义在于三方面:高效、自主和选择。他指出,如果旅客选择乘坐全服务航空公司,会得到餐饮、寄行李和运输的服务。但其实这些已经包含在机票的费用里,只是看上去是免费而已。而在亚洲航空,“如果你登上飞机的时候不饿,你就不需要餐食。如果你和我一样喜欢T恤牛仔裤,喜欢轻便出行,你就不需要将行李寄仓。我们将这些选择权交还给你。”

东尼表示,飞机越重,飞行的耗油量就会越大,这样成本就越高。而所有的成本终归都是要乘客来承担的。他举例说:像我的一名员工是购物狂,常常大包小包,在传统航空里,我和她坐一个航班的话,我就等于间接补贴了她的机票;而在亚洲航空,就不会出现这种情况。

“如果你需要更加宽的座位,你可以花一点点钱选一个座位;如果你对座位没有很多的要求,那亚洲航空的系统就会随机安排座位,你就无须另外购买。”东尼说。

亚洲航空2001年12月8日成立于马来西亚,并迅速发展而成为马来西亚首家,也是亚洲最大规模的低成本航空公司。它以“现在人人都能飞”为宗旨,低成本的经营理念在于通过精简朴实的服务模式,在严格控制并降低各种运营及运作成本的同时,向旅客提供低廉优惠的价格价位。自2009年起,已连续6年(2009年、2010年、2011年、2012年、2013年、2014年)被英国独立航空调查机构Skytrax和来自全世界95个国家上千万旅客评选为“世界最佳低成本航空公司”。

(资料来源:人民网,http://world.people.com.cn/n/2014/1125/c1002-26088481.html)

要求:分析亚洲航空公司低成本经营理念。

第二章　成本核算概述

学习目标

通过本章学习，掌握成本核算的原则及成本核算的账户设置，熟悉各种费用的分类和成本核算的一般程序，理解成本核算的要求。

引导案例

成本核算工作也应科学有序

童小华在某小型机械制造厂进行毕业实习。在实习中，他发现该厂没有专门的成本会计核算员，而且大部分会计人员平时工作都很轻松，一到月末则忙得不可开交，连日加班到深夜尚完不成核算任务。经过了解，他得知：造成这种局面的主要问题在于该厂的成本核算环节。该厂大部分有关成本费用开支方面的凭证在平时都堆积在一起，不做处理，等到月末时，再由所有财务人员集中到一起，分头处理相关原始凭证，而且每个人的工作内容又不是相对固定的。总体来说，成本核算工作缺乏有序的组织和缜密的事前规划，就连作为内部自制原始凭证的有关费用汇总表都一直没有固定可比的模式。所以，月末的成本核算工作常常乱作一团，缺乏有序的衔接和配合，返工重做是经常的事情。成本核算是成本会计的基础。没有科学有序的成本会计核算工作，不仅会造成成本核算工作混乱，影响成本核算工作的速度，也会影响成本核算工作的质量。

（资料来源：李玲.成本会计禁忌100例[M].北京：电子工业出版社，2006.）

第一节　费用的分类

费用是指企业在一定时期内为进行生产经营活动而发生的各种耗费。这些耗费是多种多样的，有不同的特性。为了进行科学的成本管理，正确计算产品成本和期间费用，必须对种类繁多的费用进行合理分类。成本费用的分类标准有很多，其中最为基本的是按照费用的经济内容和经济用途来分。

一、按照经济内容分类

费用按照经济内容分,可以划分为劳动对象方面的费用、劳动手段方面的费用和活劳动方面的费用三大类。为了具体反映这三大类费用的构成和水平,还应在此基础上,将其进一步划分为8个费用要素。

(1)外购材料,指企业为进行生产经营而耗用的一切从外部购入的原料及主要材料、半成品、辅助材料、包装物、修理备用件和低值易耗品等。

(2)外购燃料,指企业为进行生产经营而耗用的一切从外部购入的固体、液体和气体燃料。

(3)外购动力,指企业为进行生产经营而耗用的一切从外部购入的各种动力,如电力、热力等。

(4)职工薪酬,指企业应计入产品成本和期间费用的职工薪酬,包括工资、津贴等,以及各种保险、福利经费。

(5)折旧费,指企业按照规定的方法提取的固定资产折旧费用。

(6)利息支出,指企业应计入成本费用的借入款项的利息支出减去利息收入后的净额。

(7)税金,指企业应计入管理费用的各种税金,如房产税、车船税、印花税等。

(8)其他支出,指不属于以上各要素但应计入产品成本或期间费用的费用支出,如水电费、差旅费、租赁费等。

企业的费用按照经济内容划分,既可以清楚地反映各要素费用的耗费情况,也可以据此分析企业不同时期各种费用支出的构成和水平,考核费用计划的执行情况等。但是这种分类不能说明各项费用的用途,不便于分析各种费用的支出是否合理。

二、按照经济用途分类

企业的费用按照经济用途分类,可以分为计入产品成本的生产费用和直接计入当期损益的期间费用两类。

计入产品成本的生产费用在产品生产过程中,有的直接用于产品生产,有的间接用于产品生产。因此为了更具体地反映计入产品生产成本的生产费用的用途,提供产品成本构成情况的资料,还应进一步划分为若干项目,即产品生产成本项目。

产品生产成本项目,即生产费用按其经济用途分类核算的项目。根据生产特点和管理要求,制造类企业一般应设置以下几个成本项目:

(1)原材料,也称直接材料。指直接用于产品生产、构成产品实体的主要材料以及有助于产品形成的辅助材料。

(2)燃料及动力,也称直接燃料及动力。指直接用于产品生产的各种外购及自制的燃料动力。

(3)职工薪酬,也称直接人工,指直接从事产品生产的人员的工资及福利费等支出。

(4)制造费用,指在产品的生产中发生的除原材料、燃料及动力、职工薪酬以外的应计入产品成本的各项费用。制造费用直接用于产品生产,但不便于直接计入产品成本,因而没有专设成本项目费用,这些费用先在“制造费用”账户归集后按照一定标准分配计入有关产品成本项目。

以上成本项目的划分不是绝对的,企业可根据实际需要进行适当调整。例如,有些企业在生产过程中可能发生废品,如果此项损失在产品成本中的比重较大,需要作为一项重点进行核算与管理,可以考虑增设“废品损失”成本项目。

三、费用的其他分类

(一)按与生产工艺的关系分类

按与生产工艺的关系分类,可以将费用分为直接生产费用和间接生产费用。

直接生产费用是指由生产工艺本身引起的、直接用于产品生产的各项费用,如原料费用、生产工人工资和机器设备折旧费用等。

间接生产费用是指与生产工艺没有关系、间接用于产品生产的各项费用,如机物料消耗、辅助工人工资和车间厂房折旧费等。

(二)按计入产品成本的方法分类

按计入产品成本的方法,可将费用分为直接计入费用和间接计入费用。

直接计入费用指可以分清是哪种产品消耗、可以直接计入某种产品成本的费用。

间接计入费用指不能分清是哪种产品所消耗的、不能直接计入某种产品成本,而必须按照一定标准分配计入有关产品成本的费用。

第二节　成本核算的原则和要求

一、成本核算的原则

成本核算原则是规范成本会计行为的指南,是进行成本核算应当遵循的规范,是人们在成本核算实践中的经验总结,是保证成本信息质量的基本会计技术要求。企业在进行成本核算时,应遵循以下原则:

(一)分期核算原则

企业的生产经营活动是连续不断进行的,为了定期提供财务报告,必须获得该期间所生产产品成本的数据。为此,企业必须将其生产经营活动划分为若干个相等的成本计算期间,分别计算各期产品或劳务的成本。

(二)受益原则

受益原则是指在成本核算时,凡是涉及费用分配的,都应按照谁受益谁承担的原则进行分配。在具体选择分配方法时,按照受益原则的要求,各分配对象所分配的费用应与其受益程度成正比例关系,受益多的多负担,受益少的少负担,从而体现费用分配的公平性和合理性。

(三)历史成本原则

历史成本原则是指对生产经营活动中所发生的各项消耗都应按照取得时的实际耗费来计价核算。历史成本不仅具有客观性,还便于事后审核。

(四)一致性原则

一致性原则是指企业各项生产费用归集和分配的程序、步骤以及成本计算方法,前后期应当一致,从而保持成本资料的可比性。如果情况特殊,确实需要改变原有的成本核算方法的,则应在有关的会计报告中加以说明,并对比改变前后的成本核算方法在计算结果上的差异。

(五)重要性原则

重要性原则是指进行成本核算时应根据核算内容和对象重要程度,采取不同的计算程序和方法。对于主要产品和主要费用,应采用比较详细的方法进行分配和计算,而对于次要产品和费用,则采用比较简化的方法进行合并计算和分配。

(六)适应性原则

适应性原则是指企业成本核算程序、方法必须与企业生产经营特点和管理要求相适应。

二、成本核算的要求

成本核算既是对生产经营过程中发生的各种耗费进行归类、反映的过程,也是为了满足企业要求进行信息反馈的过程,还是对成本计划的实施进行检验和控制的过程。为了充分发挥成本核算的作用,不断改善企业生产经营管理,成本核算工作应做好以下工作:

(一)严格执行国家规定的成本开支范围和费用开支标准

成本开支范围和费用开支标准是国家的一项重要财经纪律,每个企业都必须严格执行。因此,企业进行成本核算时,首先必须根据国家有关的法规和制度,以及企业的成本计划和相应的消耗定额,对企业各项费用进行审核和控制。这样,既能够保证企业成本核算的真实性,也能保证企业财务成果核算的真实可靠。为此,企业应对费用的发生情况以及费用脱离定额或计划的差异进行日常的核算和分析,并及时进行反馈。对于不合法、不合理,不利于提高经济效益的超支、浪费或损失,要制止;对于已经无法制止的,要追究责任,采取措施,防止以后再发生;对于定额或计划不符合实际情况而发生的差异,要按规定程序修订定额或计划。

(二)正确划分各种费用界限

为了正确地核算生产费用和经营管理费用,正确地计算产品实际成本和企业损益,必须正确划分以下五个方面的费用界限:

1.正确划分生产经营管理费用与非生产经营管理费用的界限

制造业企业的生产经营活动是多方面的,日常各方面支出的用途不尽相同。不同用途的支出,在会计中列支的项目不同。因此,企业进行成本核算时,应正确划分生产经营管理费用与非生产经营管理费用的界限,既不能乱挤生产经营管理费用,将不属于生产经营管理的费用计入生产经营管理费用，也不能少计生产经营管理费用。如对于购置和建造固定资产、购买无形资产所发生的支出，应计入固定资产和无形资产的价值当中，这些经济活动都不是企业日常的生产经营活动，不属于经营性支出，不应计入生产经营管理费用；再如对于企业的固定资产盘亏损失、固定资产报废清理净损失、罚款赔款支出以及由于自然灾害等原因而发生的非常损失等应计入营业外支出，这些经济活动不是由于日常的生产经营活动而发生的，也不属于经营性支出，不应计入生产经营管理费用；只有用于产品的生产和销售、提供劳务和用于组织和管理生产经营活动，以及用于筹集生产经营资金的各种费用，才属于经营性支出，才应计入生产经营管理费用。

2.正确划分产品生产成本和期间费用的界限

企业日常生产经营中所发生的各项费用，其用途和计入损益的时间是有所不同的。企业发生的生产费用形成产品成本，而产品成本在产品完工入库并销售之后才以主营业务成本形式计入企业的损益。然而，在实际生产经营过程中，当月投入生产的产品不一定当月产成、销售，当月产成、销售的产品也不一定是当月投入生产的，因而本月发生的生产费用往往不是计入当月损益、从当月利润中扣除的产品销售成本；企业的管理费用、财务费用和销售费用则为期间费用处理，不计入产品成本，直接计入当月损益，从当月利润中扣除。因此，为了正确计算产品成本和各月的损益，还应将企业日常生产经营活动发生的各项耗费正确地划分为产品生产成本和期间费用。用于产品生产的原材料费用、生产工人工资费用和制造费用等，应该计入生产费用，并据以计算产品成本；由于产品销售，由于组织和管理生产经营活动和筹集生产经营资金所发生的费用，应该计入经营管理费用，并归集为销售费用、管理费用和财务费用，直接计入当月损益，从当月利润中扣除。必须防止混淆产品成本和费用的界限，将产品的某些成本计入期间费用、计入当月损益，或者将某些期间费用计入产品成本，借以调节各月产品成本和各月损益的错误做法。

3.正确划分各会计期间的界限

为了按会计期间分析和考核成本规划的执行情况，正确计算各会计期间的损益，必须正确划分各会计期间的界限，以保证成本核算的正确性。对于本月发生的成本、费用，都应在本月全部入账，不能将其全部或部分延到下月入账。

在成本核算时，应正确核算待摊费用和预提费用。本月支付，但属于本月和以后各月受益的费用，应计作待摊费用，分摊计入以后各月的费用；本月虽未支付，但本月已经受益的成本、费用，应计作预提费用，预提计入本月的成本、费用。应防止利用费用待摊和预提的办法人为调节各个月份的产品成本和经营管理费用，人为调节各月损益的错误做法。此外，为了简化核算工作，数额较小的应该待摊和预提的费用，也可以不作为待摊、预提费用处理，全部计入支付月份的成本、费用。

4.正确划分各产品成本的界限

成本核算的目的是计算各种产品的总成本和单位成本，因此，应将计入本月产品成本的生产费用在各种产品之间进行划分。属于某种产品单独发生，能够直接计入该种产品成本的生产费用，应直接计入该种产品的成本；属于几种产品共同发生，不能直接计入某种产品成本的生产费用，则应采用适当的分配方法，分配计入这几种产品的成本。

企业进行成本核算时，还应防止在盈利产品与亏损产品之间、可比产品与不可比产品之间任意增减生产费用,以盈补亏,掩盖超支,或虚报产品成本、掩盖利润的错误做法。

5.正确划分完工产品与在产品的费用界限

由于产品的生产周期与会计核算期间往往不一致,致使各会计期末经常有尚未完工的在产品存在。因此,每个会计期末,企业应将各种产品成本负担的生产费用在完工产品和在产品之间进行分配,以划清完工产品与在产品之间的费用界限。月末成本核算时,如果某种产品全部完工,这种产品的各项生产费用之和,就是这种产品的完工产品成本;如果某种产品都未完工,这种产品的各项生产费用之和,就是这种产品的月末在产品成本;如果某种产品一部分已经完工,另一部分尚未完工,这种产品的各项生产费用,就应采取适当的分配方法在完工产品与月末在产品之间进行分配,分别计算完工产品成本和月末在产品成本。

企业进行成本核算时,应防止任意提高或降低月末在产品费用,人为调节完工产品成本的错误做法。

上述五个方面费用界限的划分过程,也是产品成本的计算过程。其费用界限的划分是否正确,直接关系到产品成本计算结果的正确性。

(三)正确确定财产物资的计价和价值结转方法

企业生产经营过程中所消耗的财产物资的价值,要采用一定的方法转移到产品成本和期间费用中去,如固定资产原值计算方法、折旧方法和折旧率高低的选择,固定资产修理费用是采用待摊还是预提方法,原材料计价是选择实际成本核算还是计划成本核算等。财产物资的计价和价值结转方法会直接影响产品成本和期间费用的计算。

为了正确计算产品成本,对于各种财产物资的计价和价值的结转,都应严格按照国家相关的政策、法规和制度执行,同时结合企业自身生产经营活动的特点和管理要求,制定科学、合理、简便、易行的方法。这些方法一经确定,应保持相对稳定,不能随意改变,以保证成本信息的可比性。在成本核算中,应防止任意改变财产物资计价和价值结转的方法借以人为调节成本和费用的错误做法。

(四)正确地选择成本计算方法

产品成本是在生产过程中形成的,生产组织和工艺过程不同的产品,其采用的成本计算方法也不尽相同。生产的特点按组织方式有大量生产、单件生产和成批生产;按工艺过程的特点有单步骤生产和多步骤生产,多步骤生产又分为连续式生产和装配式生产。企业对成本管理的要求也不尽相同,因此,企业在进行成本核算时,应根据本企业产品的生产工艺特点、生产组织特点和管理的要求,选择适合企业的产品成本计算方法。成本计算方法一经确定,一般不应随意变动,以保证成本计算信息的可比性。

(五)做好成本核算的各项基础工作

为了加强成本考核与控制,正确、及时地进行成本核算,企业应做好以下各项基础工作:

1.做好产品定额的制定与修订工作

产品的各种消耗定额是企业根据当前设备条件和技术水平,在充分考虑人的积极因素基础上,对生产的产量、质量、人力、物力、财力消耗所规定的应达到的标准。它不仅是编制成本规划,进行成本分析和考核的依据,也是审核和控制成本的标准,还是成本管理的一项重要内容。因此,为了加强生产管理和成本管理,企业应制定各种消耗定额,建立健全定额管理制度,并随着生产的发展、技术的进步和劳动生产率的提高,对不符合实际的定额及时修订,使成本管理和核算工作建立在科学、实用的定额基础之上。企业制定的定额主要包括原材料、燃料、动力消耗定额,工时定额,设备利用定额,等等。

2.做好材料物资的实物监督工作

成本核算是以价值形式来核算企业生产经营过程中的各项消耗,而价值形式的核算必须以实物核算为基础。因此,企业必须对各项材料物资的收发、领用和结存进行计量和验收,建立和健全材料物资的计量、验收、领退和清查制度。凡是材料物资的收发、领退,在产品、半成品的内部转移,产成品的入库和出库,都应按规定填写相应的凭证,办理审批手续,并严格进行计量和验收。对于库存物资,还要定期进行清查盘点,分析盘盈盘亏的原因,确保计量的准确性,并防止企业财产物资的丢失、损坏、积压等,保证财产物资的安全完整。

3.做好材料物资的原始记录工作

原始记录是指按照规定的格式,对企业生产经营活动中的具体情况所做的最初记载。它是反映企业经营活动的原始资料,也是编制成本计划、制定各项定额、进行成本核算的重要依据。因此,为了成本核算的各项数据资料真实可靠,企业必须建立和健全原始记录制度。

原始记录作为成本核算的基础,其记录必须真实,内容必须完整,手续必须齐全,要素必须完备,以便为成本计算、成本控制、成本预测和决策提供客观正确的依据。做好原始记录应从三个方面入手:一是做好反映生产经营过程中物化劳动消耗的原始记录;二是做好反映活劳动消耗的原始记录;三是做好反映生产经营过程中的各项费用支出的原始记录。

4.做好厂内计划价格的制定与修订工作

在生产经营过程中,企业内部各单位之间往往会相互提供原材料、半成品、修理运输等劳务,为了分清企业内部各单位的经济责任,明确各单位业绩及总体评价和考核的需要,应制定厂内计划价格。厂内计划价格要尽可能切合实际,保持相对稳定,一般在一个会计年度内保持不变。

在建立了厂内计划价格体系的企业,原材料、半成品的结转以及各车间和部门之间相互提供劳务等,都应在计划价格的基础上,采用适当的方法计算各产品月末应负担的价格差异(如材料成本差异),从而将产品的计划成本调整为实际成本。这样,既加速和简化了核算工作,又能分清各单位的经济责任。

第三节　成本核算的一般程序和账户设置

一、成本核算的一般程序

成本核算的一般程序是指对企业在生产过程中发生的各项生产费用和期间费用,按照成本核算的要求,逐步进行归集和分配,最后计算出各种产品的生产成本和各项期间费用的基本过程。根据成本核算的要求,成本核算的一般程序归纳如下:

(一)确定成本核算对象和成本项目

成本核算对象是生产费用的承担者。确定成本核算对象就是要解决生产费用由谁来承担的问题,它是计算产品成本的前提。对制造业企业而言,可以按产品品种、批别、生产步骤等来确定成本核算对象。

成本项目则是生产费用要素分类的项目,用于反映成本构成中的不同资金耗费情况。成本项目应根据企业生产类型的特点和对成本管理的要求来确定。

(二)确定成本计算期

成本计算期是指企业多长时间计算一次成本,一般按月进行,也有以产品的生产周期为计算期的。确定成本计算期主要考虑企业的生产组织特征。

(三)审核生产费用

主要审核生产费用的真实性、合理性和合法性,确定各项费用是否应该支付,然后确定支付的费用是计入产品成本还是计入期间费用,以确保成本计算的准确性。

(四)归集和分配生产费用

企业对生产过程中发生的各项生产费用先进行归集,然后按其用途分别计入有关生产成本账户及所属明细账。凡是能直接计入产品成本的费用,直接记入有关生产成本账户及所属明细账;不能直接计入产品成本的费用,先按其发生的地点或用途进行归集,再按受益原则进行分配,分别记入各受益产品生产成本账户及所属明细账。

(五)计算完工产品成本和月末在产品成本

月末,如果产品已全部完工,则产品成本明细账中归集的月初在产品成本和本月发生的生产费用之和就是该种产品的成本。如果全部未完工,则为月末在产品成本。如果一部分完工一部分未完工,则应将产品成本明细账中归集的生产费用之和采用适当的分配方法,在完工产品与在产品之间进行分配,计算出完工产品成本和月末在产品成本。

二、成本核算的账户设置

为了进行成本核算,反映和监督企业在生产过程中发生的各项费用,正确计算产品成本,必须设置有关成本费用账户。制造业企业一般设置“生产成本”“制造费用”“销售费用”“管理费用”“财务费用”“长期待摊费用”“废品损失”“停工损失”等账户。

“生产成本”账户核算企业为生产产品或提供劳务所发生的各种费用。为了分别核算基本生产车间成本和辅助生产车间成本,企业可根据管理需要,在“生产成本”总分类账户下,设立“基本生产成本”和“辅助生产成本”两个二级账户。实务中,为了减少二级科目,简化会计分录,将“基本生产成本”和“辅助生产成本”直接作为一级账户进行核算。下面主要介绍“基本生产成本”“辅助生产成本”“制造费用”三个账户。

(一)“基本生产成本”账户

企业为了归集基本生产所发生的各种生产费用并计算基本生产产品成本,应设置“基本生产成本”账户。该账户的借方登记基本生产而发生的各种费用,如直接材料、直接人工费等直接费用,以及通过制造费用账户归集的在月末按一定标准分配后转入的间接费用,贷方登记完工入库转出的产品生产成本,月末余额在借方,表示尚未加工完成的在产品成本，即基本生产在产品的成本，也就是基本生产在产品占用的资金。该账户应按产品品种、批别或生产步骤等成本计算对象分设明细账（或称基本生产成本明细账，也称产品成本明细账或产品成本计算单）。账户中按成本项目分设专栏或专行，登记各该产品、各该成本项目的月初在产品成本、本月发生的成本、本月完工产品成本和月末在产品成本。其基本格式如表 2-1 和表 2-2 所示。

表 2-1　基本生产成本明细账（按成本项目分设专栏）

车间名称：第一车间

产品名称：甲产品　　　　单位：元

月	日	摘　要	产量（件）	成　本　项　目			合计
				直接材料	直接人工	制造费用	
		月初在产品成本					
		本月发生生产费用					
		生产费用合计					
		本月完工产品成本					
		月末在产品成本					

表 2-2　基本生产成本明细账（按成本项目分设专行）

车间名称：第一车间

产品名称：甲产品　　　　单位：元

成本项目	月初在产品成本	本月发生生产费用	生产费用合计	完工产品总成本	完工产品单位成本	月末在产品成本
直接材料						
燃料及动力						
直接人工						
制造费用						
废品损失						
合计						

表 2-1 是按成本项目分设专栏的明细账格式。该表的优点是各月末成本计算工作可以在账户中连续进行，不必逐月转抄在产品费用。表 2-2 是按成本项目分设专行的明细账格式。采用该表格形式，月末需要将在产品费用转入下月账页，因而它一般只适合于生产周期较短、月末很少有在产品的情况。

在产品品种较多的企业中，既可以按车间又可以按成本项目汇总反映全部产品的总成本，还可以设置基本生产成本二级账。

（二）"辅助生产成本"账户

为了归集辅助生产车间所发生的各项费用，应设置"辅助生产成本"账户。该账户的借方登记辅助生产所发生的各项费用，并计算辅助产品或劳务的成本，贷方登记完工入库的辅助产品的生产成本或分配转出的劳务费用，月末余额在借方，表示辅助生产在产品的成本，即辅助生产在产品占用的资金。该账户应按辅助生产车间和生产的产品、劳务分设明细账。

在实际工作中，生产生产工具、低值易耗品等产品的辅助生产车间，可以采取按成本项目分设专栏的辅助生产费用明细账格式（如表 2-3）进行辅助生产成本的归集与分配，计算辅助生产产品的生产成本。而提供劳务的辅助生产车间则可以按费用种类分设专栏格式（如表 2-4）进行辅助生产成本的归集与分配，计算辅助生产产品的生产成本。

表 2-3　辅助生产成本明细账（按成本项目分设专栏）

车间名称：××辅助生产车间

产品名称：××生产工具　　　　单位：元

月	日	摘　要	产量（件）	成　本　项　目			合计
				直接材料	直接人工	制造费用	
		月初在产品成本					
		本月发生生产费用					
		生产费用合计					
		本月完工产品成本					
		月末在产品成本					

表 2-4　辅助生产成本明细账（按费用种类分设专栏）

车间名称：××辅助生产车间　　　　单位：元

摘　要	原材料	水电费	职工薪酬	折旧费	保险费	办公费	差旅费	其他	合计	转出
原材料费用分配表										
动力费用分配表										
职工薪酬分配表										
折旧费分配表										
待摊保险费分配表										
其他费用分配表										
辅助生产费分配表										
合计										

（三）“制造费用”账户

为了核算企业为生产产品和提供劳务而发生的各项不能直接计入产品成本的间接费用，应设置“制造费用”账户。该账户的借方登记各车间制造费用的发生额，贷方登记分配计入有关成本计算对象的制造费用额，除季节性生产企业外，该账户月末无余额。为了核算和监督各生产车间部门制造费用的发生和结转情况，该账户应按车间、部门分别设置明细账，账内按费用项目设置专栏。

思政德育课堂

总会计师的"两难"选择

1.案例资料

20××年11月,某公司因产品销售不畅,新产品研发受阻。公司财务部预测公司本年度将发生800万元亏损。刚刚上任的公司总经理责成总会计师王某千方百计实现当年盈利目标,并说:"实在不行,可以对会计报表做一些会计技术处理。"总会计师很清楚公司年度亏损已成定局,要落实总经理的盈利目标,只能在财务会计报告上做手脚。总会计师感到左右为难:如果不按总经理的意见去办,自己以后在公司不好待下去;如果按照总经理意见办,对自己也有风险。为此,总会计师思想负担很重,不知如何是好。

2.研讨问题

根据《会计法》和会计职业道德的要求,总会计师王某应如何处理?请简要说明理由。

3.案例启示

《会计法》第四条规定"单位负责人对本单位的会计工作和会计资料的真实性、完整性负责",第五条规定"任何单位或者个人不得以任何方式授意、指使、强令会计机构、会计人员伪造、变造会计凭证、会计账簿和其他会计资料,提供虚假财务会计报告"。会计人员在处理业务中要严格遵循《会计法》相关规定,不能为他人意志所左右。会计人员应当养成诚实守信、客观公正、遵守准则的会计职业道德。

本章小结

成本核算原则是规范成本会计行为的指南,是进行成本核算应当遵循的规范,是人们在成本核算实践中的经验总结,是保证成本信息质量的基本会计技术要求。企业在进行成本核算时,应遵循分期核算原则、受益原则、历史成本原则、一致性原则、重要性原则和适应性原则。

企业成本核算时,应严格执行国家规定的成本开支范围和费用开支标准,正确划分各种费用界限,正确确定财产物资的计价和价值结转方法,正确地选择成本计算方法,同时做好成本核算的各项基础工作。

根据成本核算的要求,成本核算的基本程序分五步:一是确定成本核算对象和成本项目;二是确定成本计算期;三是审核生产费用;四是归集和分配生产费用;五是计算完工产品成本和月末在产品成本。

为了进行成本核算,监督企业生产过程发生的各种费用,正确计算产品成本,企业应设置"基本生产成本""辅助生产成本""制造费用""销售费用""管理费用""财务费用""长期待摊费用""废品损失""停工损失"等账户。

○ 关键概念

成本核算的原则(cost accountingprinciple)
成本核算的程序(cost accountingprocedure)
成本核算的要求(cost accountingrequirement)
制造费用(manufacturing overhead)
成本项目(costitem)
费用要素(cost element)
基本生产成本(basic productioncosts)
辅助生产成本(service productioncosts)

○ 习　题

一、单项选择题

1.下列各项属于间接生产费用的是(　　)。

A.厂房折旧费用　B.工艺用燃料费用　C.主要材料费用　D.生产工人工资

2.对本期生产经营性支出,为了正确计算产品的生产成本,应划清的界限是(　　)。

A.生产成本和制造费用　B.生产成本和期间成本
C.制造费用和管理费用　D.管理费用和财务费用

3.下列可直接计入“直接材料”成本项目的是(　　)。

A.为组织管理生产用的机物料　B.为组织管理生产用的低值易耗品
C.生产过程中间接耗用的材料　D.直接用于生产过程中的原材料

4.企业用于筹集生产经营资金的费用,属于(　　)。

A.生产费用　B.财务费用　C.销售费用　D.制造费用

5.下列各项不一定计入“制造费用”的是(　　)。

A.车间机物料消耗　B.燃料及动力
C.车间管理人员工资　D.车间厂房的折旧费用

6.下列属于要素费用中税金的是(　　)。

A.消费税　B.所得税　C.增值税　D.房产税

7.按与生产工艺的关系,可以将费用分为直接生产费用和(　　)。

A.直接费用　B.直接计入费用　C.间接生产费用　D.间接计入费用

8.按计入产品成本的方法,可将费用分为(　　)和间接计入费用 。

A.直接生产费用　B.间接生产费用　C.直接计入费用　D.间接费用

9.下列属于成本项目的是(　　)。

A.税金　B.期间费用　C.折旧费　D.废品损失

10.下列各项应计入产品成本的是(　　)。

A.生产费用　B.销售费用　C.财务费用　D.管理费用

二、多项选择题

1.下列各项属于直接生产费用的是(　　)。

A.产品专属设备折旧费　　B.车间厂房折旧费

C.几种产品共同消耗的原材料费用　　D.车间的机物燃料消耗

2.正确计算产品成本必须做好的各项基础工作是(　　)。

A.建立和健全原始记录制度　　B.建立和健全内部价格制度

C.建立健全费用审批制度　　D.建立健全定额管理制度

3.费用要素中的税金是指(　　)。

A.土地使用税　　B.车船使用税　　C.印花税　　D.房产税

4.要素费用中的外购材料费用,可能计入(　　)账户。

A.基本生产成本　　B.直接人工　　C.管理费用　　D.制造费用

5.制造业企业费用要素与产品成本项目的主要区别表现为(　　)。

A.按费用要素反映的费用包括企业发生的全部费用,而按成本项目反映的产品成本只是费用中用于产品生产的部分

B.按费用要素反映的费用是指用于产品生产的部分费用,而按成本项目反映的费用包括企业发生的全部费用

C.按费用要素反映的费用是指某一时期内实际发生的费用,而按成本项目反映的产品成本是某一产品应负担的费用

D.按费用要素反映的费用是指某一时期某一产品应负担的费用,而按成本项目反映的产品成本是某一时期内实际发生的费用

6.下列各项应计入销售费用的有(　　)。

A.展览费　　B.业务招待费　　C.销售机构经费　　D.广告费

7.外购材料包括从外部购进的(　　)。

A.半成品　　B.辅助材料　　C.包装物　　D.低值易耗品

8.企业在进行成本核算时应遵循的原则有(　　)。

A.受益原则　　B.历史成本原则　　C.重要性原则　　D.分期核算原则

9.产品生产过程中发生的各种耗费包括(　　)。

A.劳动对象方面的耗费　　B.劳动手段方面的耗费

C.活劳动方面的耗费　　D.对象投资的支出

10.产品成本开支范围包括(　　)。

A.行政管理部门为管理和组织生产而发生的各种管理费用

B.为制造产品而消耗的材料费用

C.为制造产品而消耗的动力费用

D.生产过程中发生的废品损失

三、思考题

1.在成本核算时,应该满足哪些基本要求?

2.费用按经济内容和用途分类分别有哪些?两种分类有何联系和区别?

3.如何正确划分各种费用支出的界限?

4.成本核算的基本程序是什么？

5.产品成本项目主要包括哪些内容？

○ 案例分析

某企业在本会计期间内发生的部分经济业务内容如下：

(1)为制造产品消耗材料费 250 000 元，消耗的全部材料均为前期储备材料。

(2)为制造产品支付工资费 150 000 元。

(3)生产设备和生产用房屋计提折旧费 80 000 元，行政管理部门办公设备和办公用房屋计提折旧费 30 000 元。

(4)生产过程中发生废品损失 5 000 元。

(5)购买新的生产设备，用银行存款支付 500 000 元。

(6)租用生产用厂房，以银行存款支付本月租金 9 000 元。

(7)对外投资支付现金 20 000 元。

(8)向投资者分配利润 30 000 元。

(9)以现金支付财务部门办公费 4 000 元。

(10)以银行存款支付广告费 50 000 元。

(11)因违反税法有关规定被处罚，支付现金 6 000 元。

(12)支付财产保险费 8 000 元，其中：生产车间保险费 5 000 元，行政管理部门保险费 3 000 元。

(13)支付本期利息支出 600 元。

(14)支付生产车间水电费 1 000 元。

(15)向长期合作单位捐赠现金 40 000 元。

该企业将上述各项支出，全部直接分别记入当期生产的甲、乙两种产品的“基本生产成本”明细账户中。

(资料来源：万寿义等.成本会计习题与案例[M].大连：东北财经大学出版社，2013.)

要求：

(1)这样处理符合现行的《企业会计准则》和成本费用开支范围吗？

(2)若不符合，有哪些错误？应该怎么做？

第二篇

成本项目核算

第三章　要素费用的核算

学习目标

通过本章学习，熟悉要素费用的核算内容，掌握各要素费用的相关核算以及各要素费用归集、分配的程序与方法，了解各种分配方法的优劣及其选用。

引导案例

哈莱—戴维森公司排除直接制造人工成本的分类

哈莱—戴维森公司多年来在制造过程中使用三种成本分类——直接材料、直接人工和制造费用，20 世纪 80 年代中期，哈莱—戴维森公司特别管理者小组比较分析了产品制造成本的结构与在会计制度中"收集、检查并报告"资料所花费的管理成本，如下表所示。

产品制造成本结构

项　目	产品制造成本结构(%)	管理成本效果(%)
直接材料	54	25
制造费用	36	13
直接人工	10	62

与将直接人工追溯为一个单独的成本种类相联系的管理成本包括：

(1)工作人员填写工时卡的时间。

(2)管理者检查工时卡的时间。

(3)工作时间记录员人工资料以及对资料报告表查错的时间。

(4)成本会计员检查直接人工及差异资料的时间。

哈莱—戴维森公司得出结论，把直接人工追溯给产品不符合"成本—效益"原则。直接人工成本只占总制造成本的 10%，但需要花费管理上 62% 的费用来追溯所有的制造成本。这家公司现在把所有的人工成本作为制造费用的一部分。它使用了直接材料与制造费用两部分分类。

[资料来源：特科.管理会计之新生——戴维森的经验[J].成本管理杂志，1990 年.(4)]

第一节 要素费用核算概述

要素费用是企业在生产经营过程中发生的各项费用，具体包括外购材料、外购燃料、外购动力、职工薪酬、折旧费、利息支出、税金及其他费用等八个费用要素。产品的生产过程同时也是各种要素费用的耗费过程，各种要素费用的用途不同，计入产品成本及相关经营管理费用的过程和方法也不同。因此，对于发生的各项要素费用，应根据其用途，按照受益原则进行分配。其基本处理方法如下：

(1)对于直接用于产品生产(指基本生产的产品，下同)，专门设有成本项目，且能明确属于某种产品耗用的费用，例如构成某种产品实体的原材料费用、工艺用燃料费用或生产用动力费用、该产品生产工人的职工薪酬等，属于直接计入费用，因为其归属对象明确，可以直接归集为产品的生产成本，即直接记入该产品的"基本生产成本"总账科目及所属的明细账中的"直接材料""燃料及动力"或"直接人工"等成本项目。

(2)对于直接用于产品生产，专门设有成本项目，但为几种产品共同耗用的间接计入费用，例如几种产品共同耗用某一种原材料，因为不能明确其属于某种产品耗用的资源，因而不能直接归集为某种产品的生产成本，需要采用一定的分配方法在不同产品之间进行分配，即分配记入这几种产品各自的"基本生产成本"总账科目及所属的明细账中的"直接材料"等成本项目。

间接计入费用的分配，要求分配所依据的标准与所分配费用的多少有密切的联系，这样分配结构比较合理，而且分配标准的资料相对容易取得，计算也较简便。常用的分配标准主要有：成果类，如产品的重量、体积、产量、产值等；消耗类，如生产工时、机器工时、原材料消耗量等；定额类，如定额消耗量、定额费用等。分配间接计入费用的计算公式为：

$$间接费用分配率=\frac{待分配的费用总额}{分配标准总额}$$

某种产品或某分配对象应负担的费用＝该产品或对象的分配标准额×费用分配率

间接计入费用的分配是成本会计的重点、难点之一，其分配原理和计算方法贯穿于整个成本会计的核算过程之中。

(3)对于直接用于产品生产，又没有专设成本项目的各项费用，或是间接用于产品生产的费用，应先计入"制造费用"总账科目及所属明细账有关项目，期末，通过一定的分配程序分配转入 "基本生产成本"总账及所属明细账户中的"制造费用"成本项目。

(4)对于用于辅助生产的费用，如果辅助车间不单设"制造费用"科目，则无论是直接或间接用于辅助生产的费用，都直接计入"辅助生产成本"总账科目及所属明细账。如果辅助车间单设"制造费用"科目，则应根据辅助生产费用的具体情况分别计入"辅助生产成本"和"制造费用"总账科目及所属明细账有关项目。然后将辅助车间的"制造费用"先分配给相应的"辅助生产成本"，再按照受益原则将"辅助生产成本"进行分配，属于基本生产产品的辅助生产费用，应分配转入"基本生产成本"总账及所属明细账户中的有关成本项目。这样，在"基本生产成本"总账科目和所属各种产品成本明细账的各个成本项目中，归集了应由本月基本生产各种产品负担的全部生产费用，将这些费用加上月初在产品费用，以其合计数在完工产品和月末在产品之间进行分配，即可计算出各种完工产品和月末在产品的成本。

(5)对于生产经营过程中用于产品销售、管理和组织生产经营活动及用于筹集生产经营资金的费用，应分别计入“销售费用”“管理费用”“财务费用”总账科目及所属明细账户的借方进行归集，期末从其贷方转入“本年利润”科目的借方，直接计入当月损益。

(6)对于用于固定资产购置和建造等非生产经营管理的费用，应计入“在建工程”等科目，然后通过一定的账务处理程序转入“固定资产”等科目。

综上所述，要素费用经过分配后计入的科目总结如表3-1所示。

表3-1　要素费用经分配后计入科目总结表

受益部门	应借科目	
基本生产车间生产产品	基本生产成本	甲产品
		乙产品
基本生产车间一般消耗	制造费用	基本生产车间
辅助生产车间	辅助生产成本	
行政管理部门	管理费用	
专设销售机构	销售费用	

第二节　材料费用的核算

一、材料费用核算概述

材料费用是要素费用中的主要项目，其核算是指通过对材料发出的核算，将本期发出的材料费用按受益原则计入各种产品成本和相关经营管理费用。

企业生产经营过程中所用的材料，包括原料及主要材料、辅助材料、外购半成品、燃料、包装物、低值易耗品等。不管是外购材料还是自制材料，各部门从仓库领用材料都必须办理一定的手续和填制相关原始凭证，以加强对材料费用的控制，明确有关经济责任。各部门领用材料应填制的原始凭证主要有领料单(见表3-2)、限额领料单(见表3-3)、领料登记表(见表3-4)、退料单(见表3-5)等。

材料发出应根据领料单和领料登记表等发料凭证进行。会计部门对发料凭证所列材料的种类、数量和用途等进行审核，检查所领材料的种类和用途是否符合规定，数量有无超过定额或计划。只有经过审核、签章的发料凭证才能据以发料，并作为发料核算的原始凭证。为了更好地控制材料的领发，节约材料费用，应该尽量采用限额领料单，实行限额领料制度，即限额以内的材料根据限额领料单领用，超过限额的材料，应该另行填制领料单，并在领料单中说明理由，经过主管人员审批以后才能据以领料。

表 3-2　领料单

领料单位：
用途：　　202×年×月　　发料仓库：

材料类别	材料名称	单位	请领数量	实领数量	单价	金额

领料部门负责人：　　领料人：
仓库负责人：　　发料人：

表 3-3　限额领料单

领料部门：
用途：　　202×年×月　　发料仓库：

<table>
<tr><td>材料编号</td><td>材料名称及规格</td><td colspan="2">计量单位</td><td>单价</td><td colspan="2">计划投产量</td><td>消耗定额</td><td>领用限额</td></tr>
<tr><td></td><td></td><td colspan="2"></td><td></td><td colspan="2"></td><td></td><td></td></tr>
<tr><td rowspan="2">日期</td><td colspan="2">请　领</td><td colspan="4">实　领</td><td rowspan="2">领料人</td><td rowspan="2">发料人</td></tr>
<tr><td>数量</td><td>金额</td><td colspan="2">数量</td><td>金额</td><td>累　计</td></tr>
<tr><td></td><td></td><td></td><td colspan="2"></td><td></td><td></td><td></td><td></td></tr>
<tr><td>合计</td><td></td><td></td><td colspan="2"></td><td></td><td></td><td></td><td></td></tr>
</table>

生产部门负责人：　　供应部门负责人：　　仓库负责人：

表 3-4　领料登记表

材料类别：　　仓库：
材料编号：　　领料单位：
材料名称及规格：　　202×年×月　　计量单位：

日期	领用数量	单价	金额	发料人	领料人	备注

材料供应部门：　　仓库保管人员：

表 3-5　退料单

退料部门：　　退料编号：
原领料编号：　　202×年　月　日

退料名称	料号	退料量	实收量	退料原因	备注

点收人：　　主管：　　退料人：

生产所剩余料，应编制退料单，据以退回仓库。对于本期已领未用、下期需要继续耗用的材料，可以采用“假退料”办法，即材料实物不动，只是填制一份本期的退料单，表示材料已经退库,同时填制一份下期的领料单,表示该料在下期重新领用。“假退料”既完善了材料领用的手续,又避免了材料实物来回搬运的重复。

对于材料收入、发出和结存的明细核算,应该按照材料的品种、规格开设数量金额式明细账。账中根据收发料凭证(包括退料凭证)进行登记。

对于企业生产经营过程中所使用的材料,其核算可以按实际成本核算,也可以按计划成本核算。按照实际成本核算,计价方法有先进先出法、加权平均法、移动加权平均法、个别计价法等。按照计划成本核算,则应计算计划成本与实际成本之间的材料成本差异。这些内容在财务会计中详细介绍,在此不再赘述。

二、材料费用的分配

(一)材料费用分配的原则

对于直接用于产品生产构成产品实体的材料费用,如果是为生产某一种产品而耗用,则属于直接计入费用,可直接计入该产品“基本生产成本”总账科目及所属明细账的“原材料”或“直接材料”成本项目中。如果是几种产品共同耗用的间接计入费用,则应采用既合理又简便的分配方法,在各种产品之间进行分配,然后分别计入相关产品的“基本生产成本”总账科目及所属明细账的“原材料”或“直接材料”成本项目中。

对于基本生产车间一般性耗用的材料,则计入“制造费用”总账科目及所属明细账有关项目,期末通过一定的分配程序分配转入“基本生产成本”总账及所属明细账户中的“制造费用”成本项目。

对于辅助生产车间耗用的原材料费用,应根据辅助生产费用的具体情况分别记入“辅助生产成本”和“制造费用”总账科目及所属明细账有关项目。

对于销售机构、行政管理部门耗用的材料费用,不计入产品成本,而应分别计入“销售费用”“管理费用”总账科目和所属明细账,作为期间费用转入“本年利润”账户,冲减当期损益。

(二)材料费用的分配方法

几种产品共同耗用的间接计入费用,应采用合理、简便的分配方法,分配计入相关产品的“基本生产成本”总账科目及所属明细账的“原材料”或“直接材料”成本项目中。

由于原料和主要材料的费用一般与产品的重量、体积有关,因而原料和主要材料费用一般可以按产品的重量、体积或产量比例分配。在各项定额资料比较准确、稳定的企业,材料费用也可以按照定额消耗量或定额费用来分配。重量(体积、产量)分配法比较简单,此处主要介绍定额消耗量比例分配法和定额费用比例分配法。

1.定额消耗量比例分配法

定额消耗量比例分配法是以各产品的材料消耗定额为基础,计算出各产品的材料定额消耗量,以此作为分配标准分配材料费用。这种分配方法的前提是各种材料的消耗定额比较准确、稳定。

所谓材料的消耗定额是指单位产品可以消耗某种材料的数量限额,一般由企业事先制定;定额消耗量是指一定产量下按照消耗定额计算的可以消耗的数量,是指产品的实际产量按照单位产品消耗定额计算的总消耗量。

例如:生产一件 A 产品所要消耗的甲材料的数量限额是 5 千克,5 千克即 A 产品关于甲材料的消耗定额;如果本月生产 A 产品 1 000 件,则可消耗的甲材料数量是 5 000 千克,5 000 千克即这批 A 产品的定额消耗量。定额消耗量比例分配法分配材料费用的计算公式为:

某产品材料定额消耗量=该产品实际产量×单位产品材料消耗定额

$$材料费用分配率=\frac{待分配的材料费用总额}{各种产品材料定额消耗量之和}$$

某产品应负担的材料费用=该产品材料定额消耗量×材料费用分配率

【例 3-1】 祥泰企业基本生产车间生产甲、乙两种产品,共同耗用 A 材料。202×年 3 月发出 A 材料 50 100 元,其领用部门及数量如表 3-6 所示。

表 3-6　材料发出汇总表

编制单位:祥泰企业　　202×年 3 月　　单位:元

领料部门	A 材料			应借科目
	数量(千克)	单价(元)	金额(元)	
甲、乙产品共同耗用	21 000	2	42 000	基本生产成本
基本生产车间一般耗用	2 500	2	5 000	制造费用
供水车间领用	1 000	2	2 000	辅助生产成本
机修车间领用	600	2	1 200	辅助生产成本
行政管理部门领用	550	2	1 100	管理费用
合　计	25 650	2	51 300	

已知本月所产甲产品 200 件,乙产品 90 件。甲、乙产品关于 A 材料的消耗定额分别为 30 千克、50 千克。采用定额消耗量比例分配法分配材料费用,编制材料费用分配表,如表 3-7 所示。

表 3-7　A 材料费用分配表(定额消耗量比例分配法)

编制单位:祥泰企业　　202×年 3 月　　单位:元

产品名称	实际产量(件)	消耗定额(千克)	定额消耗量(千克)	分配率	分配金额(元)
甲产品	200	30	6 000		24 000
乙产品	90	50	4 500		18 000
合　计	290	—	10 500	$\frac{42\ 000}{10\ 500}=4$	42 000

2.定额费用比例分配法

定额费用比例分配法是以各产品消耗材料的定额费用作为分配标准分配材料费用的方法。材料定额费用是指产品的实际产量按照单位产品消耗材料的费用定额计算的费用总额。

所谓材料费用定额和材料定额费用,实际上是材料消耗定额和材料定额消耗量的货币表现。接上例,生产一件 A 产品消耗甲材料的数量限额是 5 千克,假如每千克单价 4

元,5 千克×4 元=20 元,20 元是一件 A 产品的费用定额;本月生产 A 产品 1 000 件,则 1 000件×20 元=20 000 元是这批 A 产品的定额费用。

定额费用比例分配法分配材料费用的计算公式如下:

某产品材料定额费用=该产品实际产量×单位产品材料费用定额

$$材料费用分配率=\frac{待分配的材料费用总额}{各种产品材料定额费用之和}$$

某产品应负担的材料费用=该产品材料定额费用×材料费用分配率

【例 3-2】仍以例 3-1 为例,A 材料的单价为 20 元。采用定额费用比例分配法分配 A 材料费用,其费用分配表如表 3-8 所示。

表 3-8　A 材料费用分配表(定额费用比例分配法)

编制单位:祥泰企业　　202×年 3 月　　单位:元

产品名称	消耗定额(千克)	单价(元)	费用定额(元)	实际产量(件)	定额费用(元)	分配率	分配金额(元)
甲产品	30		600	200	120 000		24 000
乙产品	50		1 000	90	90 000		18 000
合 计		20		290	210 000	$\frac{42\ 000}{210\ 000}=0.2$	42 000

(三)材料费用分配的账务处理

根据“材料发出汇总表”和“材料费用分配表”,编制会计分录,并登记相关总账和明细账。在例 3-1 中,材料费用分配表见表 3-9 所示。

表 3-9　材料费用分配表

编制单位:祥泰企业　　202×年 3 月　　单位:元

应借科目		成本项目	直接计入	间接计入			合计
				定额消耗量	分配率	分配金额	
基本生产成本	甲产品	直接材料		6 000		24 000	24 000
	乙产品	直接材料		4 500		18 000	18 000
	小计			10 500	4	42 000	42 000
制造费用		材料费	5 000				5 000
辅助生产成本	供水	材料费	2 000				2 000
	机修	材料费	1 200				1 200
	小 计						3 200
管理费用		材料费	1 100				1 100
合 计							51 300

根据表 3-9,编制会计分录如下:

借:基本生产成本——甲产品　　24 000
　　　　　　　　——乙产品　　18 000
　制造费用　　5 000
　辅助生产成本——供水　　2 000
　　　　　　　　——机修　　1 200
　管理费用　　1 100
　贷:原材料——A 材料　　51 300

三、燃料费用的分配

燃料指在生产过程中用来燃烧、发热,或为创造正常劳动条件而耗用的各种燃料,包括固体燃料、气体燃料和液体燃料等,如煤炭,各种油料、煤气等。

如果燃料费用在产品的成本构成中比重较大,企业应增设"燃料"账户,以核算燃料的收发存情况,并在所属的成本明细账户中,将燃料费用与动力费用一起专设"燃料及动力"成本项目。如果燃料费用在产品的成本构成中比重不大,企业则无须增设"燃料"账户,将其计入"原材料"账户即可,在成本明细账中将燃料费用计入"制造费用"成本项目。

燃料实际上也是材料,因而燃料费用分配的原则与方法与上述原材料费用分配的原则与方法基本相同。

【例 3-3】祥泰企业产品生产所耗燃料费用和动力费用较多,为了加强对能源消耗的核算和控制,企业增设"燃料"账户,并在成本项目中增设"燃料及动力"项目。该企业 202×年 3 月共发生燃料费用 20 118 元,其中用于 A、B 两种产品热处理的燃料费用共为12 518元,供水车间消耗 4 000 元,行政管理部门耗用 3 600 元。

间接计入的燃料费用按燃料的定额费用比例分配。根据耗用燃料的产品数量和单位产品的燃料费用定额算出的燃料定额费用为:A 产品 6 420 元,B 产品 4 960 元。

燃料费用分配如下:

$$燃料费用分配率=\frac{12\ 518}{6\ 420+4\ 960}=1.1$$

A 产品燃料费用=6 420×1.1=7 062(元)

B 产品燃料费用=4 960×1.1=5 456(元)

根据以上资料编制燃料费用分配表见表 3-10 所示。

表 3-10　燃料费用分配表

编制单位:祥泰企业　　202×年 3 月　　单位:元

应借科目		成本项目	直接计入	分配计入			合计
				定额费用	分配率	分配金额	
基本生产成本	A 产品	燃料及动力		6 420		7 062	7 062
	B 产品	燃料及动力		4 960		5 456	5 456
	小计				1.1		12 518

续表

应借科目		成本项目	直接计入	分配计入			合计
				定额费用	分配率	分配金额	
辅助生产成本	供水		4 000				4 000
管理费用			3 600				3 600
合　计			7 600			12 518	20 118

根据上述“燃料费用分配表”，祥泰企业编制会计分录如下，并登记相关总账和明细账：

借：基本生产成本——A产品　　7 062
　　　　　　　　——B产品　　5 456
　　辅助生产成本——供水　　4 000
　　管理费用　　3 600
　贷：燃料　　20 118

四、包装物和低值易耗品摊销的核算

包装物是指企业在生产经营活动中为包装本企业产品而储备的，随同产品出售、出租或出借的各种包装容器，如桶、箱、瓶、坛、袋等。包装物按其用途不同可分为以下四类：(1)生产过程中用于包装产品作为产品组成部分的包装物；(2)随同商品出售不单独计价的包装物；(3)随同商品出售单独计价的包装物；(4)出租或出借给其他单位使用的包装物。包装物的用途不同，计入产品成本或当期损益的方法不同。

值得注意的是以下物资在会计核算上不作为包装物核算：(1)各种包装材料，如绳、纸、铁丝、铁皮等，不是容器，属于原材料，应列作“原材料”核算；(2)用于储存和保管本企业产品或材料，不对外出售、出租、出借的包装容器，按其单位价值的大小和使用年限的长短，分别列作“固定资产”或“低值易耗品”核算；(3)计划中单独列作本企业商品产品的自制包装物，作为本企业的“库存商品”核算。

低值易耗品是指单位价值较低、使用年限较短、不能作为固定资产核算的各种用具物品，包括工具、管理用具、玻璃器皿，以及在经营过程中周转使用的包括容器等。低值易耗品按用途可分为以下几类：(1)一般工具，指生产中常用的工具，如量具、装配工具等；(2)专用工具，指专用于某种产品生产或某一工序使用的工具，如特制模具等；(3)替换设备，指易被磨损或需要替换使用的设备，如轧钢用的轧辊等；(4)管理用具，指管理部门使用的各种物品，如办公用具等；(5)劳保用品，指为了安全生产而发给工人使用的物品，如工作服等各种防护用具；(6)其他价值较低、使用年限较短的低值易耗品。

包装物和低值易耗品的日常核算与原材料的日常核算相同，其摊销的方法根据具体情况进行，通常有一次摊销法和五五摊销法，这些内容财务会计中已详细介绍，在此不再赘述。

第三节 职工薪酬费用的核算

一、职工薪酬概述

《企业会计准则第9号——职工薪酬》规定，职工薪酬是指企业为获得职工提供的服务而给予的各种形式的报酬及其他相关支出，主要包括：

(1)职工工资、奖金、津贴和补贴；

(2)职工福利费；

(3)养老保险费、医疗保险费、失业保险费、工伤保险费、生育保险费等社会保险费；

(4)住房公积金；

(5)工会经费和职工教育经费；

(6)非货币性福利；

(7)因解除与职工的劳动关系给予的补偿(辞退福利)；

(8)其他与获得职工提供的服务相关的支出。

其中，职工工资、奖金、津贴和补贴，是指按照国家统计局的规定构成工资总额的薪酬，即工资性薪酬，通常与职工付出的劳动数量有关。具体包括：

(1)计时工资，是指按照计时工资标准(包括地区生活费补贴)和工作时间支付给个人的劳动报酬；

(2)计件工资，是指对已做工作按计件单价支付的劳动报酬；

(3)奖金，是指支付给职工的超额劳动报酬和增收节支的劳动报酬，如生产奖、节约奖、劳动竞赛奖等；

(4)津贴和补贴：津贴，是指为补偿职工特殊劳动、额外劳动，或其他特殊原因支付给职工的报酬，如技术津贴、保健津贴等；补贴，指为保证职工工资水平不受物价上涨影响而支付的各种物价补贴，如粮价补贴、油价补贴等；

(5)加班加点工资，是指按照工资标准和职工增加或延长的劳动时间支付给职工的劳动报酬，如节假日工资等；

(6)特殊情况下支付的工资，包括根据法律、法规和政策规定在特殊情况下支付的工资，如工伤假、事假、病假、婚丧假、产假、探亲假、定期休假、停工学习等，在有的情况下付全额工资，有的情况下付一定比例的工资。

值得注意的是，工资总额中，不包括以下内容：

(1)有关保险和职工福利费方面的支出；

(2)有关劳动保护费方面的支出；

(3)离退休人员的工资和福利费；

(4)按国务院规定颁发的创造发明奖、科学技术进步奖、自然科学奖、技术改进奖；

(5)购买本企业股票、债券的职工应得的股息、利息；

(6)交通补贴、差旅费补贴；

(7)随同工资支付的其他款项，如市内交通费、伙食补助费等。

职工薪酬中的各种保险费和住房公积金属于社会保障性薪酬，是根据国家规定的有关标准计算和缴纳的；职工福利费、工会经费、职工教育经费、非货币性福利和辞退福利是根据职工工资总额的一定比例计提的，属于福利性薪酬。

企业支付给职工的各种薪酬应通过“应付职工薪酬”账户核算。该账户按照“工资”“职工福利费”“社会保险费”“住房公积金”“工会经费”“职工教育经费”“非货币性福利”“辞退福利”等设置明细账进行明细核算。计提职工薪酬时计入该账户及相应明细账户的贷方；实际支付时计入该账户及相应明细账户的借方。本节主要介绍工资费用和职工福利费的核算。

二、工资的计算

工资的计算，就是计算应付给每一位职工的工资，用来反映和监督企业与职工之间有关工资结算情况。财会部门应根据相关部门提供的原始凭证，如考勤记录、产量记录、废品通知单等，及时、准确地计算应付给职工的工资。工资的计算在不同的工资制度下有不同的方法，工业企业现行最基本的工资制度是计时工资制和计件工资制两种类型。

(一)计时工资的计算

计时工资是根据考勤记录，依据每一职工的工资等级、工资标准和其他有关规定计算的工资，有年薪制、月薪制、日薪制等，一般是按月薪计算支付。

采用月薪制计算工资的企业，应先根据月工资标准计算日工资率，因为考勤时是以日为单位记录的。但在实际工作中，各月日历天数不同，就导致同一职工在不同的月份有不同的日工资率。为简化核算，在计算日工资时采用固定的天数计算，一种是按固定的 30 天计算，另一种是按固定的 21 天计算，两种区别在于对国家双休日的考虑不同。

30 天的计算方法：

$$\frac{\text{全年 365 天}}{12}\approx 30.42\approx 30\text{ 天}$$

21 天的计算方法：

$$\frac{\text{全年 365 天}-\text{104 个双休日}}{12}\approx 21.75\approx 21\text{ 天}$$

不论采用多少天计算工资，都可以通过两种途径计算：一种是按出勤日数计算应付工资，另一种是按缺勤日数扣应付工资。因此，应付月工资的计算，具体有以下四种计算方法：

(1)按 30 日计算日工资率，按缺勤日数扣月工资；

(2)按 30 日计算日工资率，按出勤日数算月工资；

(3)按 21 日计算日工资率，按缺勤日数扣月工资；

(4)按 21 日计算日工资率，按出勤日数算月工资。

企业可根据实际情况选择其中一种方法计算工资，一经确定不得随意变更。

值得注意的是，按 30 天计算工资时，由于双休日计算了工资，因此如果事假、病假等缺勤期间有双休日，应扣掉相应的工资；按 21 天计算工资时，由于双休日没有计算工资，因此，如果缺勤期间有双休日，不应扣相应的工资。另外，按国家劳动法规定，元旦、春节、五一、清明节、端午节、中秋节等法定节假日共 11 天，用人单位应依法支付工资。

【例 3-4】 祥泰企业某工人的月工资标准为 2 520 元。5 月份 31 天，法定休息日和节假日(五一)共 9 天，其中五一节 1 天。该工人本月份事假 4 天，病假 2 天，出勤 16 天。根据该工人的工龄，其病假工资按工资标准的 90%计算。该工人病假和事假期间没有节假日。按 4 种计算方法计算该工人应得工资如下：

(1)按 30 天计算日工资率，按缺勤日数扣月工资。

$$日工资率=\frac{2\ 520}{30}=84(元)$$

应扣缺勤工资＝事假 4×84＋病假 2×84×(1－90%)＝352.8(元)

该职工本月应得工资＝2 520－352.8＝2 167.2(元)

(2)按 30 日计算日工资率，按出勤日数算月工资。

$$日工资率=\frac{2\ 520}{30}=84(元)$$

该职工本月应得工资＝16×84＋节假日 9 天×84＋病假 2×84×90%＝2 251.2(元)

(3)按 21 天计算日工资标准，按缺勤日数扣月工资。

$$日工资标准=\frac{2\ 520}{21}=120(元)$$

应扣缺勤工资＝事假 4×120＋病假 2×120×(1－90%)＝504(元)

职工本月应得工资＝2 520－504＝2 016(元)

(4)按 21 日算日工资率，按出勤日数算月工资。

$$日工资标准=\frac{2\ 520}{21}=120(元)$$

职工本月应得工资＝16×120＋2×120×90%＋2×120＝2 376(元)

以上不同方法计算的应付工资之间有所差异，主要是因为日工资率、实际工作天数和计算日工资率的天数不同造成的。

(二)计件工资的计算

计件工资是依据工人(或班组)生产的产品产量和计价单价计算确定的工资。计件工资按照支付的对象不同，分为个人计件工资和集体计件工资。

个人计件工资计算公式为：

某工人的计件工资＝其计件数量×计件单价

值得注意的是，在产品制造过程中，难免出现废品。对于由于材料缺陷等原因造成的废品(料废)，应照付工资；由于生产工人本人过失等原因造成的废品(工废)，则不付工资，有时甚至还要扣掉相应的工资。

即：

计件工资数量＝合格品数量＋废品中的料废品数量

某产品的计价单价＝该产品工时定额×该级别职工的小时工资率

【例 3-5】祥泰企业某一职工本月生产 A、B 两种产品，合格品数量分别为 500 件和 400 件，另有 B 产品料废品 5 件。两种产品的工时定额分别为 1.04 小时和 1.4 小时。该职工的小时工资率为 3 元/小时。该工人本月计件工资如下：

A 产品计件单价＝1.04×3＝3.12 元

B 产品计件单价＝1.4×3＝4.2 元

A 产品计件工资＝3.12×500＝1 560 元

B 产品计件工资＝4.2×(400＋5)＝1 701 元

该职工本月计件工资＝1 560＋1 701＝3 261 元

集体计件工资的计算方法与个人计件工资的计算方法基本相同。不同之处在于：集体计件工资还要在集体内部各工人之间按照贡献大小进行分配。

集体计件工资的分配必须考虑两个因素：一是每个班组成员的工资等级(技术方面)；二是每个成员实际完成的工作量或工作时间(劳动量方面)。其一般计算方法是：

每位职工应付工资＝工资标准×内部工资分配率

【例 3-6】祥泰企业某生产小组集体完成若干生产任务，按一般计件工资的计算方法算出并取得集体工资 8 450 元。该小组由 3 个不同等级的工人组成，每人的姓名、等级、日工资率、出勤天数资料及集体计件工资的计算与分配见表 3-11 所示。

表 3-11　集体计件工资分配表

202×年×月

姓名	工资等级	日工资率(元)①	出勤天数 ②	分配标准 ③＝①×②	分配率 ④	分配额(元) ⑤＝④×③
张三	3	30	25	750		3 750
赵四	2	25	20	500		2 500
张五	1	20	22	440		2 200
合 计				1 690	5	8 450

三、工资费用的汇总

工资费用的汇总和结算都是以工资的计算为基础的。会计部门应根据计算出的职工工资，编制工资结算凭证，凭证中根据职工姓名、部门和类别填列应付工资、代扣款项和实发金额，作为与职工结算工资的依据。工资结算凭证根据其作用和范围分为工资结算单和工资结算汇总表。

(一)工资结算单

工资结算单又称工资单，是反映企业与职工办理工资结算的原始凭证。可按部门和每位职工个人编制。一般一式三份：一份经职工签收后作为原始凭证留在会计部门记账；

一份按职工姓名裁成“工资条”随工资发给职工，以便查对；一份交劳动工资部门作为进行劳动工资统计的依据。工资结算单的内容主要包括三部分：应付工资、代扣款项和实发工资。具体格式见表3-12所示。

表3-12 工资结算单

部门： 202×年×月 第 页

姓名	应付工资						扣 款				实发金额	签字
	基本工资	岗位津贴	奖金	…	其他	合计	房租	水电费	…	合计		
…												
合 计												

单位主管： 复核： 制表：

(二)工资结算汇总表

工资结算汇总表是企业财会部门根据工资结算单汇总编制的，用以总括反映企业的工资发放和结算情况，并据以进行工资结算总分类核算。工资结算汇总表汇总了整个企业的工资费用，因此它是企业进行工资费用分配的依据。具体格式见表3-13所示。

表3-13 工资结算汇总表

编制单位： 202×年×月 金额：元

部门	应付工资						扣 款					实发金额
	基本工资	岗位津贴	奖金	…	其他	合计	房租	水电费	公积金	…	合计	
…												
合 计												

单位主管： 复核： 制表：

四、工资费用的分配

根据规定，企业计算的应付职工工资总额，在每月月末无论是否支付都要计入“应付职工薪酬——应付工资”账户的贷方，并计入相关成本费用账户的借方。

工资费用分配时，首先，要分清列支渠道，根据受益原则计入有关成本费用账户。具体来说，基本生产车间生产工人的工资应计入“基本生产成本”总账科目及所属明细账的“直接人工”成本项目中；基本生产车间管理人员工资，计入“制造费用”总账科目及所属明细账有关项目；辅助生产车间人员工资，可参照基本车间进行处理，出于简化核算，也可全部计入“辅助生产成本”总账科目及所属明细账有关项目；销售部门、行政管理部门等人员工资，应分别计入“销售费用”“管理费用”总账科目和所属明细账，作为期间费用转入“本年利润”账户，冲减当期损益。其次，要分清生产工人工资是直接计入费用还是间接计入费用。对于间接计入费用，应采用一定的分配标准分配计入各种产品成本。一般情况下，计件工资属于直接计入费用，可根据工资计算单直接计入产品生产成本；计时工资属于间接计入费用，应按产品的生产工时(定额工时)等比例，分配计入产品生产成本。其计算公式为：

$$工资费用分配率=\frac{待分配的工资费用总额}{各种产品的生产工时(实际或定额)之和}$$

某种产品应负担的工资费用＝该产品的生产工时×工资费用分配率

在实务工作中，工资费用的分配，是通过编制工资费用分配表进行的。

【例 3-7】 祥泰企业 202×年 3 月生产 A、B 两种产品，生产工人计件工资分别为 A 产品 13 200 元和 B 产品 17 600 元；A、B 两种产品计时工资共计 41 800 元。另有供水车间生产工人工资 2 035 元，机修车间工人工资 3 520 元；基本生产车间管理人员工资 5 940 元；企业管理人员工资 8 030 元。

A、B 两种产品生产工时分别为 1 320 小时和 2 860 小时。按生产工时分配计时工资如下：

$$分配率=\frac{41\ 800}{1\ 320+2\ 860}=10$$

A 产品应分配工资费用＝1 320×10＝13 200 元

B 产品应分配工资费用＝2 860×10＝28 600 元

根据上例编制工资费用分配表，见表 3-14 所示。

表 3-14　工资费用分配表

单位：祥泰企业　　　　202×年 3 月　　　　单位：元

应借科目		成本项目	直接计入	分配计入			合计
				生产工时	分配率	分配金额	
基本生产成本	A 产品	直接人工	13 200	1 320		13 200	26 400
	B 产品	直接人工	17 600	2 860		28 600	46 200
	合 计		30 800	4 180	10	41 800	72 600
辅助生产成本	供水	工资费	2 035				2 035
	机修	工资费	3 520				3 520
	合 计		5 555				5 555
制造费用		工资费	5 940				5 940
管理费用		工资费	8 030				8 030
合　计			50 325			41 800	92 125

根据工资费用分配表，编制工资费用分配的记账凭证，据以登记有关总账和明细账。会计分录如下：

借:基本生产成本——A 产品　　26 400
　　　　　　　——B 产品　　46 200
　辅助生产成本——供水车间　　2 035
　　　　　　　——机修车间　　3 520
　制造费用　　5 940
　管理费用　　8 030
　贷:应付职工薪酬——应付工资　　92 125

五、其他职工薪酬的核算

其他职工薪酬的内容较多,主要包括职工福利费、各种保险费、住房公积金、工会经费、职工教育经费等。这些薪酬的计算,应按现行有关规定,按照工资总额的一定比例提取,其列支渠道与工资基本相同。

(一)职工福利费

职工福利费是指用作职工医药费、职工生活困难补助等福利性的经费。其核算与工资的核算是同步的,其列支渠道与工资基本一致。需要注意的是,对生活福利部门人员工资提取的福利费应计入"管理费用"。

实际工作中,企业通常通过编制职工福利费分配表来完成福利费的核算工作,也可将其与工资费用分配表合并编制。

【例 3-8】 根据例 3-7 的资料,编制职工福利费分配表,见表 3-15。

表 3-15　职工福利费分配表

单位:祥泰企业　　202×年 3 月　　单位:元

应借科目		成本项目	工资总额	福利费(14%)
基本生产成本	A 产品	直接人工	26 400	3 696
	B 产品	直接人工	46 200	6 468
	合 计		72 600	10 164
辅助生产成本	供水	工资费	2 035	284.9
	机修	工资费	3 520	492.8
	合 计		5 555	777.7
制造费用		工资费	5 940	831.6
管理费用		工资费	8 030	1 124.2
合计			92 125	12 897.5

根据职工福利费分配表，编制会计分录如下：

借：基本生产成本——A 产品　　3 696

　　　　　　　　——B 产品　　6 468

　　辅助生产成本——供水车间　　284.9

　　　　　　　　——机修车间　　492.8

　　制造费用　　831.6

　　管理费用　　1 124.2

　贷：应付职工薪酬——职工福利费　　12 897.5

(二)其他福利费

职工薪酬除了工资费用和职工福利费以外，还包括按照工资总额的一定比例计提的养老保险费、医疗保险费、失业保险费、工伤保险费等社会保险费以及住房公积金、工会经费、职工教育经费、非货币性福利等。这些费用的核算和福利费的核算有类似之处。按照工资的一定比例计提时，根据其工资所记的账户，分别借记"基本生产成本""辅助生产成本""制造费用""管理费用""销售费用"等账户，贷记"应付职工薪酬——应付社会保险费""应付职工薪酬——应付住房公积金""应付职工薪酬——应付工会经费"等账户。

【例 3-9】根据例 3-7 的资料，依照当地政府规定，分别按工资总额的 10%、12%、3%、11%计提医疗保险费、养老保险费、失业保险费和住房公积金缴纳给当地社会保险经办机构和住房公积金经办机构。另按工资总额的 2%、1.5%计提工会经费和职工教育经费。

根据上述资料编制其他职工薪酬费用分配表，见表 3-16 所示。

表 3-16　其他职工薪酬费用分配表

单位：祥泰企业　　　　202×年 3 月　　　　单位：元

应借科目		工资总额	医疗保险 10%	养老保险 12%	失业保险 3%	住房公积金 11%	工会经费 2%	职工教育经费 1.5%	合计
基本生产成本	A 产品	26 400	2 640.00	3 168	792	2 904	528	396	10 428
	B 产品	46 200	4 620.00	5 544	1 386	5 082	924	693	18 249
	合计	72 600	7 260.00	8 712	2 178	7 986	1 452	1 089	28 677
辅助生产成本	供水	2 035	203.5	244.2	61.05	223.85	40.7	30.53	803.83
	机修	3 520	352	422.4	105.6	387.2	70.4	52.8	1 390.4
	合计	5 555	555.5	666.6	166.65	611.05	111.1	83.33	2 194.23
制造费用		5 940	594	712.8	178.2	653.4	118.8	89.1	2 346.3
管理费用		8 030	803	963.6	240.9	883.3	160.6	120.45	3 171.85
合　计		92 125	9 212.5	11 055	2 763.75	10 133.75	1 842.5	1 381.88	36 389.38

根据其他职工薪酬费用分配表，编制会计分录如下：

借：基本生产成本——A产品　　10 428
　　　　　　　　——B产品　　18 249
　　辅助生产成本——供水车间　　803.83
　　　　　　　　——机修车间　　1 390.4
　　制造费用　　2 346.3
　　管理费用　　3 171.85
　贷：应付职工薪酬——医疗保险　　9 212.5
　　　　　　　　——养老保险　　11 055
　　　　　　　　——失业保险　　2 763.75
　　　　　　　　——住房公积金　　10 133.75
　　　　　　　　——工会经费　　1 842.5
　　　　　　　　——职工教育经费　　1 381.88

第四节　其他费用的核算

一、外购动力费用的核算

动力主要包括电力、热力、蒸汽等，有自制和外购两种，自制部分通过辅助生产核算，此处主要介绍外购动力费的核算。

外购动力费用是指从外部购买各种动力所支付的费用。企业外购的动力有不同的用途，有的直接用于产品生产，如加热、焊接、溶解等生产工艺用电；有的间接用于产品生产，如生产单位（车间或分厂）照明用电；有的则用于经营管理，如照明、取暖等。

外购动力在一般情况下，企业内部单位都装有计量仪表用于记录所耗外购动力数量，并根据单价计算所耗动力费用。因此，外购动力费用在各车间、各部门之间的消耗，可按仪表度数进行分配；车间中的动力消耗，一般不能按产品分别安装仪表，因而车间所耗动力费用在各种产品之间一般按产品的生产工时比例、机器工时比例、定额耗用量比例或其他比例分配。以工时为例，动力费用分配计算公式如下：

$$\text{某车间动力费用分配率}=\frac{\text{该车间动力费用总额}}{\text{各种产品生产工时（机器工时）之和}}$$

某种产品应分配的动力费用＝该产品生产工时（机器工时）×某车间动力费用分配率

企业所发生的外购动力费用应根据外购动力的用途及发生的地点分别计入有关成本费用。具体来说，直接用于产品生产，设有“燃料及动力”成本项目的动力费用，应直接或间接分配计入“基本生产成本”总账账户及其所属明细账的“燃料及动力”成本项目中；用于产品生产，但不专设“燃料及动力”成本项目的动力费用，计入“制造费用”总账账户及其明细账中“水电费”项目，再通过“制造费用”分配计入各产品的“基本生产成本”账户；辅助生产车间人员工资消耗的动力费用，可比照基本车间进行处理，出于简化核算，可将其全部计入“辅助生产成本”总账科目及所属明细账的“水电费”等项目；销售部门、行政管理部门等部门消耗的动力费用，应分别计入“销售费用”“管理费用”总账科目和所属明细账的“水电费”等项目。

实际工作中，外购动力费用的分配是通过编制外购动力费用分配表进行的。

【例 3-10】 祥泰企业 202×年 3 月共消耗电力 41 300 度，每度电 1.1 元，共计应付电力部门费用 45 430 元。其中：供水车间消耗 6 000 度，费用 6 600 元；机修车间消耗 7 000 度，费用 7 700 元；行政管理部门消耗 4 000 度，费用 4 400 元；车间照明用电 8 000 度，费用 8 800 元；基本生产车间生产 A、B 两种产品，动力用电 16 300 度，费用 17 930 元，两种产品本月的机器工时分别为 A 产品 5 000 小时，B 产品 3 150 小时。外购动力费用分配表见表 3-17 所示。

表 3-17　外购动力费用分配表

单位：祥泰企业　　　　202×年 3 月　　　　单位：元

应借科目		成本项目	直接计入	分配计入			合计
				机器工时	分配率	分配金额	
基本生产成本	A 产品	燃料及动力		5 000		11 000	11 000
	B 产品	燃料及动力		3 150		6 930	6 930
	合 计			8 150	2.20	17 930	17 930
辅助生产成本	供水	燃料及动力	6 600				6 600
	机修	燃料及动力	7 700				7 700
	合 计		14 300				14 300
制造费用		水电费	8 800				8 800
管理费用		水电费	4 400				4 400
合　计			27 500			17 930	45 430

根据上列外购动力费用分配表，编制会计分录如下：

借：基本生产成本——A 产品　　11 000
　　　　　　　　——B 产品　　6 930
　　辅助生产成本——供水车间　　6 600
　　　　　　　　——机修车间　　7 700
　　制造费用　　8 800
　　管理费用　　4 400
　贷：应付账款　　45 430

需要注意的是：企业外购动力费用一般不是在每月末支付，而是在次月的某日支付，因此在实际工作中，一般通过“应付账款”账户核算。

二、折旧费用的核算

固定资产在企业的生产经营过程中可以长期使用而保持实物形态不变，但其服务能力会随着使用而逐渐降低,其价值也会随着使用等的磨损而逐渐转移到生产的产品成本中或构成企业的期间费用,并从产品的销售收入中逐渐得到补偿。这部分由于损耗而逐渐转移的价值称为折旧。但折旧不是对固定资产转移价值的准确计算,折旧是指在固定资产的使用寿命内,按照确定的方法对应计折旧额进行的系统分摊。其中,固定资产应计折旧额是固定资产原值减去预计净残值以后的余额。如果已对固定资产计提减值准备,还应当扣除已提的减值准备累计金额。值得注意的是,最新《企业会计准则——固定资产》规定,在计算应计提折旧额时,预计净残值使用的不是终值而是现值,企业应将固定资产预计净残值进行折现。

从折旧的范围看,除了已经提足折旧仍在继续使用的固定资产和按照规定单独估计作为固定资产入账的土地不计提折旧外,企业应对所有固定资产计提折旧。尤其要注意的是,房屋和建筑物由于有自然损耗,不论使用与否都应计提折旧;融资租入的固定资产和以经营租赁方式租出的固定资产应当计提折旧,融资租出的和以经营租赁方式租入的固定资产,则不计提折旧;提前报废的固定资产,不补计折旧,其未计足折旧的净损失计入"营业外支出"。

对于计提折旧的方法,新准则规定,企业应当根据固定资产所含的经济利益预期实现方式选择折旧方法,可选择的折旧方法包括:年限平均法、工作量法、双倍余额递减法、年数总和法(这些方法在财务会计中详细介绍,此处不再赘述)。折旧方法一经确定,不得随意变更。如果企业随意调整固定资产的折旧方法,按照《企业会计准则——会计政策、会计估计变更和前期差错更正》规定,属于滥用会计政策,应作为重大会计差错予以更正。

企业应定期复核固定资产的折旧方法,如果固定资产包含的经济利益的预期实现方法有重大改变,则应相应改变固定资产折旧方法,并按照《企业会计准则——会计政策会计估计变更和前期差错更正》规定进行会计处理。企业还应定期对固定资产使用寿命进行复核,如果固定资产使用寿命的预期数与原先估计数有重大差异,则应当相应调整固定资产折旧年限,并进行会计处理。

为了核算固定资产的折旧,应设置"累计折旧"账户。该账户属于资产类,是"固定资产"账户的备抵调整账户,其结构与"固定资产"相反,贷方登记对固定资产计提的折旧,借方登记因固定资产的减少而转出的折旧额,期末余额一般在贷方,表示固定资产已提折旧的累计数。在资产负债表中,该项目作为"固定资产"项目的减项列示。

企业在分配折旧费用时,应按固定资产的用途和使用部门分别计入相关成本费用账户。具体来说,基本生产车间固定资产的折旧费用,按现行会计制度规定,作为间接费用先按使用地点归集于"制造费用"总账中,月末随同其他制造费用一起分配计入产品成本;辅助生产部门固定资产的折旧费用同基本生产车间一样,也应计入辅助生产部门的"制造费用",月末随同其他制造费用一起分配计入相应"辅助生产成本"。但如果辅助生产部门不单独核算制造费用,则折旧费用直接计入"辅助生产成本"账户;企业行政管理部门所使用的固定资产,其折旧费计入"管理费用"账户。专设销售机构所使用的固定资产,其折旧费计入"销售费用"账户。

实际工作中,折旧费用的分配是通过编制折旧费用分配表进行的,并据此编制会计分录,登记有关总账及所属明细账。

【例 3-11】祥泰企业 202×年 3 月列示的折旧费用分配表见表 3-18。

表 3-18　折旧费用分配表

编制单位:祥泰企业　　　　202×年 3 月　　　　单位:元

<table>
<tr><th colspan="2">应借科目</th><th>3 月固定资产折旧额</th><th>3 月增加固定资产折旧额</th><th>3 月减少固定资产折旧额</th><th>本月固定资产折旧额</th></tr>
<tr><td>制造费用</td><td>基本生产车间</td><td>80 000</td><td>30 000</td><td>10 000</td><td>100 000</td></tr>
<tr><td rowspan="3">辅助生产成本</td><td>机修车间</td><td>11 000</td><td></td><td></td><td>11 000</td></tr>
<tr><td>供水车间</td><td>5 000</td><td></td><td></td><td>5 000</td></tr>
<tr><td>小计</td><td>16 000</td><td></td><td></td><td>16 000</td></tr>
<tr><td colspan="2">管理费用</td><td>46 000</td><td>2 000</td><td>5 000</td><td>43 000</td></tr>
<tr><td colspan="2">销售费用</td><td>9 000</td><td>3 000</td><td></td><td>12 000</td></tr>
<tr><td colspan="2">合 计</td><td>151 000</td><td>35 000</td><td>15 000</td><td>171 000</td></tr>
</table>

根据上表,编制会计分录如下:

借:制造费用——基本生产车间　　100000
　辅助生产成本——机修车间　　11 000
　　　　　　　——供水车间　　5 000
　管理费用　　4 3000
　销售费用　　12 000
　贷:累计折旧　　171 000

三、利息、税金和其他费用的核算

(一)利息费用的核算

利息费用不是产品成本的组成部分,而是属于经营管理费用中的财务费用。利息费用一般按季结算,为了正确划分各个月份的费用界限,季内各月的应付利息,应分月进行预提,并与季末实际支付时冲减预提费用,实际费用与预提费用之间的差额调整计入季末月份的财务费用。为了简化核算,季末月份也可以不预提利息费用,而以季末实际支付的利息费用减去前几个月预提的费用以后的差额,直接计入财务费用。

若本季度的利息费用数额不大,为了简化核算,也可以不采用预提的方式核算,而在实际支付时直接计入当期的财务费用。

【例 3-12】祥泰企业 202×年第四季度每月按计划预提短期借款利息 5 000 元,12 月末银行通知结算全季度利息 16 800 元。有关会计账务处理如下:

(1)10 月、11 月每月预提利息费用时:

借:财务费用　　5 000
　贷:应付利息　　5 000

(2)12 月末实际支付时:

借:财务费用　　6 800
　应付利息　　10 000
　贷:银行存款　　16 800

(二)税金的核算

要素费用中税金是指计入管理费用的各种税金,具体包括房产税、车船使用税、土地使用税和印花税。

印花税,不通过"应交税费"账户核算,而是在实际缴纳时直接借记"管理费用"账户,贷记"银行存款"账户。房产税、车船使用税、土地使用税等这些税金应通过"应交税费"账户核算,在计算缴纳时,借记"管理费用"账户,贷记"应交税费"账户;实际缴纳时,借记"应交税费"账户,贷记"银行存款"账户。

(三)其他费用的核算

其他费用,是指除前面所述各要素以外的费用,包括邮电费、排污费、差旅费、修理费、办公费、租赁费、印刷费、报纸杂志费、业务招待费等。这些费用均未专设成本项目,因此企业应在发生时,按照发生的车间、部门和用途确定计入相关成本费用账户。

企业发生的其他费用,属于基本生产车间发生的,例如基本生产车间订阅的报刊费、机器设备的修理费、差旅费等,应计入"制造费用"总账及所属明细账有关项目;属于辅助生产车间发生的,应计入"辅助生产成本"总账及所属明细账的有关项目或计入辅助车间设置的"制造费用"总账及所属明细账的有关项目;属于行政管理部门发生的,应计入"管理费用"总账及所属明细账的有关项目;属于销售机构发生的,应记入"销售费用"总账及所属明细账的有关项目。对于影响几个会计期间的费用,例如,预付的财产保险费、年终支付当年的固定资产租赁费等,应根据权责发生制的原则采用待摊或预提的方法核算。

实际工作中,其他费用的核算是通过编制其他费用分配表进行的,并据此编制会计分录,登记有关总账及所属明细账。

【例 3-13】祥泰企业 202×年 3 月支付(假定均通过银行支付)的其他费用汇总表见表 3-19 所示。

表 3-19 税金、其他费用分配汇总表

单位:祥泰企业　　202×年 3 月　　单位:元

应借科目		成本费用项目	金额
制造费用	基本生产车间	办公费	6 700
		修理费	37 700
		其他	1 500
		小计	45 900
辅助生产成本	机修车间	修理费	5 940
		其他	5 800
		小计	11 740
	供水车间	修理费	1 760
		其他	1 830
		小计	3 590

续表

应借科目	成本费用项目	金额
销售费用	运输费	8 448
	修理费	4 400
	其 他	4 235
	小 计	17 083
管理费用	办公费	13 585
	修理费	1 320
	税 金	34 320
	其 他	12 445
	小 计	61 670
合 计		139 983

根据表 3-19，编制下列会计分录：

借：制造费用——基本生产车间　　45 900

　辅助生产成本——机修车间　　11 740

　　　　　　　——供水车间　　3 590

　销售费用　　17 083

　管理费用　　61 670

　贷：银行存款　　　　139 983

思政德育课堂

注册会计师出具证明文件重大失实被判刑

1.案例资料

鲁礼和系宜宾蜀南会计师事务所的法定代表人、注册会计师，丁勇系宜宾蜀南会计师事务所的注册会计师。

2004 年 2 月，周文、徐崇炎等人在实际未出资的情况下，为达到注册成立宜宾赛尔登丰百货有限公司的目的，徐崇炎找到在宜宾蜀南会计师事务所工作的郑熙孝，请其帮忙审验该公司 200 万元的注册资本，并提供了设立验资 200 万元的虚假证明文件。郑熙孝为宜宾赛尔登丰百货有限公司设立验资项目经办人，编制了验资总体计划、货币资金审验程序表，形成了验资报告底稿，经丁勇复核，最后由鲁礼和进行三级复核后，于 2004 年 2 月 24 日盖上鲁礼和和蒋某两名注册会计师章，加盖宜宾蜀南会计师事务所的公章，为宜宾赛尔登丰百货有限公司出具了注册资本为 200 万元（实物资本 160 万元、货币资金 40 万元）的验资报告。宜宾赛尔登丰百货有限公司使用该所出具的设立验资报告，骗取宜宾市工商行政管理局，于 2 月 27 日注册取得了注册资本为 200 万元的有限公司的经营资质。

同年 4 月，周文、徐崇炎等人在实际未出资的情况下，为达到虚假增资 300 万元的目的，再次向蜀南会计师事务所提交了虚假的增资 300 万元的证明文件、材料。4 月 8 日，郑熙孝代表宜宾蜀南会计师事务所，与委托人宜宾赛尔登丰百货有限公司签订变更验资的业务约定书，并形成了验资报告底稿，经丁勇复核，最后由鲁礼和进行三级复核后，于2004年4月9日盖上鲁礼和和蒋某两名注册会计师章，加盖宜宾蜀南会计师事务所的公章，为宜宾赛尔登丰百货有限公司出具了新增注册资本300万元(实物资本235万元、货币资金65万元)的验资报告。宜宾赛尔登丰百货有限公司使用该变更验资报告，骗取宜宾市工商行政管理局信任，于2004年4月15日取得了宜宾赛尔登丰百货有限公司增资300万元的工商变更登记。

2005年3月17日，宜宾赛尔登丰百货有限公司因负债过多而停业倒闭，注册时出资的固定资产款项也未付清，拖欠了商家的大量货款、设备款和装修款，给经营者和相关商家造成重大经济损失，造成恶劣的社会影响。

宜宾蜀南会计师事务所由于出具证明文件失实被告上了法庭，鲁礼和也因犯出具证明文件重大失实罪，判处有期徒刑2年，缓刑2年，并处罚金1.5万元；丁勇犯出具证明文件重大失实罪，判处罚金1万元。

(资料来源：中国法院网，https://www.chinacourt.org/article/detail/2006/02/id/197341.shtml)

2.研讨问题

(1)作为注册会计师的鲁礼和和丁勇为什么会被判刑?

(2)在出具的各类证明文件中注册会计师应负有什么样的责任?

3.案例启示

注册会计师在进行审计过程中，应严格遵循《中国注册会计师独立审计准则》规定的基本程序，认真审核被审计单位提供的各类证明材料的真实性，实施有效的验证程序。注册会计师要保持应有的职业谨慎，要对自身的审计行为及其结果负责。会计师事务所在审计业务活动中因过失出具不实报告，并给利害关系人造成损失的，人民法院应当根据其过失大小确定赔偿责任。

○ 本章小结

企业在生产经营过程中发生的各项费用按经济内容划分为外购材料、外购燃料、外购动力、职工薪酬、折旧费、利息支出、税金及其他费用等8个费用要素。

产品生产过程同时也是各种要素费用的耗费过程，应根据要素费用的不同用途，采用不同的方法计入相关产品成本及相关经营管理费用。对于直接计入费用，可直接归集为该产品的生产成本。对于间接计入费用，需要采用一定的分配方法在不同产品之间进行分配。各种要素费用的分配，通过编制各种费用分配表进行。

企业要素费用的核算是成本核算的基础。因此，首先，应做好各项要素费用核算的基础工作；其次，对各项要素费用进行合理的归集；最后，选择合理的标准对各项要素费用进行分配。

○ 关键概念

费用要素(expense element)　生产费用(production cost)
期间费用(period expense)　成本项目(cost item)
工资及福利费(salary and welfare)　计时工资(timework wages)
计件工资(piecework wages)　工资结算汇总表(wage summary)
折旧费用(depreciation expense)　利息费用(interest expense)
税金(taxation)

○ 习　题

一、单项选择题

1.基本生产车间一般性消耗的材料应计入(　　)账户。

A.基本生产成本　B.辅助生产成本　C.制造费用　D.管理费用

2.几种产品共同耗用的某种材料费用,可以采用的分配方法有(　　)。

A.计划分配率法　B.定额消耗量比例分配法

C.交互分配法　D.工时分配法

3.“累计折旧”账户属于(　　)账户。

A.成本类　B.资产类　C.所有者权益类　D.负债类

4.企业福利部门人员的福利费按其工资额的14%计提,然后计入(　　)账户。

A.管理费用　B.应付职工薪酬　C.基本生产成本　D.营业外支出

5.下列不属于产品成本费用的是(　　)。

A.车间厂房折旧费　B.车间机物料消耗

C.房产税,车船使用税　D.有助于产品形成的辅助材料

6.直接用于产品生产,并构成该产品实体的原材料费用应计入(　　)。

A.生产成本　B.制造费用　C.管理费用　D.销售费用

7.直接用于产品生产,但没有专设成本项目的各项费用,或是间接用于产品生产的费用,应先计入(　　)。

A.基本生产成本　B.制造费用　C.管理费用　D.销售费用

8.如果燃料费用在产品的成本构成中比重不大,企业则无须增设“燃料”账户,而是通过(　　)账户核算。

A.原材料　B.制造费用　C.管理费用　D.销售费用

9.用于产品生产,但不专设“燃料及动力”成本项目的动力费用,计入(　　)总账账户。

A.原材料　B.制造费用　C.管理费用　D.销售费用

10.以下应计提折旧的固定资产是(　　)。

A.融资性租出的固定资产　B.土地

C.经营性租入的固定资产　D.房屋和建筑物

二、多项选择题

1.各部门领用材料应填制的原始凭证主要有（　　）。

A.退料单　B.领料登记表　C.限额领料单　D.领料单

2.企业生产经营过程中所用的材料，包括（　　）。

A.原料及主要材料　B.外购半成品　C.包装物　D.辅助材料

3.材料费用的分配方法有（　　）。

A.定额消耗量比例分配法　B.定额费用比例分配法

C.重量比例分配法　D.产量比例分配法

4.计算应付工资的原始凭证主要有（　　）。

A.考勤簿　B.产量记录　C.废品通知单　D.工作通知单

5.计提固定资产折旧，应借记的账户可能是（　　）。

A.基本生产成本　B.辅助生产成本　C.制造费用　D.固定资产

6.根据国家统计局规定，工资总额中不包括（　　）。

A.交通补贴　B.计件工资　C.差旅费补贴　D.伙食补助费

7.企业按照职工工资总额的一定比例计提的职工福利费，可能计入的账户有（　　）。

A.基本生产成本　B.管理费用　C.应付职工薪酬　D.制造费用

8.要素费用中计入管理费用的税金有（　　）。

A.房产税　B.车船使用税　C.印花税　D.增值税

9.“材料成本差异”账户贷方登记（　　）。

A.入库材料的超支差异　B.入库材料的节约差异

C.发出材料应结转的超支差异　D.发出材料应结转的节约差异

10.要素费用的分配原则是（　　）。

A.所有的费用均应采用一定的方法在各种产品中进行分配

B.直接费用直接计入产品成本

C.直接费用分配计入产品成本

D.间接费用直接计入产品成本

三、思考题

1.加强材料费用核算的意义是什么？

2.材料费用分配的原则是什么？

3.外购动力费用如何核算？

4.工资总额包括哪些内容？

本章实验

实验一　材料费用的分配

实验目的：掌握材料费用的分配

实验资料：某企业生产甲、乙两种产品，202×年5月共同耗用A材料25 200千克，每千克2元，材料费用50 400元。本月生产甲产品240件，乙产品120件。单位甲产品消耗定额为 30 千克，单位乙产品消耗定额为 50 千克。

实验要求：

1.采用定额消耗量比例分配法分配材料费用；

2.编制材料费用分配表；

3.编制相关会计分录。

实验二　计时工资的计算

实验目的：掌握计时工资的计算

实验资料：某企业职工张三月标准工资是 1 800 元，202×年 4 月份张三实际出勤 20 天，缺勤 4 天(其中缺勤期间有法定休息日 2 天)，本月共有 8 个法定休息日。

实验要求：采用 4 种不同的方法分别计算本月应付张三的计时工资。

实验三　职工薪酬费用的分配

实验目的：掌握职工薪酬费用的分配

实验资料：某厂生产甲、乙、丙三种产品。202×年 4 月份工资费用为 150 000 元，其中基本生产车间生产工人工资 123 750 元，车间管理人员工资为 6 750 元，行政管理部门人员工资为 15 100 元，销售部门人员工资为 4 400 元。本月份甲、乙、丙三种产品的实际生产工时分别为：12 000 小时、6 000 小时、4 500 小时。

实验要求：

1.采用工时分配法分配生产工人工资；

2.分别按工资总额的 14%、1.5%计提职工福利费和职工教育经费，编制职工薪酬费用分配表。

○ 案例分析

1.华瑞公司第一基本生产车间生产甲、乙两种产品，该车间实行计时工资制度。8 月有关资料如下：(1)本月生产甲产品 500 件，实际耗用生产工时 4 300 小时，生产乙产品 400 件，实际耗用生产工时 3 700 小时。(2)本月该车间为生产甲乙两种产品共发生的计时工资总额为120 000元。(3)该车间甲乙两种产品的工时定额为：甲产品 8 小时，乙产品 10 小时。

要求：根据以上资料，分别按实际工时比例和定额工时比例计算分配生产工人的计时工资，并根据计算结果讨论以下问题：

(1)比较两种分配标准的计算结果，并分析说明造成差异的可能的原因。

(2)从简化核算和满足管理要求的角度出发，我们应如何选择生产工人计时工资的分配标准？

2.某小型企业加工工艺品，加工工艺品的人工成本很高，单位产品成本中人工成本、材料成本、其他间接费用的比例是 5∶3∶2，企业领导一直希望采用某些方法，降低高昂的人工成本。随着工艺技术水平的提高，出现一种自动化设备，减少了对工人的需求，但设备昂贵。会计告诉企业领导，使用该设备，会使单位产品成本中人工成本、材料成本、其他间接费用的比例变为 2∶3∶5，即直接成本下降、间接成本提高，同时需向银行贷款，增加财务费用。

要求：分析成本按何种标准分类，为何这样分类。

第四章　辅助生产费用和制造费用的核算

学习目标

通过本章学习，掌握辅助生产费用的分配方法与相关账务处理，掌握制造费用分配的分配方法及相关账务处理，熟悉辅助生产费用和制造费用的归集，了解辅助生产特点。

引导案例

成本核算应科学、合理地反映产品的真实成本

华星公司的主要业务是生产彩电。该公司设有四个生产部门：零配件生产分厂、装配分厂、供电车间和维修车间，供电车间和维修车间这两个劳务部门向全公司（包括两个分厂）提供电力和维修服务。每个部门都设有一个部门负责人，并通过内部结算价格实行单独核算，成为成本中心。公司根据四个部门成本指标完成情况给予奖金奖励。

年末，在公司召开的由各部门负责人出席的下年度指标分析讨论会上，公司的主管会计提出一项成本核算改革意见，即：四个部门的成本都应加上接受公司内部其他劳务部门提供的劳务费用，包括两个劳务部门之间相互提供劳务发生的费用。该主管会计同时认为，两个劳务部门的费用应按照预先制订的计划或定额成本进行分配，包括交互分配和对外分配，实际费用和计划或定额成本之间的差额由管理费用负担；另外，四个部门发生的材料和人工等费用也用计划或定额成本归集和分配。理由是：这样处理不仅方便核算，能及时提供信息，同时比较合理科学，也有利于分清各个受益对象的经济责任，便于分析考核。

（资料来源：江希和等.成本会计教程与案例[M].上海：立信会计出版社，2018:43）

第一节 辅助生产费用的核算

一、辅助生产费用核算概述

(一)辅助生产的特点

工业企业的生产根据生产目的的不同分为基本生产和辅助生产。基本生产是为完成企业主要生产目的而进行的商品、产品生产;辅助生产是为企业基本生产车间、行政管理部门等单位提供服务而进行的产品生产或劳务供应。在许多工业企业,除了设有基本生产车间之外,还设有一些辅助生产部门以保证生产经营活动的顺利进行,如为基本生产提供工具、模具、修理用备件以及供水、供电、供暖等。

辅助生产部门本身并不直接生产产品,而是间接提供有助于产品生产的服务或产品,具体来说分为两大类:一类是为基本车间和其他部门提供劳务的辅助生产,如信息部门、维修部门、动力部门等;另一类是为基本生产提供实物产品的辅助生产,如工具、模具、修理用备件等。辅助生产部门提供的产品和劳务,有时也对外销售,但这不是辅助生产的首要任务。

辅助生产从其提供服务的特点来看,有两种类型:一种是单品种辅助生产,即只提供一种劳务或生产一种产品,如供电、供水、供汽、运输等;另一种是多品种辅助生产,即生产多种产品或提供多种劳务,如从事工具、模具、修理用备件的制造,以及机器设备、办公设备的修理等。在提供多种产品和多种劳务的情况下,需要分别计算各种产品或劳务的成本。

辅助生产从其受益对象来看,一个辅助生产部门提供的产品或劳务,其受益对象可能只是辅助生产部门以外的基本生产车间或其他部门,也可能是既包括辅助部门,又包括辅助生产部门以外的其他部门。例如,一个企业设有供水和供电两个辅助生产车间,供电车间接受供水,从而是供水车间的受益部门;供水车间也接受供电,从而又是供电车间的受益部门。当然,在辅助生产部门彼此之间相互提供劳务的情况下,成本计算要相对复杂些,本章后续内容将详细介绍。

辅助生产部门为生产产品和提供劳务所发生的各项费用称为辅助生产费用。对于不同类型的辅助生产,其辅助生产费用的归集和分配方法也不同,因此,区分不同类型的辅助生产,是正确组织辅助生产费用核算的前提。

(二)辅助生产费用的内容

辅助生产费用的内容较多,包括辅助生产部门自身所发生的各项费用,也包括从其他辅助生产部门分配转入的费用。具体来说包括以下四部分内容:

(1)直接材料,指辅助生产部门为产品生产和劳务供应而消耗的各种材料,如原料及辅助材料、外购半成品、燃料、动力、包装物、低值易耗品等。

(2)直接人工,指辅助生产部门直接从事辅助生产的生产工人的职工薪酬。

(3)制造费用,指辅助生产部门所发生的各项间接辅助生产费用,以及没有专设成本项目的直接辅助生产费用,如车间管理人员的职工薪酬、车间固定资产的折旧费、修理费、租赁费,以及车间发生的机物料消耗等。

(4)从其他辅助生产部门分配转入的费用,指一个辅助生产部门因接受其他辅助生产部门提供的劳务或产品而应负担的费用。企业若设两个或两个以上的辅助部门,就会存在相互提供劳务或产品的可能,如修理车间为运输部门提供修理服务,运输部门为修理车间提供运输服务等,所有这些都会产生相应的费用,这样各辅助生产部门归集的费用除辅助部门自身发生的费用外,还应包括从其他辅助生产部门分配转入的费用,从而使辅助生产费用的核算更加复杂。

(三)辅助生产费用核算的特点及意义

辅助生产部门为生产产品、提供劳务而发生的各项生产费用,称为辅助生产费用。为生产和提供一定种类和一定数量的产品或劳务所耗费的辅助生产费用之和,构成该产品或劳务的辅助生产成本。

辅助生产费用既包括辅助生产部门自身所发生的各项费用,也包括从其他辅助生产部门分配转入的费用,根据这一特点,必须对辅助生产部门发生的生产费用单独进行归集并将其分配给各受益对象。因此,辅助生产费用的核算,包括辅助生产费用的归集和辅助生产费用的分配两个方面。

辅助生产费用的归集,是指按照辅助生产部门以及产品和劳务类别归集的过程,也是辅助生产产品和劳务成本计算的过程。辅助生产费用的归集是为辅助生产费用的分配做准备的,只有通过先归集,确定所发生的辅助生产费用是多少,才能进行分配。

辅助生产费用的分配,是指按照一定的标准和方法,将辅助生产费用分配到各受益单位或产品上去的过程,具有及时性、准确性。辅助生产费用分配的及时性和准确性,将影响到基本生产产品成本、经营管理费用以及经营成果核算的及时性和准确性,因而辅助生产费用分配的核算是辅助生产费用核算的关键。

辅助生产费用的归集与分配,不仅对产品成本计算程序和成本水平有重要影响,而且辅助生产车间提供劳务和产品成本的高低,对于基本生产产品成本和经营管理费用的水平有着直接的影响;同时,只有辅助生产产品和劳务成本确定以后,才能完整地计算基本生产的产品成本。因此,正确、及时地组织辅助生产费用的归集和分配,对于节约生产费用、降低产品成本,以及正确、及时地计算企业产品的成本都具有重要的意义。

二、辅助生产费用的归集

(一)辅助生产费用归集的账户设置

辅助生产费用的归集和分配,是通过"辅助生产成本"账户进行的。在归集辅助生产费用的过程中,对于直接用于辅助生产产品和提供劳务的各项费用,可直接计入"辅助生产成本——××辅助生产车间"账户的借方;对于辅助生产车间的制造费用,由于在不同的企业中,辅助生产车间的规模不同,费用的多少不同,管理的要求也不同,所以在账户设置上也不尽相同。在账户设置上,通常采取两种不同的方法。

1.不通过"制造费用"账户核算方法下的账户设置

如果辅助生产车间规模较小,制造费用较少,又不对外提供商品、产品或劳务,为了简化核算工作，可不设置“制造费用”账户，而将其制造费用直接记入“辅助生产成本——××辅助生产车间”总账账户和所属明细账的借方。同时，辅助生产成本明细账采用多栏式账页，按产品的各成本项目与制造费用的费用项目合并后设置专栏进行核算，见表4-1。这种方法账户设置较为简单，辅助生产车间在费用归集完毕后可以直接进行分配。本章采用此种方法进行核算。

表4-1 辅助生产成本明细账(不通过“制造费用”账户核算)

车间：××车间　　202×年×月　　单位：元

年		摘　要	材料费	动力费	工资及福利费	折旧费	修理费	其他	合计
月	日	根据材料费用分配表							
		根据动力费用分配表							
		根据职工薪酬费用分配表							
		根据折旧费用分配表							
		其　他							
		小　计							
		根据辅助生产费用分配表分配转出(红字)							

2.通过“制造费用”账户核算方法下的账户设置

如果辅助生产车间规模较大，制造费用较多或者对外提供商品产品和劳务，为了准确计算产品和劳务成本，应开设“制造费用——××辅助生产车间”账户单独核算制造费用。

对于发生的制造费用，先记入“制造费用——××辅助生产车间”总账账户和所属明细账的借方进行归集，期末再从其贷方直接转入或分配转入“辅助生产成本——××辅助生产车间”总账账户和所属明细账的借方。这样，辅助生产成本明细账应按成本项目开设，见表4-2。这种方法下的制造费用核算和基本生产产品的制造费用核算基本相同，不再赘述。

表4-2 辅助生产成本明细账(通过“制造费用”账户核算)

车间：××车间　　202×年×月　　单位：元

年		摘　要	直接材料	燃料及动力	直接人工	制造费用	合计
月	日	根据材料费用分配表					
		根据动力费用分配表					
		根据职工薪酬费用分配表					
		根据折旧费用分配表					
		其　他					
		小　计					
		根据辅助生产费用分配表分配转出(红字)					

(二)辅助生产费用归集的核算

辅助生产费用的归集(包括分配)是通过"辅助生产成本"账户进行的。该账户为成本类账户,借方归集辅助生产部门为生产产品、提供劳务而发生的各项费用,贷方登记辅助生产费用的分配。日常发生的各种辅助生产费用,经过前第三章已述及的各项要素费用的分配,根据"材料费用分配表""工资及福利费用分配表""燃料费用分配表""外购动力费用分配表""折旧费用分配表"及"其他费用分配表"等有关凭证,登记在"辅助生产成本——××辅助生产车间"总账及所属明细账有关项目的借方,通过登记,把所发生的辅助生产费用就归集了起来。

归集辅助生产费用的总分类核算,会计分录如下:

借:辅助生产成本——××辅助生产车间　　×××

　贷:原材料　　××

　　应付职工薪酬——应付工资　　××

　　　　　　　　——应付福利费　　××

　　累计折旧　　××

　　低值易耗品　　××

　　银行存款等　　××

根据已发生的辅助生产费用的各项凭证,在"辅助生产成本——××辅助生产车间"总账的借方及所属明细账的有关项目中进行登记。总账和明细账的格式分别如图 4-1 和表 4-3。辅助生产成本明细账的表内数据根据前述各项要素费用分配表登记。

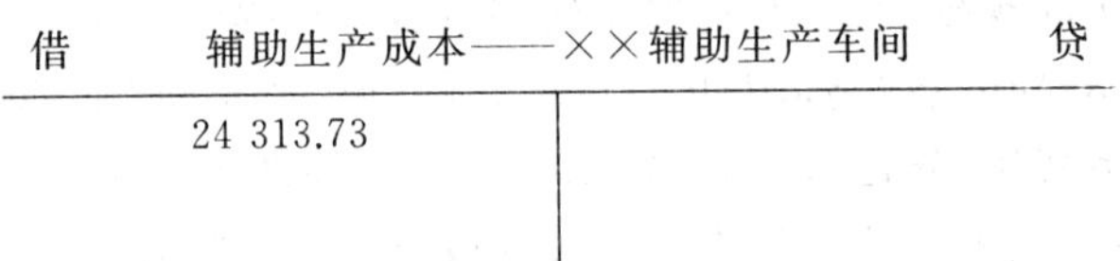

图 4-1　辅助生产成本总账账户

表 4-3　辅助生产成本明细账

车间:供水车间　　202×年 3 月　　单位:元

年		摘　要	材料费	动力费	工资及福利费	折旧费	修理费	其他	合计
月	日	根据材料费用分配表	6 000						
		根据动力费用分配表		6 600					
		根据职工薪酬费用分配表			3 123.73				
		根据折旧费用分配表				5 000			
		其　他						3 590	
		小　计	6 000	6 600	3 123.73	5 000		3 590	24 313.73
		根据辅助生产费用分配表分配转出(红字)	6 000	6 600	3 123.73	5 000		3 590	24 313.73

三、辅助生产费用的分配

辅助生产费用的归集与分配通过“辅助生产成本”账户进行，“辅助生产成本”账户通过借方归集的辅助生产费用，在期末要从其贷方分配转出，转入到各受益单位的相关账户中。辅助生产部门生产的产品或提供的劳务的类型不同，其费用分配转出的方法也不同。

对于提供产品的辅助生产，如自制材料、工具、模具和修理用备件等，其实物的流转一般是先完工验收入库，再由各部门根据需要从仓库中领用。所以，企业应以各种产品作为成本计算对象，分别归集、分配其成本。当辅助产品完工时，根据入库单从“辅助生产成本——××辅助生产车间”账户的贷方分别转入“原材料”“低值易耗品”“包装物”等账户的借方。领用时，再根据领用凭证按其用途和使用部门转入“基本生产成本”“制造费用”“销售费用”“管理费用”“在建工程”等账户的借方(其核算和“原材料”“低值易耗品”等的核算相同)。月末，“辅助生产成本——××辅助生产车间”账户若有借方余额，表示辅助生产的在产品成本。

对于提供劳务的辅助生产，如供水、供电、运输、机修等，一般不需要入库，其劳务都是直接提供给各受益部门。所以其辅助生产费用应按提供的产品或劳务数量在各受益对象之间进行分配，从“辅助生产成本——××辅助生产车间”账户的贷方按用途分配转入“基本生产成本”“制造费用”“销售费用”“管理费用”“在建工程”等账户的借方，分配结转后，“辅助生产成本——××辅助生产车间”账户期末一般没有余额。

实际工作中，辅助生产费用的分配是通过编制辅助生产费用分配表进行的。本节主要介绍不需入库的辅助生产费用的分配，其分配方法主要有：直接分配法、交互分配法、计划分配法、代数分配法、顺序分配法。企业应根据自己的实际情况选择合理的分配方法，分配方法一经确定，不得随意变更。

(一)直接分配法

直接分配法，实质是直接对外分配法，是将各辅助生产成本明细账中归集的费用总额，不考虑各辅助生产车间之间相互提供的劳务(或产品)，直接分配给辅助生产部门以外的各受益部门。

这种方法的特点是：只对外(辅助生产部门以外的各单位)进行分配，而不考虑相互之间提供的劳务。具体计算公式如下：

$$\text{某辅助生产费用的直接分配率}=\frac{\text{该辅助生产部门归集的费用}}{\text{该辅助生产部门对外提供的劳务总量}}$$

$$\text{某受益对象应负担的费用}=\text{该受益对象接受的劳务量}\times\text{直接分配率}$$

【例 4-1】某企业由一个基本生产车间生产甲产品，另有有供水和供电两个辅助生产车间，主要为本企业基本生产车间和行政管理部门等部门服务。202×年 8 月，供水车间“辅助生产成本”账户归集的费用为6 480元，供电车间“辅助生产成本”账户归集的费用为10 080元。各辅助生产车间供应劳务数量见表 4-4 所示。

表 4-4　辅助生产车间劳务量汇总表

编制单位：　　　　202×年 8 月

受益部门		供水量(立方米)	供电度数(度)
基本生产车间	甲产品	14 400	9 000
辅助生产车间	供水		3 600
	供电	1 800	
基本生产车间(一般消耗)		7 200	5 400
行政管理部门		5 400	3 960
专设销售机构		5 400	1 800
合　计		34 200	23 760

采用直接分配法分析核算如下：

$$供水分配率=\frac{6\ 480}{34\ 200-1\ 800}=0.2(元/立方米)$$

$$供电分配率=\frac{10\ 080}{23\ 760-3\ 600}=0.5(元/千瓦时)$$

根据资料，编制直接分配法的辅助生产费用分配表，如表 4-5 所示。

表 4-5　辅助生产费用分配表(直接分配法)

编制单位：　　　　202×年 8 月　　　　单位:元

项　目		供水车间	供电车间	合　计
待分配辅助生产费用①		6 480	10 080	16 560
劳务总量		34 200	23 760	
供应辅助生产以外的劳务数量②		32 400	20 160	
费用分配率③=①/②		0.20	0.50	
甲产品生产	耗用数量 ④	14 400	9 000	
	分配金额 ④×③	2 880	4 500	7 380
基本生产车间(一般消耗)	耗用数量 ⑤	7 200	5 400	
	分配金额 ⑤×③	1 440	2 700	4 140
行政管理部门	耗用数量 ⑥	5 400	3 960	
	分配金额 ⑥×③	1 080	1 980	3 060
专设销售机构	耗用数量 ⑦	5 400	1 800	
	分配金额 ⑦×③	1 080	900	1 980
合　计		6 480	10 080	16 560

根据辅助生产费用分配表，编制下列会计分录：

借：基本生产成本——甲产品　　7 380
　制造费用　　4 140
　管理费用　　3 060
　销售费用　　1 980
贷：辅助生产成本——供水　　6 480
　　　　　　　　——供电　　10 080

采用直接分配法，辅助生产费用的分配只对外分配一次，计算手续比较简便；但由于各辅助生产车间之间相互提供的产品或劳务不分摊费用，因而分配的结果往往与实际不符，不能正确反映辅助生产成本，不利于考核辅助生产车间成本费用水平。因而这种方法一般适用于各辅助部门相互之间提供产品或劳务相差不多，不进行交互分配对辅助生产成本和企业产品成本影响不大的情况下采用。

(二)交互分配法

交互分配法，实质是"先对内"、"再对外"的分配方法，是将辅助生产费用先在辅助生产部门内部进行一次交互分配，然后再对辅助生产部门以外各受益单位进行分配的方法。

交互分配法下，辅助费用的分配分两个步骤进行：第一步，对内进行交互分配，在各辅助生产部门之间，按相互提供的劳务数量进行分配；第二步，对外进行分配，在辅助生产部门以外的各受益部门之间，按其接受的劳务数量和对外分配率进行分配。这种方法的特点是，要进行两次分配，计算两个费用分配率，首先对内进行交互分配，然后再对外进行分配。

具体的计算公式如下：

第一步：对内交互分配

$$\text{某辅助生产费用交互分配率}=\frac{\text{该辅助生产部门待分配的费用}}{\text{该部门提供的劳务总量}}$$

某辅助生产部门应负担的费用＝该辅助部门接受的劳务量×交互分配率

$$\begin{matrix}\text{某辅助部门交互分配}\\\text{后的辅助生产费用}\end{matrix}=\begin{matrix}\text{该部门交互分配}\\\text{前的费用}\end{matrix}+\text{交互分配转入的费用}-\text{交互分配转出的费用}$$

第二步：对外分配

$$\text{费用分配率}=\frac{\text{该辅助部门交互分配后的费用}}{\text{该部门对外提供的劳务量}}$$

某受益部门应负担的费用＝该受益部门接受的劳务量×对外分配率

【例 4-2】 以例 4-1 为例，采用交互分配法分配辅助生产费用。

交互分配：

水费分配率：$\frac{6\ 480}{34\ 200}\approx 0.19$(元/立方米)

电费分配率：$\frac{10\ 080}{23\ 760}\approx 0.42$(元/千瓦时)

供水车间应负担的电费＝3 600×0.42＝1 512(元)

供电车间应负担的水费＝1 800×0.19＝342(元)

交互分配后辅助车间的费用

供水车间：6 480+1 512−342=7 650(元)

供电车间：10 080+342−1 512=8 910(元)

对外分配：

水费分配率：$\frac{7\ 650}{34\ 200-1\ 800}\approx 0.24$(元/立方米)

电费分配率：$\frac{8\ 910}{23\ 760-3\ 600}\approx 0.44$(元/千瓦时)

需要注意的是，因为分配率是一个大约数，因而分配费用时，最后一个部门负担的费用往往采用倒挤的方法，也可以统一倒挤到产品成本中。

根据上述计算编制辅助生产费用分配表如表 4-6 所示。

表 4-6　辅助生产费用分配表(交互分配法)

202×年 8 月

项　目			交互分配			对外分配		
辅助生产成本			供水	供电	合计	供水	供电	合计
待分配费用　①			6 480	10 080	16 560	7 650	8 910	
劳务供应总量　②			34 200	23 760		32 400	20 160	
费用分配率　③=①/②			0.19	0.42		0.24	0.44	
辅助生产车间耗用	供水车间	数量		3 600				
		金额		1 512	1 512			
	供电车间	数量	1 800					
		金额	342		342			
	金额小计		342	1 512	1 854			
甲产品生产		数量				14 400	9 000	
		金额				3 456	3 960	7 416
基本生产车间(一般消耗)		数量				7 200	5 400	
		金额				1 728	2 376	4 104
行政管理部门		数量				5 400	3 960	
		金额				1 296	1 742.4	3 038.4
专设销售机构		数量				5 400	1 800	
		金额				1 170	831.6	2 001.6
合　计						7 650	8 910	16 560

根据辅助生产费用分配表，编制下列会计分录：

(1)交互分配：

借:辅助生产成本——供水车间　　1 512

　　　　　　　——供电车间　　342

　贷:辅助生产成本——供水车间　　342

　　　　　　　　——供电车间　　1 512

(2)对外分配：

借:基本生产成本——甲产品　　7 416

　制造费用　　4 104

　管理费用　　3 038.40

　销售费用　　2 021.60

　贷:辅助生产成本——供水　　7 650

　　　　　　　　——供电　　8 910

从上例可以看出,交互分配法的分配结果较直接分配法更为合理,但由于交互分配的分配率是根据交互分配前的待分配费用计算的,不是各单位的实际单位成本,因而分配结果也不是绝对的正确。并且其计算过程较复杂,计算工作量较大,而且基本车间要在辅助生产车间成本计算分配完毕后才能计算产品成本,这样会影响成本计算的及时性。因而这种方法适用于辅助生产车间较少,且不分级核算的企业。

(三)计划成本分配法

计划成本分配法是根据事先确定的计划单位成本和各受益单位耗用的劳务数量,分配辅助生产费用的一种方法。

计划成本分配法下,辅助费用的分配也需要分两个步骤进行:第一步,根据各部门实际耗用的劳务数量和事先确定的计划单位成本分配辅助生产费用;第二步,计算辅助生产车间实际成本和按计划单位成本分配出去的计划成本之间的差异,进行调整分配。差异的调整分配在会计上有两种处理方法:一种是将差异按辅助生产外部各受益对象的受益比例分配;另一种是将差异全部计入"管理费用"。实际工作中,为简化核算,一般采用将差异全部计入"管理费用"的方法。

具体的计算公式如下：

第一步:按计划成本分配

某受益部门应负担的辅助生产费用的计划成本＝该受益部门接受的劳务量×该辅助生产费用计划单位成本

第二步:成本差异的计算

某辅助生产成本差异＝该辅助车间实际发生的费用－按计划单位成本分配出去的计划成本

某辅助车间实际发生的费用＝计划成本分配前归集的费用＋按计划单位成本分配转入的费用

【例 4-3】以例 4-1 为例,假设供水车间每立方米水的计划单位成本为 0.36 元,供电车间每度电的计划单位成本为 0.4 元,采用计划成本分配法分配辅助生产费用,编制辅助生产费用分配表,如表 4-7 所示。

表 4-7　辅助生产费用分配表(计划成本分配法)

202×年 8 月

项　目	按计划成本分配				差异分配	
	供水车间		供电车间		分配水费	分配电费
	数量	金额	数量	金额	金额	金额
待分配费用		6 480		10 080	－4 392	＋1 224
劳务总量	34 200		23 760			
计划单位成本		0.36		0.4		
供水车间			3 600	1 440		
供电车间	1 800	648				
甲产品生产	14 400	5 184	9 000	3 600		
基本生产车间	7 200	2 592	5 400	2 160		
管理部门	5 400	1 944	3 960	1 584		
销售部门	5 400	1 944	1 800	720		
合　计	34 200	12 312	23 760	9 504	－4 392	＋1 224

表 4-7 中,各辅助生产部门的实际成本计算如下:

供水车间实际发生的费用＝待分配的水费＋本车间应负担的电费
＝6 480＋(电费 3 600×0.4)＝7 920(元)

供电车间实际发生的费用＝待分配的电费＋本车间应负担的水费
＝10 080＋(水费 1 800×0.36)＝10 728(元)

辅助生产成本差异计算如下:

供水成本差异＝7 920－12 312＝－4 392(元)

供电成本差异＝10 728－9 504＝1224(元)

水费差异为负数,表示节约,用红字冲减管理费用;电费差异为正数,表示超支,用蓝字增加管理费用。

根据辅助生产费用分配表,编制下列会计分录:

(1)按计划成本分配

借:基本生产成本——甲产品　8 784
　辅助生产成本——供水车间　1 440
　　　　　　　——供电车间　648
　制造费用　4 752
　管理费用　3 528
　销售费用　2 664
　贷:辅助生产成本——供水车间　12 312
　　　　　　　　——供电车间　9 504

(2)调整辅助生产成本差异

借:管理费用　3 168

　贷:辅助生产成本——供水车间　4 392
　　　　　　　　——供电车间　1 224

采用计划成本分配法，各种辅助生产费用只分配一次，而且计划单位成本早已确定，不必单独计算费用分配率，简化了计算工作。通过辅助生产成本差异的计算，能反映和考核辅助生产成本计划的执行情况，有利于加强管理。但如果企业的实际成本与计划成本差额过大，则不利于企业内部的经济核算。因而这种分配方法适用于计划成本制定比较准确、基础工作较好的企业采用。

(四)代数分配法

代数分配法，是应用代数中解多元一次方程的原理，计算出辅助生产车间提供产品或劳务的单位成本，然后根据各受益单位(包括辅助生产车间)耗用的数量和单位成本计算分配辅助生产费用的一种方法。

代数分配法的计算程序是：首先，将辅助生产车间产品或劳务的单位成本设为未知数，并根据各辅助生产车间相互提供的劳务数量，求解联立方程，计算出辅助生产车间产品或劳务的单位成本；然后，再根据各受益单位(包括辅助生产车间)耗用的数量和单位成本计算分配辅助生产费用。

【例 4-4】 以例 4-1 为例，假设 x 为每立方米水的成本，y 为每度电的成本，联立方程式如下：

$$\begin{cases} 6\ 480+3\ 600y=34\ 200x \\ 10\ 080+1\ 800x=23\ 760y \end{cases}$$

解此方程组得：

$x\approx0.2360 \quad y\approx0.4421$

根据上述计算结果，编制代数分配法的辅助生产费用分配表，如表 4-8 所示。

表 4-8　辅助生产费用分配表(代数分配法)

202×年 8 月

项　目	供水车间		供电车间		金额合计
	数量	金额	数量	金额	
待分配费用		6 480		10 080	16 560
劳务总量	34 200		23 760		
分配率		0.2360		0.4421	
供水车间			3 600	1 591.56	1 591.56
供电车间	1 800	424.8			424.8
甲产品生产	14 400	3 398.40	9 000	3 978.9	7 377.3
基本车间	7 200	1 699.2	5 400	2 387.34	4 086.54
管理部门	5 400	1 274.4	3 960	1 750.72	3 025.12
销售部门	5 400	1 274.4	1 800	795.78	2 070.18
合　计	34 200	8 071.2	23 760	10 504.3	18 575.5

根据辅助生产费用分配表，编制下列会计分录：

借：基本生产成本——甲产品　　7 377.30
　　辅助生产成本——供水车间　　1 591.56
　　　　　　　　——供电车间　　424.80
　　制造费用　　4 086.54
　　管理费用　　3 025.12
　　销售费用　　2 070.18
　贷：辅助生产成本——供水车间　　8 071.20
　　　　　　　　　——供电车间　　10 504.30

采用代数分配法分配辅助生产费用，优点是计算结果最准确；缺点在于计算工作比较复杂，如果企业的辅助生产车间较多，需要设的未知数就多，计算起来比较麻烦。因而这种方法适用于辅助车间较少，计算工作已经实现电算化的企业。

(五)顺序分配法

顺序分配法，是按照辅助生产车间受益的多少的进行排序，受益少的排列在前，先将辅助生产费用分配出去；受益多的排列在后，后将费用分配出去的方法。

顺序分配法的关键是将辅助车间按受益的多少进行正确的排序，并按顺序依次分配。排列在前的可将其费用分配给排列在后的，而排列在后的不再将其费用分配给排列在前的，排列在后的辅助部门进行分配时，应在原归集的费用基础上加上排列在前的分配转入数。

【例 4-5】以例 4-1 为例，采用顺序分配法分配辅助生产费用。由表 4-6(交互分配法)可以看出，两个辅助生产车间中，供电车间受益少(342 元)，供水车间受益多(1 512元)，因而应先分配供电车间的费用，后分配供水车间的费用。

分配率计算如下：

$$电费分配率=\frac{10\ 080}{23\ 760}\approx 0.42(元/千瓦时)$$

供水车间应负担的电费＝3 600×0.42＝1 512 元

$$水费分配率=\frac{6\ 480+1\ 512}{34\ 200-1\ 800}=0.25(元/立方米)$$

分配结果可编制辅助生产费用分配表，如表 4-9 所示。

表 4-9　辅助生产费用分配表(顺序分配法)

202×年 8 月

项　目	供电车间		供水车间		金额合计
	数量	金额	数量	金额	
待分配费用		10 080		6 480＋1 512＝7 992	
劳务量	23 760		34 200－1 800＝32 400		
分配率		0.42		0.25	
供水车间	3 600	1 512			1 512
供电车间					
甲产品生产	9 000	3 780	14 400	3 600	7 380

续表

项　目	供电车间		供水车间		金额合计
	数量	金额	数量	金额	
基本车间	5 400	2 268	7 200	1 800	4 068
管理部门	3 960	1 663.2	5 400	1 350	3 013.2
销售部门	1 800	856.8	5 400	1 242	2 098.8
合　计	23 760	10 080	32 400	7 992	18 072

根据辅助生产费用分配表，编制下列会计分录：

分配电费：

借：基本生产成本——甲产品　　3 780
　　辅助生产成本——供水车间　　1 512
　　制造费用　　2 268
　　管理费用　　1 663.20
　　销售费用　　856.80
　贷：辅助生产成本——供电车间　　10 080

分配水费：

借：基本生产成本——甲产品　　3 600
　　制造费用　　1 800
　　管理费用　　1 350
　　销售费用　　1 242
　贷：辅助生产成本——供水车间　　7 992

顺序分配法分配辅助生产费用，各种辅助生产费用只分配一次，计算简便。但是排列在前的辅助生产部门不负担排列在后的辅助生产部门的费用，分配结果的正确性受到一定的影响；另外，辅助生产车间分配顺序的确定也具有一定的难度。因而这种分配方法，只宜在各辅助生产部门之间相互受益程度有明显顺序，并且这个顺序在一定时期内比较固定，同时排列在前的辅助部门耗用排列在后的辅助部门费用较少的企业中采用。

第二节　制造费用的核算

一、制造费用的归集

（一）制造费用的内容

制造费用是指生产部门为生产产品或提供劳务而发生的，应计入产品成本，但没有专设成本项目的各项生产费用。包括间接用于产品生产的各项费用，例如机物料消耗、车间生产用厂房的折旧费、修理费、租赁费和保险费，车间生产用的水电费、取暖费、运输费、劳动保护费，以及正常的停工损失等；也包括直接用于产品生产，但管理上不要求或者核算上不便于单独核算，因而没有专设成本项目的费用，例如生产用机器设备的折旧费、修理费、租赁费和保险费，生产用工具的摊销等费用；还包括车间用于组织和管理生产的费用，例如车间管理人员工资及福利费，车间管理用固定资产的折旧费、修理费、租赁费和保险费，车间管理用的水电费、取暖费、差旅费和办公费等。

从制造费用的构成上看，制造费用具体包括以下内容：

(1)职工薪酬，是指生产单位负担的除生产工人之外的人员(如车间管理人员、车间辅助工人、修理工人、搬运工人、房屋建筑物及设备的维护工人、工程技术人员、职员及勤杂人员等)的劳动报酬，包括工资及按工资的一定比例计提的福利费、社会保险费、住房公积金、非货币性福利等。

(2)水电费，是指生产单位一般消耗水、电而支付的费用。直接计入产品成本的动力费和水费，不包括在该项目内。

(3)租赁费，是指生产单位从外部租入各种固定资产和工具而支付的各种租金(不包括融资租赁的租赁费)。

(4)折旧费，是指生产单位对其所使用的各项固定资产，按照国家规定采用一定的折旧方法计提的折旧费。

(5)修理费，是指生产单位对其所使用的各项固定资产进行维护修理所发生的费用。此外，还包括分厂、基本车间使用的低值易耗品的修理费。

(6)办公费，是指分厂、基本生产车间为管理和组织生产活动而支付的文具、印刷、邮电、办公用品等的购置费用，但不包括购置制图用品的费用。

(7)季节性、修理期间的停工损失，是指季节性停工和机器设备停工期间所发生的各项费用。

(8)机物料消耗，是生产单位指为维护生产设备正常运转等所消耗的各种材料，但不包括修理用和劳动保护用材料。

(9)保险费，是指生产单位应负担的财产物资的保险费。

(10)低值易耗品摊销，是指生产单位所使用的低值易耗品的摊销费。

(11)劳动保护费，是指生产单位所发生的各种劳动保护费用，如不构成固定资产的安全装置、卫生设备、通风设备、工作服、工作鞋、工作帽、工作手套等劳动保护用品，以及按照规定发放的保健食品、清凉饮料等费用。增加固定资产的劳动保护措施费不包括在该项目内。

(12)设计制图费，是指生产设计部门的日常经费，包括生产设计部门购置图纸和制图用品等费用以及委托外单位设计制图所支付的费用等。

(13)运输费，是指生产单位因组织生产、装运备品备件等而负担的运输费用。

(14)取暖费，是指生产单位为保证生产活动能正常进行而消耗的取暖费用。但支付给职工的取暖津贴费，属于工资性质。

(15)试验检验费，是指生产单位对材料、在产品、产成品进行化验、分析、检验等所发生的费用。

(16)差旅费，是指生产单位的职工因公外出而发生的各种差旅费和市内交通费，以及按国家规定准予报销的探亲交通费用。

(17)在产品盘亏和毁损。是指按照规定报告批准的由产品成本负担的在产品盘亏和毁损(盘盈从本项目内减除)。

(18)其他制造费用,是指不能列入以上各项目的各种制造费用。

制造费用大多与产品的生产工艺没有直接关系,而且一般是间接计入费用,因而不能或不便于按照产品制定定额,而只能按照车间、部门和费用项目,按年、季、月编制制造费用计划加以控制。应该通过制造费用的归集和分配,反映和监督制造费用计划的执行情况,并将费用正确、及时地计入各有关产品成本。

(二)制造费用的归集

制造费用的归集和分配通过"制造费用"账户进行。该账户为成本类账户,借方归集企业在一定时期内所发生的全部制造费用,贷方登记制造费用的分配转出,期末除采用计划分配率法分配外,一般没有余额。

制造费用的归集是在制造费用发生时,根据有关的付款凭证、转账凭证和前述各种费用分配表在"制造费用"总账账户的借方及所属明细账的有关项目中进行登记,通过登记,把所发生的制造费用都归集了起来。

归集制造费用的总分类核算,会计分录如下:

借:制造费用——××车间	×××	
贷:原材料		××
应付职工薪酬——应付工资		××
——应付福利费		××
累计折旧		××
低值易耗品		××
银行存款等		××

根据已发生的制造费用的各项凭证,在"制造费用——××车间"总账的借方及所属明细账的有关项目中进行登记。其中,"制造费用"总账用于归集发生的制造费用的总额,"制造费用"明细账用以反映所发生的制造费用的具体内容。"制造费用"总账和明细账的格式分别如图 4-2 和表 4-10。

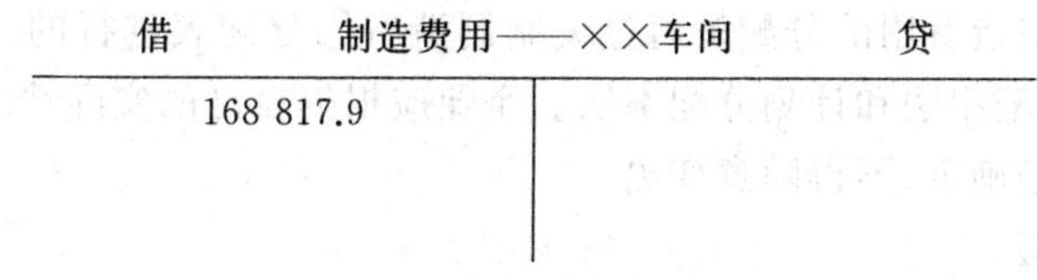

图 4-2　制造费用总账账户

表 4-10　制造费用明细账

车间：基本生产车间　　202×年 3 月　　单位：元

年		摘　要	材料费	动力费	工资及福利费	折旧费	修理费	其他	合计
月	日	根据材料费用分配表	5 000						
		根据动力费用分配表		8 800					
		根据职工薪酬费用分配表			9 117.90				
		根据折旧费用分配表				100 000			
		其　他						45 900	
		小　计	5 000	8 800	9 117.90	100 000		45 900	168 817.9
		根据制造费用分配表分配转出(红字)							168 817.9

值得注意的是，基本生产车间有制造费用，辅助生产车间也会发生制造费用。对于辅助生产车间发生的制造费用，如果辅助生产的制造费用是通过“制造费用”账户核算的，则应比照基本生产车间制造费用的核算；如果辅助生产的制造费用不通过“制造费用”账户核算，则应将其全部计入“辅助生产成本”总账账户及所属明细账有关成本费用项目中，其辅助生产成本明细账中的项目根据产品成本项目与制造费用项目合并设立。

二、制造费用的分配

制造费用的归集与分配是通过“制造费用”账户核算的，“制造费用”账户通过借方归集的制造费用在期末时需要分配转入其收益对象的成本中。如果一个生产部门只生产一种产品或提供一种劳务时，所发生的制造费用直接计入该种产品或劳务的成本，不需分配；如果一个生产部门生产多种产品或提供多种劳务，则所发生的制造费用需要在全部受益对象之间采用适当的分配方法分配计入各受益对象的成本中。

实际工作中，制造费用的分配是通过编制制造费用分配表进行的。制造费用分配的方法通常有实际分配率法和计划分配率法。企业应根据自己的实际情况选择合理的分配方法，分配方法一经确定，不得随意变更。

1.实际分配率法

实际分配率法是以产品在生产过程中对某项经济资源的实际耗用量作为分配标准分配制造费用的方法，主要有生产工人工时比例法、生产工人工资比例法、机器工时比例法等。

(1)生产工人工时比例法。生产工人工时比例法是按照各种产品所用生产工人实际工时的比例分配费用的方法。计算公式为：

$$\text{制造费用分配率}=\frac{\text{待分配的制造费用总额}}{\text{各种产品生产工时总和}}$$

某种产品应负担的制造费用＝该种产品生产工时×分配率

【例 4-6】某企业基本生产车间生产甲、乙、丙三种产品。本月已归集在“制造费用——基本生产车间”账户借方的制造费用合计为 71 820 元。甲产品生产工时为 46 200 小时，乙产品生产工时为 21 000 小时，丙产品生产工时为 12 600 小时。按生产工人工时比例分配制造费用计算如下：

$$\text{制造费用分配率}=\frac{71\ 820}{46\ 200+21\ 000+12\ 600}=0.9$$

甲产品应负担的制造费用＝46 200×0.9＝41 580(元)

乙产品应负担的制造费用＝21 000×0.9＝18 900(元)

丙产品应负担的制造费用＝12 600×0.9＝11 340(元)

根据上述计算，编制制造费用分配表，如表 4-11 所示。

表 4-11　制造费用分配表(实际分配率法)

车间:基本生产车间　　202×年×月　　单位:元

应借科目	生产工时	分配率	分配金额
基本生产成本——甲产品	46 200		41 580
基本生产成本——乙产品	21 000		18 900
基本生产成本——丙产品	12 600		11 340
合　计	79 800	0.90	71 820

根据制造费用分配表，编制会计分录如下：

借:基本生产成本——甲产品　　41 580

　　　　　　　——乙产品　　18 900

　　　　　　　——丙产品　　11 340

　贷:制造费用　　71 820

按照生产工时比例分配制造费用，能将劳动生产率与产品负担的费用水平联系起来，有利于加强管理。但如果各种产品加工过程中的机械化程度相差较大，以生产工时作为标准，就会使机械化程度较低的产品承担较多的制造费用，而机械化程度较高的产品会少承担制造费用，造成分配结果与实际不符。因而这种方法适用于各种产品加工过程中的机械化程度大致相当的企业采用。如果企业的定额基础比较好，定额工时比较准确的话也可以定额工时作为分配标准。

(2)生产工人工资比例法。生产工人工资比例法是以计入各种产品成本的生产工人工资作为分配标准分配制造费用的方法。计算公式为：

$$\text{制造费用分配率}=\frac{\text{待分配的制造费用总额}}{\text{各种产品生产工人工资总和}}$$

某种产品应负担的制造费用＝该种产品的生产工人工资×分配率

【例 4-7】某企业基本生产车间生产甲、乙、两种产品。本月已归集在“制造费用——基本生产车间”账户借方的制造费用合计为 96 000 元。甲、乙产品直接生产工资分别为 46 000元、34 000 元。按生产工人工资比例分配制造费用计算如下：

$$制造费用分配率=\frac{96\ 000}{46\ 000+34\ 000}=1.2$$

甲产品应负担的制造费用＝46 000×1.2＝55 200（元）

乙产品应负担的制造费用＝34 000×1.2＝40 800（元）

根据上述计算，编制制造费用分配表，如表 4-12 所示。

表 4-12　制造费用分配表（生产工人工资比例法）

车间：基本生产车间　　　　202×年×月　　　　单位：元

应借科目	生产工人工资	分配率	分配金额
基本生产成本——甲产品	46 000		55 200
基本生产成本——乙产品	34 000		40 800
合　计	80 000	1.20	96 000

根据制造费用分配表，编制会计分录如下：

借：基本生产成本——甲产品　　55 200
　　　　　　　　——乙产品　　40 800
　贷：制造费用　　96 000

采用生产工人工资比例法分配制造费用，生产工人工资的资料容易取得，因而核算工作比较简便。但是如果企业生产的机械化程度较高，生产工人工资在成本中所占比重较小，分配负担的制造费用也少，会影响费用分配的合理性。这是因为，制造费用中包括着不少与机械使用有关的费用，例如机械设备的折旧费、修理费、租赁费和保险费等；产品生产的机械化程度高，应该多负担这些费用，而不应该少负担这些费用。因而这种方法适用于机械化程度不高的企业采用。

如果生产工人工资是按照生产工时比例分配计入各种产品成本的，那么，按照生产工人工资比例分配制造费用，实际上也就是按照生产工时比例分配制造费用。

（3）机器工时比例法。机器工时比例法是按照各种产品生产时所用机器设备运转时间的比例分配制造费用的方法。计算公式为：

$$制造费用分配率=\frac{待分配的制造费用总额}{各种产品机器工时总和}$$

某种产品应负担的制造费用＝该种产品的机器工时×分配率

这种方法适用于机械化程度较高的车间。因为在这种车间的制造费用中，与机器设备使用有关的费用比重较大，而这一部分费用与机器设备运转的时间有着密切的联系，以机器工时作为分配标准比较合理。采用这一方法，必须做好各种产品所用机器工时的原始记录，这会增加相关统计工作的工作量。

2.计划分配率法

计划分配率法又称年度计划分配率法，是按照年度开始前确定的全年度适用的计划分配率分配费用的方法。以定额工时作为分配标准，其计算的公式为：

$$年度计划分配率=\frac{年度制造费用计划总额}{年度各种产品计划产量的定额工时总额}$$

某月某种产品应负担的制造费用＝该月该种产品实际产量的定额工时×分配率

采用这种分配方法，不管各月实际发生的制造费用是多少，年内各月各种产品的制造费用都按照年度计划分配率分配。一般年内不得随意变更，但在年度内如果发现全年的制造费用实际数和产量实际数与计划数可能发生较大的差额时，应及时调整计划分配率。

【例 4-8】某基本生产车间全年制造费用计划发生额为 131 560 元，全年各种产品的计划产量为：甲产品 4 400 件，乙产品 3 520 件。单件产品工时定额为：甲产品 6 小时，乙产品 4 小时。202×年 6 月实际产量为：甲产品 440 件，乙产品 330 件。本月实际发生制造费用为 11 880 元，“制造费用”账户本月期初余额为借方 1 540 元。以计划分配率法分配制造费用如下：

甲产品年度计划产量的定额工时＝4 400×6＝26 400

乙产品年度计划产量的定额工时＝3 520×4＝14 080

$$年度计划分配率=\frac{131\ 560}{26\ 400+14\ 080}=3.25$$

本月甲产品实际产量的定额工时＝440×6＝2 640

本月乙产品实际产量的定额工时＝330×4＝1 320

本月甲产品应分配的制造费用＝2 640×3.25＝8 580(元)

本月乙产品应分配的制造费用＝1 320×3.25＝4 290(元)

企业编制会计分录如下：

借：基本生产成本——甲产品　　8 580

　　　　　　　　——乙产品　　4 290

　贷：制造费用——基本生产车间　　12 870

从以上例子可以看出，采用计划分配率法分配制造费用与各月制造费用的实际发生额无关。每月实际发生额与计划分配额之间的差异当月不予处理，累计到年底一次性调整。也就是说，采用计划分配率法，月末结转后“制造费用”账户仍可能有余额，余额可能在借方，也可能在贷方，各月的余额累计到年底后一次结转。“制造费用”账户的年末余额，表示全年制造费用的实际发生额与计划分配额之间的差额，一般在年末调整计入 12 月份的产品成本。如果是借方余额，表示全年制造费用超支，借记”基本生产成本”，贷记“制造费用”；如果是贷方余额，表示全年制造费用节约，应将节约部分冲减 12 月份产品成本，用红字借记“基本生产成本”，贷记“制造费用”。

计划分配率法的核算工作比较简便，特别适用于季节性生产企业。因为在季节性生产企业中，每月发生的制造费用相差不多，但生产淡月和旺月的产量却相差悬殊，如果按照实际分配率分配制造费用，各月单位产品成本中的制造费用会随之忽高忽低，造成单位产品成本不稳定，不便于成本分析。但是，采用这种分配方法，要求有较高的计划工作水平，否则年度制造费用的计划数脱离实际太大，会影响成本计算的正确性。

○ 思政德育课堂

法盲会计隐匿会计凭证和账簿被判刑

1.案例资料

杨景和系平顶山市鹏源达货物运输服务有限公司汽车队会计。2003 年 11 月，为了逃避查处，他将依法应当保存的该公司的收入、支出原始票据等会计资料，用铁箱子锁住藏匿到王艳召家中，将公司的中国农业银行现金缴款单等原始票据、记账凭证以及公司为应付年检而做的账目、记账凭证、明细账等会计资料，于 2004 年 2 月 28 日晚藏匿到自己家中，拒不向侦查机关提供。后来，被告人卢白孩伙同郭现民（在逃）又将杨景和藏匿于家中的相关会计资料取出，由卢白孩藏匿于自己家中，拒不交出。2004 年 3 月 3 日，该资料被公安机关搜查时依法扣押。

宝丰县人民法院认为，被告人杨景和、卢白孩为逃避查处，将依法应当保存的会计凭证、会计账簿等会计资料故意隐匿、拒不交出，致使大部分会计资料不知去向，严重影响了公安机关的调查活动，属情节严重。依法判处杨景和有期徒刑三年零六个月，并处罚金人民币 50 000 元；判处卢白孩有期徒刑二年，并处罚金人民币 30 000 元。

（资料来源：新浪网 http://news.sina.com.cn/c/2004-11-21/11504302519s.shtml）

2.研讨问题

(1)被告人杨景和、卢白孩为什么会被判刑？

(2)公安、法院、检察机关依法对单位账务进行核查、取证时会计人员应负有什么样的责任和义务？

3.案例启示

新会计法规定，伪造、变造会计凭证、会计账簿，编制虚假财务会计报告，构成犯罪的，依法追究刑事责任，尚不构成犯罪的，会计人员五年内不得从事会计工作；隐匿或者故意销毁依法应当保存的会计凭证、会计账簿、财务会计报告，构成犯罪的，依法追究刑事责任，尚不构成犯罪的，会计人员五年内不得从事会计工作。因有提供虚假财务会计报告，做假账，隐匿或者故意销毁会计凭证、会计账簿、财务会计报告，贪污，挪用公款，职务侵占等与会计职务有关的违法行为被依法追究刑事责任的人员，不得再从事会计工作。

因此，财务人员不仅要具备全面的专业知识，还必须知法懂法。会计人员在从事业务工作的同时首先要学会保护好自己，才能更好地发挥自己的作用。

既然选择了会计行业，就要坚守住底线！

○ 本章小结

企业生产根据生产目的的不同分为基本生产和辅助生产。基本生产是为完成企业主要生产目的而进行的商品、产品生产；辅助生产是为企业基本生产车间、行政管理部门等单位提供服务而进行的产品生产或劳务供应。

辅助生产车间为生产产品和提供劳务所发生的各项费用称为辅助生产费用，既包括辅助生产车间自身所发生的各项费用，也包括从其他辅助生产部门分配转入的费用。对于不同类型的辅助生产，其辅助生产费用的归集和分配方法也不同。

辅助生产费用的归集与分配，通过"辅助生产成本"账户进行。该账户为成本类账户，借方归集辅助生产部门为生产产品、提供劳务而发生的各项费用，贷方登记辅助生产费用的分配。

辅助生产费用的分配通过编制辅助生产费用分配表进行。分配方法有：直接分配法、交互分配法、计划成本分配法、代数分配法、顺序分配法。企业应根据自身的生产特点和管理要求采用不同的方法，一经确定，不得随意变更。

制造费用是指生产部门为生产产品或提供劳务而发生的，应计入产品成本，但没有专设成本项目的各项生产费用。制造费用的归集和分配通过"制造费用"账户进行。该账户为成本类账户，借方归集企业在一定时期内所发生的全部制造费用，贷方登记制造费用的分配转出，期末除采用计划分配率法分配外，一般没有余额。

制造费用的分配通过编制制造费用分配表进行。制造费用分配的方法通常有实际分配率法和计划分配率法。企业应根据自己的实际情况选择合理的分配方法，分配方法一经确定，不得随意变更.

○ 关键概念

辅助生产成本（service production costs）　直接分配法（direct method）
制造费用（manufacturing overhead）　代数分配法（algebra method）
交互分配法（reciprocal method）　顺序分配法（step method）
生产工时比例法（man-hour proportion method）
生产工资比例法（worker wage proportion method）
机器工时比例法（machine hour method）
年度计划分配率法（yearly planning overhead apportionment ratio method）

○ 习　题

一、单项选择题

1.辅助生产部门发生的直接费用归集在(　　)账户中。

A.辅助生产成本　B.制造费用　C.基本生产成本　D.管理费用

2.在交互分配法下，交互分配是指(　　)。

A.在各受益部门之间分配费用

B.在相互受益的辅助生产部门之间分配费用

C.在辅助生产以外的受益部门之间分配费用

D.在受益的各基本生产车间之间分配费用

3.在各种分配辅助生产费用的方法中，计算结果最准确的是(　　)。

A.交互分配法　B.计划成本分配法　C.顺序分配法　D.代数分配法

4.顺序分配法下，排列辅助生产部门的费用分配顺序时，(　　)排列前面。

A.受益多的　　B.受益少的　　C.费用多的　　D.费用少的

5.采用计划成本分配法分配辅助生产费用时，实际成本与按计划成本分配额之间的差额，于期末时可列入(　　)。

A.制造费用　　B.管理费用　　C.财务费用　　D.生产成本

6.辅助生产费用的直接分配法，是将辅助生产车间发生的费用(　　)。

A.直接记入基本生产成本

B.直接记入“辅助生产成本”明细账

C.直接分配给所有受益单位

D.直接分配给辅助生产以外的各受益单位

7.适用于季节性生产企业分配制造费用的方法是(　　)。

A.生产工时比例法　　B.生产人工工资比例法

C.机器工时比例法　　D.年度计划分配率法

8.如果企业的计划成本制定比较准确、基础工作较好，分配辅助生产费用时一般采用(　　)。

A.交互分配法　　B.计划成本分配法　　C.直接分配法　　D.代数分配法

9.如果各辅助部门相互之间提供产品或劳务相差不多，不进行交互分配对辅助生产成本和企业产品成本影响不大，那么辅助生产费用的分配一般采用(　　)。

A.交互分配法　　B.计划成本分配法　　C.直接分配法　　D.代数分配法

10.辅助生产部门为生产产品、提供劳务而发生的各项费归集在“辅助生产成本”账户的(　　)。

A.借方　　B.贷方　　C.有时在借方　　D.有时在贷方

二、多项选择题

1.分配辅助生产费用的方法有(　　)。

A.生产工时比例法　　B.交互分配法　　C.直接分配法　　D.计划成本分配法

2.直接分配法(　　)。

A.适用于辅助生产部门之间相互不提供劳务的企业

B.适用于辅助生产部门之间相互提供劳务不多的企业

C.优点是计算比较简便

D.优点是计算结果准确

3.辅助生产部门发生的间接费用(　　)。

A.必须直接计入辅助生产成本账户　　B.必须通过制造费用账户

C.可以直接计入辅助生产成本账户　　D.可以通过制造费用账户核算

4.采用计划成本分配法分配辅助生产费用时，辅助生产成本差异的处理方法有(　　)。

A.分配给各受益部门　　B.分配给辅助生产以外的受益部门

C.全部计入管理费用　　D.忽略不计

5.制造业企业的期间费用包括(　　)。

A.制造费用　　B.财务费用　　C.管理费用　　D.销售费用

6.辅助生产费用的顺序分配法一般适用于(　　)。
A.辅助生产车间相互提供产品或劳务有着明显顺序
B.辅助生产车间相互提供产品或劳务没有顺序
C.排列在先的辅助生产车间耗用排列在后的辅助生产车间的费用较少
D.排列在先的辅助生产车间耗用排列在后的辅助生产车间的费用较多
7.在下列(　　)情况中,辅助生产车间的制造费用可以不通过"制造费用"账户核算。
A.车间规模很大　　B.车间规模很小　　C.制造费用很多　　D.制造费用较少
8.分配制造费用的方法通常有(　　)。
A.生产工人工时比例法　　B.生产工人工资比例法
C.机器工时比例法　　D.年度计划分配率法
9.辅助生产费用的内容包括(　　)。
A.直接材料　　B.直接人工
C.制造费用　　D.从其他辅助生产部门分配转入的费用
10.下列属于制造费用的有(　　)。
A.生产用设备的折旧费　　B.车间机物料消耗
C.设计制图费　　D.房产税

三、思考题

1.分配辅助生产费用的方法有哪些?各适用于哪些企业?
2.采用顺序分配法分配辅助生产费用时各车间的顺序如何确定?这种方法有何特点?
3.什么是制造费用?制造费用一般包括哪些项目?
4.制造费用的分配方法有哪些?各适用于哪些企业?
5.基本生产车间与辅助生产车间的制造费用的归集有何区别?

○ 本章实验

实验一　辅助生产费用的分配

实验目的:掌握辅助生产费用的分配。

实验资料:某企业设有一个基本生产车间生产甲产品,另有供电和机修两个辅助生产车间,以及行政管理部门。202×年6月份辅助生产车间发生的费用为:供电车间为34 944元,机修车间为32 256元。本月提供的劳务量见下表:

辅助生产车间劳务量汇总表

202×年6月

受益部门	供电车间(度)	机修车间(小时)
供电车间		576
机修车间	9 600	
甲产品生产	72 000	
基本车间消耗	7 200	7 200
行政管理部门	16 800	2 400
合计	105 600	10 176

实验要求：

(1)采用直接分配法分配辅助生产费用，并编制相关会计分录。

(2)采用交互分配法分配辅助生产费用，并编制相关会计分录。

(3)采用代数分配法分配辅助生产费用，并编制相关会计分录。

(4)采用计划成本分配法分配辅助生产费用，编制相关会计分录。该厂每度电的计划成本为 0.35 元，机修车间每小时计划成本为 3.46 元；辅助生产单位的成本差异全部计入管理费用。

实验二　制造费用的分配

实验目的：掌握制造费用的分配。

实验资料：某企业基本生产车间全年制造费用计划为 234 000 元，全年各种产品的计划产量为：甲产品 19 000 件，乙产品 6 000 件，丙产品 8 000 件。单位产品工时定额分别为：甲产品 5 小时，乙产品 7 小时，丙产品 7.25 小时。202×年 8 月份实际产量为：甲产品 1 800 件，乙产品 700 件，丙产品 500 件。本月份实际发生的制造费用为 20 600 元。

实验要求：采用计划分配率法分配制造费用，并编制相关会计分录。

○ 案例分析

1.张强 2012 年 7 月 5 日从东方财经大学会计学院毕业，在招聘会上被柏斯特设备制造公司录用为成本会计员。该公司新增加了一个辅助生产车间，即供气车间，该车间主要生产蒸汽，用的燃料是原煤。生产的蒸汽主要由机械加工、冲压、供电、修理等车间使用，其他部门使用量较少。该公司过去辅助生产车间主要是供电车间和修理车间。本月份供汽车间共发生费用 800 000 元，供电车间发生费用 1 200 000 元，修理车间发生费用 900 000元，各辅助生产车间提供的劳务及耗用单位情况见下表：

各辅助生产车间提供的劳务及耗用单位情况

受益部门		供气车间(立方米)	供电车间(千瓦)	修理车间(小时)
供气车间		——	10 000	12 000
供电车间		20 000	——	4 000
修理车间		5 000	25 000	——
第一车间	产品耗用	30 000	50 000	68 000
	一般消耗	4 000	26 000	2 000
第二车间	产品耗用	1 000	60 000	13 000
	一般消耗	1 500	18 000	9 000
行政管理部门		2 000	17 000	7 000
设备自建工程		1 500	14 000	5 000
合　计		65 000	210 000	120 000

财务部领导向张强提出了如下几个方面的问题要求其解答：

(1)原来企业采用直接分配法分配辅助生产费用,这种分配方法是否合适?有什么优缺点?

(2)新增加了一个辅助生产车间是否需要对辅助生产费用分配方法进行改变?

(3)若需要改变辅助生产费用分配方法,采用什么方法比较合适?请提供几种方案供领导决策时选择。

2.康慧医疗中心位于滨江市,设有住院部和门诊部。由于其位于退休职工密集区,病人趋于老龄化,当地政府的医疗照顾计划为其提供医疗保险,对门诊病人的医疗照顾由政府按成本补偿,每个诊所要提供一份关于治疗享受医疗照顾病人的成本报告。住院病人的医疗照顾补偿是以预计的比例为基础,如用当地医疗照顾计划最高金额与预计病人总数相比,求出每位病人的补偿额,而不考虑医院成本。

另外,该医疗中心还有两个行政管理部门,即会计部和信息管理部,为住院部和门诊部提供服务,下表列示了两个部门提供的服务水平。

有关服务数量表

行政管理部门		会计部	信息管理部
待分配费用(元)		3 800 000	4 800 000
分配基础		交易数量(人)	磁盘空间(GB)
耗用服务数量	会计部		8
	信息管理部	40 000	
	住院部	1 100 000	7
	门诊部	600 000	9
	合计	1 740 000	24

会计部的成本是按各受益对象的交易数量为基础进行分配的,信息管理部是以各受益对象的存储GB数为基础进行分配的。医疗照顾计划指南允许用以上标准分配成本,同时该指南也允许采用一些其他方法分配成本,只要这种方法合理,公认即可。

要求:

(1)设计一种在住院部之间分配会计部和信息管理部成本的方法,并计算住院病人和门诊病人分别应负担多少会计部和信息管理部成本。

(2)分析你在上题中的设计,解释康慧医疗中心为什么要采取你的建议。

第五章　生产损失的核算

学习目标

通过本章学习，掌握生产损失和非生产损失、废品损失和停工损失、可修复废品和不可修复废品的含义，能够正确进行可修复废品、不可修复废品和停工损失的核算。

引导案例

大连三洋制冷有限公司的质量成本法实施

大连三洋制冷有限公司(以下简称“大连三洋制冷”)是国际一流的双效的溴化锂吸收式中央空调专业制造企业，是中日合资高科技企业。始创于1992年9月11日，注册资金为20亿日元，投资总额为60亿日元，净资产为2.3亿元，年生产溴冷机2 000台、真空锅炉1 000台、GHP燃气空调10 000台。在全国设有14个营销大区，28个营销服务事务所。大连三洋制冷的双效溴化锂吸收式制冷机全系列中央空调产品，通过HJBZ22中国国家环境标志产品认证和JB8656中国机械产品安全认证。其所有产品占国内市场的30%，并以其高质量大批量出口日本。

自1992年成立以来，大连三洋制冷以差开化战略为经营战略，取得了良好的业绩，迅速成长为行业的领先者。然而，在行业进入成熟期后，企业的增长势头受到抑制。2002年，为进一步提高管理水平，大连三洋制冷开始引进日本丰田公司的精益生产方式，并在生产过程中逐渐加强了对质量成本的管理与控制。

2002年，大连三洋制冷引进日本丰田公司的精益生产方式后，对现场中的库存、制造、等待、搬运、加工等七种浪费的存在有了比较清醒的认识，并且在实际工作中努力加以消除。但是随着活动的深入，很多由相关的管理工作引起的浪费难以度量，其所可能造成的损失不易衡量。这些问题如果得不到有效的解决，将阻碍活动深入持久地进行。

我国加入WTO以来，跨国集团蜂拥而入使竞争呈现出白热化，在产品过剩、价格大幅下降的价格战局面下，降低成本已成为每个企业的重点工作。大连三洋制冷在设计工艺、采购、制造、营销等各个环节上采取了通常的降低成本措施之后，降低成本工作陷入瓶颈，急需找到新的突破口。

大连三洋制冷较早认识到质量成本核算与管理的意义，于1996年就在中央空调行业率先通过了 ISO 9001 质量管理体系认证，在质量管理上取得了非常好的成绩。但是，一些质量损失难以从财务核算的角度，对质量体系的有效性进行测量，而在企业的日常管理活动中又存在着许多无效的管理，使企业的经营管理难以得到持续改进。为此，需要一种新的工具来发现这些质量成本的浪费。

在经过反复比较后，大连三洋制冷选择了质量成本法来解决这一问题。

（资料来源：冯巧根.成本与管理会计[M].北京，中国人民大学出版社，2012.）

第一节　生产损失核算概述

一、生产损失的含义和种类

企业在生产经营过程中会不可避免地发生各种各样的损失，企业发生的各种损失按其是否计入产品成本，分为生产损失和非生产损失。生产损失是指企业在产品生产过程中或由于生产原因而发生的各种损失，如生产出废品所造成的损失，及大修理造成的损失等。生产损失与产品的生产直接相关。一般来说，生产损失应由产品成本负担。非生产损失是指由于企业经营管理不善或其他非生产原因造成的损失，如坏账损失，产品的盘亏、毁损，固定资产的盘亏、毁损，投资损失，非常损失等。非生产损失与产品的生产没有直接关系，所以不能由产品成本负担，而应根据不同的性质计入期间费用、营业外支出或冲减投资收益等。

生产损失主要包括废品损失和停工损失。废品损失是指企业在生产过程中由于发生了废品而造成的损失。当废品较多或废品损失在产品成本中所占比重较大时，需要单独核算。停工损失是指企业由于材料供应不足、计划减产、电力中断、季节性停产、机器设备大修或自然灾害造成的停工期间发生的损失。停工损失较大时，也应单独核算。

二、生产损失核算的任务

生产损失与产品生产直接相关，一般应由产品成本负担，这就必然给企业带来不利的影响，如造成企业人、财、物的浪费，增加产品的成本等。于是，要求对生产损失进行单独核算，以完成以下几大任务：

（一）减少企业人、财、物的浪费，降低成本，加强成本管理

生产损失的发生必然给企业造成浪费，比如生产出废品时或产品有缺陷时，生产都变成了一种无效劳动。准确核算生产损失，寻找出减少损失的方法，就可以减少企业的浪费现象，同时可以达到降低成本、加强成本管理的目的。

（二）促进生产计划的完成

当企业发生生产损失时，不管是产生废品还是造成停工，都会影响到正常生产计划的完成。因此，减少生产损失可以更好地促进企业生产计划的完成。

(三)提高企业的竞争力

生产损失的发生会增加企业产品的单位成本,损失越大,产品单位成本越高,市场竞争力越低,经济效益也就越差。这也是目前部分企业经济效益不高的一个原因。如果能够找到减少生产损失的途径,就可以间接地提高企业的竞争力。

为了充分利用现有的经济资源,加强成本管理,努力降低成本,提高竞争能力,保证生产计划的完成,取得最大的经济效益,企业必须加强生产管理,严格控制生产损失。为此,在会计上应及时揭示各种生产损失,分析其原因,以便采取有效措施,努力减少或消除生产损失。

第二节　废品损失的核算

一、废品损失概述

废品,是指不符合规定的技术标准,不能按照原定用途使用,或者需要加工修复后才能使用的在产品、半成品和产成品。不论是在生产过程中发现的,还是在入库后发现的,只要不符合规定的技术标准和要求,无法按原定用途使用的产品均属于废品。由于废品是因为生产工作的原因造成的,因此与发现废品的时间、地点无关,只要是由于生产原因造成的,均应视为废品。我们通常意义上讲的废品包括生产过程中发现的废品和入库后发现(由于生产加工过程造成)的废品。如果产品入库时为合格产品,后因保管不善、运输装卸不当或者其他原因而发生的变质、损坏,造成不能按原定用途使用,则应作为产成品毁损处理,不应包括在废品之内。凡质量不符合规定的技术标准,但经过检验部门检定,可以不需要返修即可降价出售或者使用的产品,在实际工作中称为次品。次品的成本应与合格品产品成本相同,次品售价低于合格品售价所发生的损失,直接影响企业的产品销售收入,而不作为废品损失处理。

废品可以按照不同的标准进行分类。按照其毁损程度和在经济上是否具有修复价值进行分类,可以分为可修复废品和不可修复废品:可修复废品是指在技术上能够修复且在修复过程中所发生的费用在经济上是合算的废品;不可修复废品是指在技术上已不可能修复,或者在技术上虽然能够修复,但修复费用在经济上是不合算的废品。按照其产生的原因分类,可以分为料废品和工废品:料废品是指由于材料质量、规格、性能不符合要求而产生的废品;工废品是指在生产过程中由于加工工艺技术、工人操作方法、技术水平等方面的缺陷所产生的废品。分清废品是由于料废还是工废造成的,有利于查明废品产生的责任,贯彻经济责任制的原则。

废品损失,是指在生产过程中发现的和入库后发现不可修复废品的生产成本,以及可修复废品的修复费用,扣除回收的残料价值和应收赔款以后的净损失。废品损失一般只包括发生废品所造成的直接损失,至于因产生废品给企业带来的间接损失,如延误交货而发生的违约赔偿,减少销售量而造成的利润减少损失,以及产生废品造成的企业声誉损失等都不计算在废品损失之内。除此之外，以下情况也不作为废品损失处理：(1)经过质量检验部门鉴定不需要返修、可以降价出售的不合格品；(2)产成品入库后，由于保管不善等原因而损坏变质的损失；(3)实行包退、包修、包换"三包"的企业，在产品出售后发现的"三包"损失。

为了保证产品的质量，企业各生产车间和有关部门都应配备专职质量检验人员。在产品、半成品和产成品经过质量检验后被确认为废品的，应由检验人员填写"废品通知单"，该单内应填明废品的名称、数量、废品性质(可修复或不可修复)、发生废品的原因及责任人员、耗费的材料和工时等。如果确定废品由责任人负责赔偿时，还应注明赔偿的金额。对于可修复废品，在修复过程中所领用的材料和耗费的工时，应另行填制领料单和工作通知单，并在单内注明"修复废品"字样；对于不可修复废品，应填制"废品交库单"，在单内注明废品残料的价值，然后将"废品交库单"连同废品一并送交废品仓库。"废品通知单""领料单""工作通知单"和"废品交库单"是进行废品损失核算的原始凭证。

二、废品损失的核算

为了单独反映废品损失情况，加强对废品损失的控制，企业应设置"废品损失"总账科目，同时在产品成本项目中增设"废品损失"项目。"废品损失"账户是成本类账户，用以专门进行废品损失的归集与分配，借方反映可修复废品的修复费用和不可修复废品的已耗成本；贷方反映可修复废品和不可修复废品回收的残值和应向责任人索赔的数额，及需要结转的废品净损失。月末将净损失转入同类合格品成本，结转后该账户无余额。

"废品损失"账户应当分车间按产品的品种设置明细账，组织废品损失的明细核算。"废品损失"明细账应按成本项目分设专栏或专行，以反映废品损失的构成。"废品损失"账户 T 形结构，如图 5-1 所示。

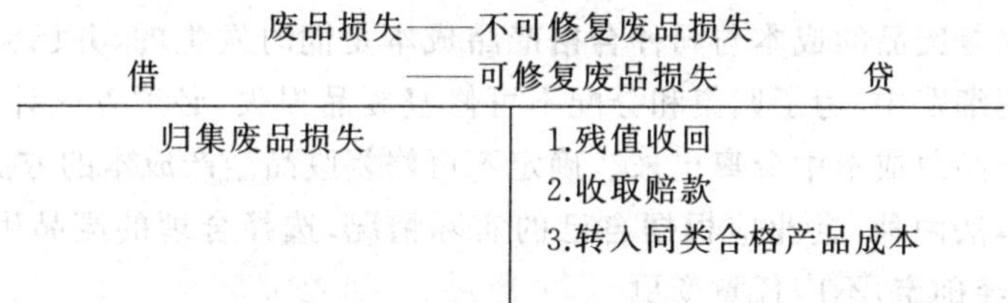

图 5-1　"废品损失"账户 T 形结构图

(一)可修复废品损失的核算

可修复废品损失，是指在修复过程中所发生的各项修复费用(一般包括修复期间发生的直接材料、直接人工和应分摊的制造费用)，扣除回收的残料价值和应收赔款以后的净损失。其中直接材料费用一般可以根据有关领料凭证直接确定，直接人工费用和制造费用则可以根据修复废品所耗工时和小时工资率、小时费用率计算确定。各项修复费用在发生时归集记入"废品损失"账户借方，如果有回收的残值和应收的赔款，应抵减废品损失，借记"原材料""其他应收款"，贷记"废品损失"，期末将废品净损失从"废品损失"账户的贷方转入同种合格品的成本中。

【例 5-1】 A 公司一车间本月发生甲产品可修复废品 7 件，在修复过程中耗费材料 600 元，应负担人工费用 360 元，水电费用 70 元。该批废品应由生产工人赔偿 300 元。其账务处理如下：

(1)发生修复费用，确认废品损失

借：废品损失——一车间(甲产品)　　1 030

　贷：原材料　　600

　　应付职工薪酬——应付工资　　360

　　制造费用　　70

(2)应收工人赔偿

借：其他应收款　　300

　贷：废品损失——一车间(甲产品)　　300

(3)结转废品净损失

借：基本生产成本——甲产品(废品损失)　　730

　贷：废品损失——一车间(甲产品)　　730

需要注意的是，可修复废品修复费用的归集是指当月实际发生的修复费用，它与可修复废品发现的时间无关。如本月发生的修复费用，不论被修复废品是本月发现的，还是以前月份发现的，都作为本月废品损失进行归集；本月发现的可修复废品，如果没有在本月进行修复，则其修复时发生的修复费用不能计入本月的废品损失；发现的可修复废品跨月进行修复，则各月发生的修复费用计入各月的废品损失。

(二)不可修复废品损失的核算

不可修复废品损失，是指不可修复废品的生产成本，扣除回收的残料价值和应收赔款以后的净损失。其计算公式为：

不可修复废品的损失＝废品生产成本－残值－过失人或责任人等的赔款

由于不可修复废品的成本与同种合格产品成本是同时发生的，并已归集计入该种产品的生产成本明细账中，为了归集和分配不可修复废品损失，必须首先计算废品的成本，并将其从该种产品总成本中分离出来。确定不可修复废品生产成本的方法主要有实际成本法和定额成本法两种，企业应根据自己的实际情况，选择合理的废品生产成本计算方法，计算方法一经确定，不应任意变更。

1.按实际成本法计算

按实际成本法计算，指按成本项目将合格产品和不可修复废品实际耗用的总成本，采用一定的分配方法，在合格产品与不可修复废品之间进行分配，计算出不可修复废品的实际成本，从“基本生产成本”账户的贷方转入“废品损失”账户的借方。由于不可修复废品负担的各种费用受其加工程度的影响，根据不可修复废品与合格产品发生的实际费用，采用一定的分配方法分配时，应考虑发生不可修复废品的时间。如果在完工验收入库时发现废品，则废品与合格品同等负担费用，各项生产成本均按照数量标准进行分配；如果在生产过程中发现不可修复废品，当原材料在开工时一次投入，材料费用仍以数量作为分配标准，其他费用则以生产工时作为分配标准；当原材料在各工序开始时分次投入或随加工进度陆续投入时，应以废品的约当产量（即废品的数量×废品完工程度）作为分配标准。其具体计算公式为：

$$废品负担的直接材料=\frac{某产品的直接材料费用总额}{合格品约当量+废品约当量}\times 废品约当量$$

$$废品负担的直接人工=\frac{某产品的直接人工费用总额}{合格品工时+废品工时}\times 废品工时$$

$$废品负担的制造费用=\frac{某产品的制造费用总额}{合格品工时+废品工时}\times 废品工时$$

【例 5-2】某企业一车间本月完工甲产品 500 件，经检验合格品为 485 件，生产过程中发现不可修复废品 15 件，合格品与废品共耗用生产工时 9 375 小时，其中废品耗用 125 小时。本月生产费用直接材料 30 000 元，直接人工 7 500 元，制造费用 13 350 元，废品残值为 300 元，过失人赔偿 75 元，原材料系一次投入。

要求根据资料编制“废品损失计算表”，见表 7-1。

表 7-1　不可修复废品损失计算表

（按实际成本计算）

车间名称：一车间　　202×年 4 月　　产品名称：甲产品

项　目	数量（件）	直接材料	生产工时（小时）	直接人工	制造费用	合计
费用总额	500	30 000	9 375	7 500	13 350	50 850
分配率		60		0.8	1.424	
废品成本	15	900	125	100	178	1 178
减残值赔款		300		75		375
废品损失		600		25	178	803

账务处理如下：

（1）结转不可修复废品成本

借：废品损失——甲产品　　1 178

　贷：基本生产成本——甲产品（料）　　900

　　　　　　　　——甲产品（工）　　100

　　　　　　　　——甲产品（费）　　178

（2）结转废品残料价值

借：原材料　　300

　贷：废品损失——甲产品　　300

（3）结转应由过失人赔偿款项

借：其他应收款　　75

　贷：废品损失——甲产品　　75

（4）将废品净损失转入合格品成本

借：基本生产成本——甲产品（废品损失）　　803

　贷：废品损失——甲产品　　803

不可修复废品成本按实际成本计算和分配废品损失，符合生产的实际情况；但必须等到“基本生产成本”实际生产费用汇总以后才能计算、结转废品实际成本，而且核算的工作量较大。

2.按定额成本法计算

按定额成本法计算是指按不可修复废品的数量和各项费用定额，以及发现不可修复废品时已投料和已加工的程度计算废品的定额成本，再将废品的定额成本扣除回收的残料价值和应收赔款计算出废品的生产成本，而不考虑废品实际发生的费用。

【例 5-3】某企业一车间生产乙产品，本月在验收入库时发现不可修复废品 60 件，企业按定额成本计算废品损失。其单位产品的材料费用定额为 110 元，工时定额为 20 小时，每小时的费用定额为：人工费用定额 2.3 元，制造费用定额为 5.7 元，废品回收残料价值2 400元。废品损失计算如下：

(1)计算不可修复废品的定额成本

直接材料＝60×110＝6 600 元

直接人工＝60×20×2.3＝2 760 元

制造费用＝60×20×5.7＝6 840 元

废品的定额成本＝6 600＋2 760＋6 840＝16 200 元

(2)结转不可修复废品的生产成本

借：废品损失——一车间(乙产品)	16 200	
贷：基本生产成本——乙产品		16 200

(3)将废品回收残料价值 2 400 元冲减废品损失

借：原材料	2 400	
贷：废品损失——一车间(乙产品)		2 400

(4)结转净损失

借：基本生产成本——乙产品(废品损失)	13 800	
贷：废品损失——一车间(乙产品)		13 800

不可修复废品成本按定额费用计算，因费用定额已事先确定，所以计算工作比较简便、及时，有利于考核和分析废品损失和产品成本。但必须具备比较准确的定额成本资料，否则会影响成本计算的正确性。

第三节　停工损失的核算

一、停工损失的概述

停工损失是指企业生产单位(分厂、车间或车间内某个班组)在停工期间发生的各项费用，包括停工期内发生的燃料及动力费、损失的材料费、应支付的生产工人的工资及提取的福利费和应负担的制造费用等。企业的停工可以分为正常停工和非正常停工。正常停工包括季节性停工、机器设备大修理停工；非正常停工包括原材料或工具等短缺停工、设备故障停工、电力中断停工、自然灾害停工等。

企业发生停工的原因很多，并不是所有停工造成的损失都作为停工损失处理。因季节性生产停工、设备大修理停工及计划减产停工等正常停工的损失由产品成本负担；因自然灾害等原因而造成的停工损失，应记入“营业外支出”账户；应获得责任人或责任部门的赔偿应记入“其他应收款”账户，抵减停工损失。企业停工的时间有长有短，范围亦有大有小。为了简化核算工作，对于全车间或班组停工不满一个工作日的，一般不核算停工损失。具体计算停工损失的范围和时间起点，可由企业或主管部门界定，只有超过界定的时间、范围的停工才计算停工损失。

企业发生停工时，应由生产车间或班组填制“停工报告单”或“停工单”，在“停工单”中应注明停工的地点、时间、停工原因以及造成停工的责任人等内容。“停工报告单”一式三联，由生产车间或班组填列后将其中一联交劳动工资部门，由其核定工资支付率和支付金额；再将其中一联交会计部门，经会计人员审核无误后，作为停工损失核算的主要依据。

二、停工损失的核算

企业为了掌握停工损失对产品成本的影响程度，明确停工损失的责任，加强对停工损失的控制和分析，减少停工损失，可以设置“停工损失”账户，对停工损失进行单独归集和分配。该账户属于成本类账户，借方登记企业停工期间发生的、应计入停工损失的各种费用，即停工损失；贷方登记应收责任人或保险公司的赔偿款和结转停工净损失；该账户期末一般无余额。“停工损失”账户一般应按照车间开设明细账，并在账内按成本项目分设专栏或专行进行明细核算。“停工损失”账户 T 形结构如图 5-2 所示。

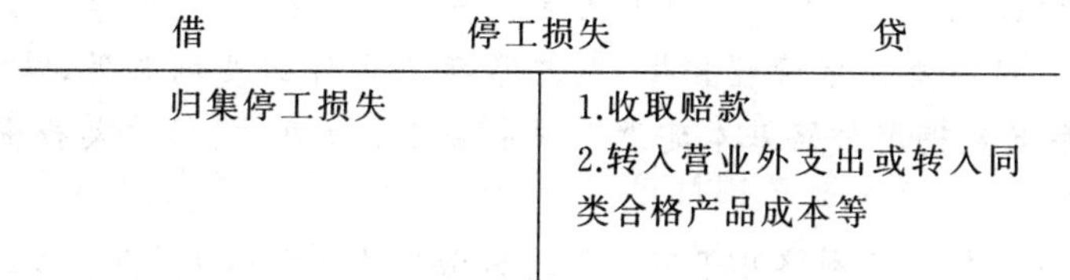

图 5-2 “停工损失”账户 T 形结构图

生产车间在停工期间发生的应计入停工损失的各项生产费用，应根据“停工报告单”等有关凭证，在编制各种费用分配表时一并参与分配。通常按生产工时和停工工时比例分配，然后根据各种费用分配表将应计入停工损失的各种费用归集在“停工损失”账户的借方。若发生应收赔偿款，则借记“其他应收款”账户，贷记“停工损失”账户。

期末将归集的停工净损失进行分配，一般可以按停工车间生产产品的生产工人工时或工资、机器工时比例进行分配。根据分配的结果，编制停工损失分配表，借记“基本生产成本”账户，贷记“停工损失”账户。

【例 5-4】某企业基本生产车间生产 A 产品，9 月 10 日因基本生产车间第一班组工人操作不当使设备发生故障而停工 2 天，月末各种费用分配表列明第一生产车间的停工损失费用为 12 500 元，其中职工薪酬 6 500 元，外购动力 1 000 元，制造费用 5 000 元，应收赔款 4 000 元。

(1)归集停工损失

借:停工损失——基本生产车间	12 500	
贷:应付职工薪酬		6 500
应付账款		1 000
制造费用		5 000

(2)应收赔款

借:其他应收款	4 000	
贷:停工损失——基本生产车间		4 000

(3)结转停工净损失

借:基本生产成本——A 产品	8 500	
贷:停工损失——基本生产车间		8 500

不单独核算停工损失的企业,不设“停工损失”账户和“停工损失”成本项目。停工期内发生的属于停工损失的各项费用,分别记入“制造费用”和“营业外支出”等账户。

○ 思政德育课堂

贪图“小便宜”,利用职务为他人挪用公款

1.案例资料

关某是一名北京市公交车售票员。1995 年,一次偶然的机会,他认识了中国建设银行新疆维吾尔自治区分行某业务科科长甫某和新疆维吾尔自治区某机关财务处副处长颜某。关某看到了甫某和颜某职务上的便利和对自己的有利之处,于是,为了个人的利益,送给颜某一台影碟机、一块价值 1.8 万元的瑞士帝陀牌手表和 1 000 美元。颜某利用自己身兼会计及出纳、财务处公章管理松懈、账户常年不审计的便利条件,从 1995 年 3 月至 1998 年 4 月先后 8 次挪用公路基本建设专项资金 5 180 万元,供关某投资项目和个人使用。

据相关报道,关某能顺利将几千万元的巨款放进自己的腰包,甫某在其中扮演了重要的角色,正是他把身上只有 1 000 元“家底”的关某请到新疆发展“事业”。甫某还多次填制假银行进账单,让颜某把单位财务账上出现的“窟窿”补平,甫某得到的回报是吃喝玩乐,还有价值 9 000 多元的手机和传呼机。就这样,关某在颜某和甫某的“关照”之下,变成了腰缠千万的富翁。

案发后,新疆维吾尔自治区某机关财务处原副处长兼会计、出纳颜某潜逃国外。捕获后被乌鲁木齐市中级法院以挪用公款罪和受贿罪判处无期徒刑。法院同时还以挪用公款罪和受贿罪判处甫某无期徒刑,以挪用公款罪和行贿罪判处关某无期徒刑。

(资料来源:东奥会计在线,https://www.dongao.com/congye/fxzd/201309/120670_7.shtml)

2.研讨问题

财务工作中的红线和底线是什么?面对金钱和利益的诱惑时,财务人员应该怎么做?

3.案例启示

欲望的口子一旦打开,只会不可遏制地越张越大。面对诱惑,财务人员一定要恪守职

业道德，因一念之差断送前程实在不值得。必须坚定理想信念，筑牢思想道德防线；必须学习党纪国法，增强廉洁自律意识；必须敬畏权力，切实做到谨慎用权；必须正确交友，自觉净化"朋友圈"。

本章小结

企业的损失分为生产损失和非生产损失，生产损失是指企业在产品生产过程中或由于生产原因而发生的各种损失；非生产损失是指由于企业经营管理不善或其他非生产原因造成的损失。本章重点介绍的是生产损失的核算，生产损失主要包括废品损失和停工损失。

废品损失是指在生产过程中发现的和入库后发现不可修复废品的生产成本，以及可修复废品的修复费用，扣除回收的残料价值和应收赔款以后的净损失。具体核算有两种情况：可修复废品损失的核算和不可修复废品损失的核算。两者在归集费用的过程时有所不同，分配废品净损失时是完全相同的。结转了废品净损失后，"废品损失"账户无余额。

停工损失是指企业生产单位（分厂、车间或车间内某个班组）在停工期内发生的各项费用。停工损失是否计入产品成本，应视停工损失产生的原因分析填列。

关键概念

废品（waste product）　　废品损失（spoiled goods losses）
可修复废品（possibly repaired waste products）
不可修复废品（impossibly repaired waste products）
停工损失（loss on work stoppage）

习　题

一、单项选择题

1.生产过程中发现的以及入库后发现的各种产品的废品损失不包括（　　）。

A.修复废品人员工资　　B.修复废品领用材料
C.不可修复废品损失　　D.三包损失

2.坏账损失属于（　　）。

A.非生产损失　B.生产损失　C.停工损失　D.废品损失

3.由于企业实行三包而造成的损失应计入（　　）账户。

A.废品损失　B.管理费用　C.主营业务成本　D.销售费用

4.结转废品净损失时，应计入（　　）账户的借方。

A.营业外支出　B.制造费用　C.管理费用　D.基本生产成本

5.企业设置（　　）账户，用来核算企业由于计划减产、停电、待料或者机器设备发生故障而停止生产所造成的损失。

A.废品损失　B.停工损失　C.营业外支出　D.管理费用

6.停工损失属于(　　)。

A.降价损失　B.投资损失　C.废品损失　D.生产损失

7.产成品入库后,由于保管不善等原因而损坏变质的损失,应作为(　　)。

A.管理费用　B.财务费用　C.基本生产成本　D.主营业务成本

8.下列属于生产损失的是(　　)。

A.降价损失　B.投资损失　C.废品损失　D.坏账损失

9.经质量检验部门鉴定不需要进行返修,可以降低出售的不合格品的降价损失,应(　　)。

A.作为废品损失处理　B.作为产品销售费用处理

C.作为管理费用处理　D.体现在产品销售的损益中

10.下列各项目中,属于废品损失的有(　　)。

A.可以降价出售的不合格品的降价损失

B.料废造成的废品损失

C.产品入库后由于保管不善等原因造成的损失

D.实行三包的企业,在产品出售后发现的废品所造成的损失

二、多项选择题

1.非生产损失应根据不同的性质计入(　　)。

A.期间费用　B.营业外支出　C.冲减投资收益　D.生产成本

2.生产损失主要包括(　　)。

A.固定资产的盘亏　B.投资损失　C.废品损失　D.停工损失

3.下列属于非生产损失的是(　　)。

A.固定资产的盘亏　B.投资损失　C.非常损失　D.停工损失

4.下列属于停工损失的是(　　)。

A.机器设备大修期间发生的损失　B.电力中断造成的损失

C.材料供应不足造成的损失　D.季节性停产造成的损失

5.可修复废品必须具备的条件是(　　)。

A.经过修复可以使用　B.经过修理可以使用,但经济上不合算

C.修理费用在经济上合算　D.结果修理仍不能使用

6.企业生产中的废品是指(　　)。

A.产品不符合规定的技术标准　B.产品不能按照原定的用途使用

C.产品加工修理后仍不能使用　D.产品需要加工修理才能使用

7.废品按其生产的原因可分为(　　)。

A.可修复废品　B.工废品　C.不可修复废品　D.料废品

8.停工损失包括停工期间发生的(　　)。

A.原材料费用　B.人工费用　C.制造费用　D.应收的赔偿款

9.废品按其报废程度不同可分为(　　)。

A.工废品　　B.可修复废品　　C.不可修复废品　　D.料废品

10.下列各项目中，不属于废品损失的是（　　）。

A.产品入库后，由于保管不善等原因造成的损失

B.产品出售后发现的废品，由于包退而发生的损失

C.产品出售后发现的废品，由于包修发生的损失

D.降价出售的不合格品的降价损失

三、思考题

1.什么是生产损失？什么是非生产损失？各包括哪些内容？

2.什么是可修复废品？什么是不可修复废品？二者的损失有何不同？

3.什么是废品损失？废品损失包括哪些内容？

4.什么是停工损失？停工损失包括哪些内容？

5.废品损失和停工损失如何分配结转？

○ 本章实验

实验一　可修复废品损失的核算

实验目的：掌握可修复废品损失的核算。

实验资料：某企业在生产过程中发现 6 件甲产品为可修复废品，已修复入库。发生的修复费用为：材料费用 1 200 元，修复人员工资 800 元，提取相应的福利费 112 元。经调查确定应由过失人赔偿 200 元。

实验要求：编制相关会计分录核算可修复废品损失。

实验二　不可修复废品损失的核算

实验目的：掌握不可修复废品损失的核算。

实验资料：某企业 201×年 7 月份生产 A 产品 240 件，生产过程中发现其中有 12 件不可修复废品。该产品成本明细账中归集的合格品和废品的生产费用合计为：直接材料 96 000 元，直接人工 52 800 元，制造费用 91 200 元。原材料在生产开始时一次性投入。合格品的生产工时为 22 200 小时，废品的生产工时为 1 800 小时。废品残值计价 360 元。

实验要求：按所耗实际费用核算不可修复废品损失，编制相关会计分录。

实验三　停工损失的核算

实验目的：掌握停工损失的核算。

实验资料：某厂设有第一、第二两个基本生产车间，大量生产甲产品。201×年 8 月份第一车间由于原材料供应商违约造成停工待料 4 天，停工期间应支付生产工人工资5 200元，应提取的福利费为 728 元，应负担的制造费用 572 元；经协商，原材料供应商同意赔偿 2 600 元。本月份第二车间因设备故障停工 3 天，停工期间应支付生产工人工资3 900元，应提取的福利费为 546 元，应负担的制造费用 624 元。

实验要求：编制相关会计分录核算停工损失。

案例分析

1.舒廷飞等在发表于《同济大学学报(自然科学版)》2005 年第 1 期的论文《哑铃湾网箱养殖完全成本模型研究》中,以广东省重要的水产养殖基地——哑铃湾为例,通过大量的实测数据和调查资料,建立了综合的、动态的和实用的网箱养殖完全成本模型,并对哑铃湾网箱养殖完全成本进行了计算。

他们认为,网箱养殖的完全成本包括以下几个部分:

(1)直接成本。包括网箱养殖过程中投入的各种直接成本费用,主要包括运输费、饵料费、鱼苗费、人工费、设备费(固定资产)、海域使用费(地租)和其他各种税金。

(2)水资源价值损失。指某一养殖时段前后水质的状态变化而引起的海水资源本身价值的损失。

(3)污染造成的社会、环境外部费用。指由于污染造成的社会、环境外部费用,可以分为三大部分:直接经济损失,主要包括研究区域由于污染导致的自然捕捞量减少、人工养殖数量减少和人工养殖品种质量降低;间接经济损失,主要是由海水被污染引起的当地旅游休憩以及相关行业社会经济收入减少的损失,也包括由污染造成的生态学意义上的损失;由养殖污染造成的水资源恢复费用。

要求:

(1)根据你所理解的成本概念,网箱养殖的成本是否应该包括以上内容?如果不是,应该包括哪些部分?为什么?

(2)为什么作者构建上述网箱养殖的完全成本模型?

2.天津开发区的一家工厂里,几名诺基亚的财务和质量部门人员与该厂的人员经过简单磋商,大家在一份文件上共同签字后,工厂的库房里面价值成百上千万的手机物料以及整机开始送到处理基地进行粉碎和销毁。销毁这些手机及生产物料,一是防止这些尾货手机流入市场,冲击现有的营销和服务体系;二是这些专用物料的手机型号已经不再生产,需要报废。

要求:

(1)分析该企业处理和销毁的这些手机和生产物料成本是预算之内的吗?应该由谁来承担?

(2)处理和销毁的这些手机和生产物料成本应如何计算?

第六章　生产费用在完工产品与在产品之间的分配

学习目标

通过本章学习，掌握完工产品、在产品、约当产量等重要概念，掌握生产费用在完工产品与在产品之间分配的方法，熟悉在产品清查的核算及完工产品成本的结转。

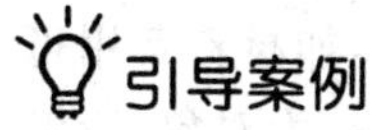

一夸脱蒸馏水如何能值 17 美元？

成本分配是生活中不可回避的一面。在落基山脉滑雪摔伤了一条腿后，Gindy Chase 终于发现了这一事实。在丹佛大学医院里的 4 天，花了她 10 000 多美元，Gindy Chase 有健康保险，但她仍对 4 天花了这么多钱感到不可理解，其原因在于成本分配。

账单上一个吸引 Gindy 注意的项目是价值 17 美元的一夸脱蒸馏水。她发现它的直接成本只有 3.4 美元，但直接成本之外的其他杂费却为 13.60 美元，相当于 4 倍的直接成本。丹佛大学医院的工作人员向她提供了这 13.60 美元费用的细目：

医院蒸馏水管理员的工资与设备	4.25 美元
失误的保险，教学与管理费	3.40 美元
治疗未保险病人的成本	5.10 美元
利润	0.85 美元
合计	13.6 美元

治疗未保险病人的 5.10 美元意味着 Chase 补贴了那些未保险的病人。丹佛大学医院的管理者承认这种成本分配中存在着交叉补贴。他解释道："我们把某些照顾未保险病人的成本转嫁到那些有保险者或不必自己付款的人身上，没人喜欢这样。但传统上一直就是这样做的。"

以承受能力为成本分配标准是丹佛大学医院这种成本分配的最好解释。

（资料来源：ABC 世界新闻，1993-04-14.）

第一节　生产费用的汇总

生产费用的汇总指经过要素费用和综合费用在各种产品之间的分配和归集，凡应计入本月产品成本的各项费用，都已记入“基本生产成本”账户借方及各产品成本计算单的有关成本项目中。本节主要从生产费用汇总的角度对各项费用的分配进行系统归纳，并在此基础上讨论生产费用在完工产品与在产品之间的分配问题，从而全面掌握产品成本核算的全过程。

产品生产过程中发生的生产费用分为直接计入费用和间接计入费用，直接计入费用可以直接计入产品成本，间接计入费用则需先按费用发生的地点和用途进行归集，然后采用一定的分配方法分配计入产品成本。所以，产品生产费用的发生过程，也是产品制造成本的形成过程。生产费用的汇总是以特定产品为中心，归集应由各特定产品应负担的要素费用和综合费用，进而计算各特定产品的成本。但是生产费用的汇总与要素费用、综合费用的分配是同一个问题的两个方面，二者在数额上不一定相等，因为要素费用和综合费用是按照用途进行分配的，不一定全部用于产品生产（计入产品生产成本），如材料费用可以用于产品生产，也可以用于其他方面。生产费用的汇总强调以各特定产品为对象，所汇总的也不一定都是本期发生的费用，可能有前期发生的费用。

为了进行生产费用的汇总工作，需要注意以下几点：

(1)生产费用的汇总程序必须与企业生产特点相适应。进行生产费用的汇总时必须充分考虑企业的生产类型和特点：是单步骤生产还是多步骤生产？是单品种生产还是多品种生产？是大量大批生产还是单件小批生产？以便采用不同的汇总程序。只有这样，才能正确地计算产品成本。

(2)生产费用的汇总程序必须与企业管理的要求一致。成本核算必须满足企业管理的要求，为企业生产经营决策提供及时、准确的会计信息，防止汇总程序过于烦琐或过于简单。例如，管理上如果需要了解产品生产过程中废品损失的数额，成本核算时就必须对废品损失进行单独核算，以提供废品及其损失数额的有关信息；否则，就没有必要单独核算废品损失，从而简化汇总程序。对于大量大批的多步骤生产类型，是否计算中间步骤半成品的成本，则完全取决于成本管理的要求。

(3)遵循“直接费用直接计入，间接费用分配计入”的原则。在生产费用汇总过程中，凡是可以直接计入产品成本的生产费用，应尽可能直接计入“基本生产成本”账户及其产品成本计算单中；凡是不能直接计入产品成本的生产费用，应该先按生产费用发生的地点或用途进行归集，然后再选择一定的分配方法，分配计入产品成本，以保证产品成本计算的正确性。

生产费用汇总的程序见图 6-1 所示。

从生产费用汇总程序图可以看出，经过生产费用的汇总，凡应计入本月产品成本的各项费用，都已记入“基本生产成本”账户及各产品成本计算单的有关成本项目中。如果该产品月末全部完工验收入库，无期末在产品，则产品成本计算单中期初在产品成本和本期投入生产费用之和，即累计生产费用就是当月完工产品总成本，除以总产量即为单位产品

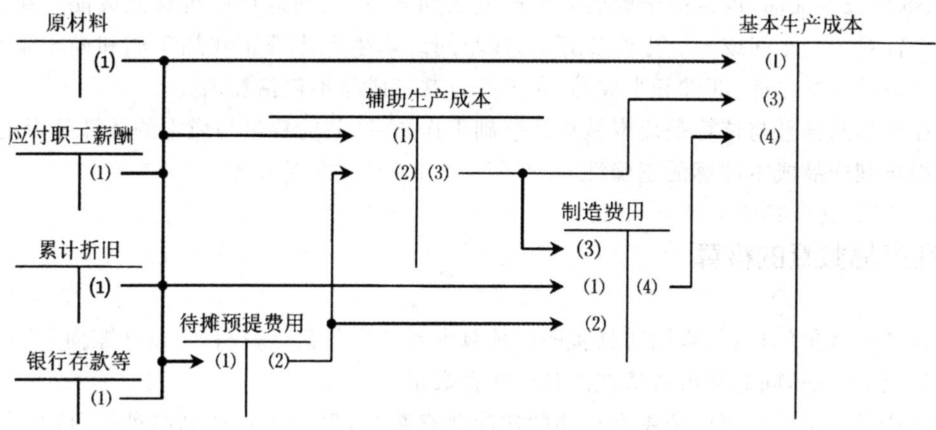

图 6-1　生产费用汇总程序图

说明:(1)要素费用的分配;(2)待摊、预提费用的分配;(3)辅助生产费用的分配;(4)制造费用的分配。

成本;如果该产品月末都未完工,则产品成本计算单中累计生产费用就是在产品成本。在大量大批生产的企业里,月终一般都有一定数量的在产品。这样,产品成本计算单中累计生产费用,就需采用适当的方法在完工产品与在产品之间分配。

月初在产品成本、本月生产费用、本月完工产品成本和月末在产品成本四者之间的关系,可用下列公式表示:

月初在产品成本+本月生产费用=本月完工产品成本+月末在产品成本

公式前两项是已知数,后两项是未知数。公式前两项费用之和,在完工产品与月末在产品之间需要采用一定的方法进行分配。通常有两种模式:

(1)先计算在产品成本,然后倒挤出完工产品成本。其计算公式如下:

本月完工产品成本=月初在产品成本+本月生产费用-月末在产品成本

(2)按照一定的分配标准,同时计算完工产品与在产品成本。

无论采取哪种方式,都必须正确组织在产品的数量核算,取得在产品收、发和结存的数量资料,这是正确计算完工产品成本所必需的。

第二节　在产品数量的核算

一、在产品的含义

在产品又称在制品,通常有广义和狭义两种含义。广义在产品是针对整个企业的,没有完成全部生产过程,不能作为商品销售的产品。具体包括正在各车间加工或装配中的零件、部件或半成品，以及尚未验收入库产成品和等待、正在返修的可修复废品。狭义在产品是针对某一车间或某一生产步骤的，该车间或该生产步骤正在加工的和尚未验收入自制半成品库的零件、部件和半成品，完工的自制半成品不包括在内。

在产品的管理与核算是成本核算的基础工作，在产品的数量与成本的核算是否正确，直接影响到产品成本计算的正确性。

二、在产品数量的核算

在产品数量的核算，应同时具备账面核算资料和实际盘点资料，以便从账面上随时掌握在产品的动态，同时又可查清在产品的实存数量。

在产品成本的计算应依据在产品的实际盘存数量，但由于在产品品种多、数量大，每月组织实地盘点确有困难，也可根据在产品业务核算资料的期末结存量来计算在产品成本。车间在产品收、发、结存的日常核算，通常通过“在产品收发结存账”进行，由于它通常在操作的工作台上登记，故又称之为“在产品台账”。该账应按车间，并按照产品品种和在产品的名称(零部件名称)设置，根据领料凭证、在产品内部转移凭证、产品检验凭证和产品交库凭证及时登记，最后由车间核算人员审核汇总，该账能够提供车间各种在产品收发结存动态的业务核算资料。完善在产品收、发、结存日常核算的原始凭证，健全在产品流转的交接手续，对于正确计算在产品成本，加强生产管理，保护在产品的安全与完整具有重要意义。“在产品收发结存账”格式见表 6-1 所示。

表 6-1　在产品收发结存账

车间名称:第一车间　　　　零部件名称:5208　　　　单位:件

日期	摘要	收入		完工				转出		结存
		凭证号	数量	凭证号	合格品	废品	短缺	凭证号	数量	
4/30	结存									100
5/1			300		350	10	—		350	40
2			280		300		2		300	18
⋮	…									
31	合计		6 300		6 000	68	14		6 000	318

三、在产品的清查

为了核实在产品实际结存数量，保证在产品账实相符，应该定期或不定期地进行在产品清查，保护在产品的安全完整。清查结果，根据实际盘点数和账面资料编制“在产品盘点表”，列明在产品的账面数、实有数、盘盈盘亏数，以及盘亏的原因和处理意见等；对于报废和毁损的可以回收利用在产品，还要登记其残值。企业成本核算人员应认真审核在产品盘存表，并报有关部门审批，同时对在产品盘盈、盘亏进行账务处理。

在产品发生盘盈时，按计划成本或定额成本记入“基本生产成本——×产品”账户的借方，“待处理财产损溢”账户的贷方；按照规定核销时，应记入“待处理财产损溢”账户的借方，“制造费用”账户的贷方，冲减制造费用。

在产品发生盘亏和毁损时，记入“待处理财产损溢”账户的借方，“基本生产成本——×产品”账户的贷方，冲减在产品账面成本。毁损在产品的残值，记入“原材料”“银行存款”等账户的借方，“待处理财产损溢”账户的贷方。按规定核销时，应根据不同情况分别将损失从“待处理财产损溢”账户的贷方转入有关账户的借方。其中准予计入产品成本的损失，转入“制造费用”账户的借方；由于自然灾害造成的非常损失，保险公司的保险赔款部分，记入“其他应收款”账户的借方；其余方面的损失记入“营业外支出”账户的借方；应由过失单位或过失人员赔偿损失的记入“其他应收款”账户的借方。

对于库存半成品动态及其清查的核算，可比照材料存货核算进行。辅助生产的在产品数量核算与基本生产基本相同。

第三节　生产费用在完工产品和在产品之间的分配

一、生产费用在完工产品和在产品之间的分配方法

由于在产品具有品种规格多、流动性大、完工程度不同等特点，如何合理、简便地划分完工产品成本和月末在产品成本，成为产品成本计算工作中一个重要而复杂的问题，尤其对于产品结构复杂、零部件种类和加工工序较多的企业，更是如此。企业应根据月末在产品数量的多少、各月月末在产品数量变化的大小、各项成本项目比重的大小、企业定额管理基础工作的好坏等情况，来选择确定适当的分配方法。

完工产品和在产品成本的划分应该按成本项目进行，一般情况下，各成本项目的成本都应在完工产品和月末在产品之间分配，以保证正确计算产品成本。但是在对产品成本计算正确性影响不大的情况下，为了简化成本计算工作，月末在产品也可以只负担部分成本项目的成本。

生产费用在完工产品和在产品之间的分配方法，主要有以下七种。

（一）不计算在产品成本法

对于月末在产品数量很少，价值很低，而且各月在产品数量比较稳定，不计算在产品成本对完工产品成本影响不大时，为了简化核算工作，可以不计算在产品成本。在这种情况下，各产品成本计算单中归集的本月发生的全部生产费用是本月该种完工产品总成本，除以产量就是单位完工产品成本。这种方法主要适合于供水、发电、采掘等企业。

（二）按年初固定成本计算在产品成本法

对于月末在产品数量很少或者在产品数量虽大，但各月比较稳定，月初、月末在产品

成本差额对于完工产品成本影响不大的产品，为了简化核算工作，同时又反映在产品占用资金的情况，年度内各月在产品成本按年初在产品成本固定数计算。在这种情况下，各月月末在产品成本不变，月初与月末在产品成本相等，各产品成本计算单中归集的本月发生的生产费用就是本月该种完工产品的总成本。

采用在产品成本按年初数固定计算的方法，在年终，必须根据在产品实际盘点数量，运用其他方法重新调整、计算年末在产品成本，作为下一年度各月固定计价的在产品成本，以免按年初固定成本计算的在产品成本与实际差距过大，影响成本计算的正确性。一般来说，利用固定容器装置进行生产的炼铁、化工等企业，由于其具有生产比较稳定、各月末在产品数量变化不大的特点，适合采用这种方法。

(三)约当产量比例法

如果月末在产品数量较多，各月末在产品数量变化较大，而且产品成本中直接材料费用、直接人工及制造费用比重相差不悬殊，则可采用约当产量比例法计算月末完工产品与在产品成本。

约当产量比例法又叫折合产量比例法。它先将月末在产品的实际数量按其完工程度(包括投料程度和加工程度)折合为大约相当于完工产品的数量，然后把产品成本计算单中的累计生产费用，按照完工产品产量与月末在产品约当产量的比例分配的一种方法。

由于各种产品投料方式不同，各项费用发生的时间也不一致，因此必须分别不同的成本项目计算约当产量。其中，直接材料成本项目的约当产量按投料程度计算；燃料和动力、直接人工、制造费用等其他成本项目的约当产量应按加工程度计算。

约当产量法计算公式如下：

$$\text{月末在产品约当产量}=\text{月末在产品数量}\times\text{完工程度}$$

$$\text{费用分配率}=\frac{\text{月初在产品成本}+\text{本月生产费用}}{\text{完工产品产量}+\text{月末在产品约当产量}}$$

$$\text{完工产品成本}=\text{完工产品产量}\times\text{费用分配率}$$

$$\text{月末在产品成本}=\text{月末在产品约当产量}\times\text{费用分配率}$$

或：

$$\text{月末在产品成本}=\text{月初在产品成本}+\text{本月生产费用}-\text{完工产品成本}$$

从约当产量法计算公式可以看出，完工产品和在产品成本划分的关键是月末在产品约当产量的计算，而月末在产品约当产量计算的关键是合理确定在产品的投料程度和加工程度或完工程度。

1.在产品投料程度的确定

(1)如果原材料是生产开始时一次投入，则月末在产品投料程度为100%。此时无论月末在产品的完工程度如何，直接材料成本项目都不需要计算月末在产品的约当产量，直接按照完工产品产量和月末在产品数量比例进行分配。

(2)如果原材料是随产品生产加工过程逐步、均衡投入，则月末在产品投料程度与加工程度基本一致，各成本项目的费用也是同比例增加的，在产品投料程度可以按加工程度计算。如果投料、加工都均衡发生，在产品又均衡分布，则为了简化核算，在产品投料程度和加工程度可平均按50%计算。

(3)如果原材料是分工序且在每道工序开始时一次投入，则每道工序的在产品投料程度是不同的，这就需要分别工序计算各工序在产品的投料程度。计算公式如下：

$$\text{某工序在产品投料程度}=\frac{\text{本工序在产品累计材料消耗定额}}{\text{完工产品材料消耗定额}}\times 100\%$$

(4)原材料随产品生产进度陆续非均衡投放，则在产品投料进度的计算公式如下：

$$\text{某工序在产品投料程度}=\frac{\text{上工序累计材料消耗定额}+\text{本工序累计材料消耗定额}\times 50\%}{\text{完工产品材料消耗定额}}\times 100\%$$

【例6-1】假定某产品的加工需经过三道工序完成，原材料分三次在每道工序开始时一次投入，该产品材料消耗定额为200千克，其中第一工序投入80千克，第二工序投入60千克，第三工序投入60千克。三道工序在产品盘存数量分别为20件、30件和20件。则各工序在产品投料程度和约当产量的计算如表6-2所示。

表6-2　月末在产品约当产量计算表

工序	材料消耗定额	月末在产品数量	在产品投料程度	在产品约当产量
1	80	20	40%	8
2	60	30	70%	21
3	60	20	100%	20
合计	200			49

如果本月直接材料成本累计为14 832元，本月完工产品260件，则：

$$\text{直接材料成本分配率}=\frac{14\ 832}{260+49}=48$$

完工产品直接材料成本＝260×48＝12 480(元)

月末在产品直接材料成本＝49×48＝2 352(元)

2.在产品加工程度的确定

在产品的加工程度一般可以通过技术测定或用其他方法测定。

(1)如果产品加工进度比较均衡，且各工序在产品数量又均衡分布，则月末在产品的加工程度可以平均按50%计算。因为在这种情况下，第一工序在产品的加工虽然刚刚开始，但最后一个工序在产品则已接近完工，后面各工序在产品多加工的程度可以抵补前面几道工序少加工的程度，两者平均按50%计算，是比较合理的。

【例6-2】某企业生产甲产品，原材料于生产开始一次投入，本月完工入库产品480件，月末在产品数量为160件，加工程度为50%。则完工产品成本和月末在产品成本的分配见表6-3“产品成本计算单”所示。

表 6-3 产品成本计算单(约当产量比例法)

产品名称:甲产品　　　　202×年 6 月　　　　金额单位:元

摘　要	直接材料	燃料和动力	直接人工	制造费用	合计
月初在产品成本	3 100	650	720	940	5 410
本月生产费用	16 100	2 710	3 200	3 540	25 550
生产费用累计	19 200	3 360	3 920	4 480	30 960
单位成本(分配率)	30	6	7	8	51
本月完工产品成本	14 400	2 880	3 360	3 840	24 480
月末在产品成本	4 800	480	560	640	6 480

计算过程如下:

直接材料成本项目在产品约当产量＝160×100%＝160(件)

其他费用项目在产品约当产量＝160×50%＝80(件)

$$直接材料分配率=\frac{19\ 200}{480+160}=30$$

完工产品负担的直接材料成本＝480×30＝14 400(元)

在产品负担的直接材料成本＝160×30＝4 800(元)

$$燃料和动力分配率=\frac{3\ 360}{480+80}=6$$

完工产品负担的燃料和动力成本＝480×6＝2 880(元)

在产品负担的燃料和动力成本＝80×6＝480(元)

$$直接人工分配率=\frac{3\ 920}{480+80}=7$$

完工产品负担的直接人工成本＝480×7＝3 360(元)

在产品负担的直接人工成本＝80×7＝560(元)

$$制造费用分配率=\frac{4\ 480}{480+80}=8$$

完工产品负担的直接人工成本＝480×8＝3 840(元)

在产品负担的直接人工成本＝80×8＝640(元)

(2)如果产品加工进度不均衡,或者各工序在产品数量分布不均衡,则月末在产品的加工程度就不能平均按 50%计算,而应该分工序测定各工序在产品的加工程度。计算公式如下:

$$某工序在产品加工程度=\frac{前面各工序累计工时定额+本工序工时定额\times 50\%}{完工产品工时定额}\times 100\%$$

【例 6-3】某产品要经过三道工序加工完成,单位产品工时定额为 60 小时,其中第一工序工时定额为 12 小时,第二工序工时定额为 24 小时,第三工序工时定额为 24 小时。计算各工序在产品完工程度如下:

$$第一工序在产品加工程度=\frac{12\times 50\%}{60}\times 100\%=10\%$$

$$第二工序在产品加工程度=\frac{12+24\times50\%}{60}\times100\%=40\%$$

$$第三工序在产品加工程度=\frac{36+24\times50\%}{60}\times100\%=80\%$$

假如该种产品本月完工 500 件，三道工序在产品数量分别为 60 件、50 件和 80 件，该产品应负担的制造费用总额为 8 850 元，则计算在产品的约当产量，并同时计算完工产品和在产品应负担的制造费用如下：

第一工序在产品约当产量＝60×10％＝6(件)

第二工序在产品约当产量＝50×40％＝20(件)

第三工序在产品约当产量＝80×80％＝64(件)

合计：90(件)

$$制造费用分配率=\frac{8\ 850}{500+90}=15$$

完工产品负担的制造费用＝500×15＝7 500(元)

在产品负担的制造费用＝90×15＝1 350(元)

(四)定额比例法

定额比例法是将产品成本计算单中累计生产费用，按照完工产品和月末在产品的定额耗用量或定额成本的比例，分配计算完工产品成本和月末在产品成本的方法。其中，直接材料成本按原材料定额耗用量或原材料定额成本比例分配；燃料和动力、直接人工、制造费用等各项加工费用，则按定额工时的比例分配。该方法适用于定额管理基础较好，各项消耗定额或成本定额比较准确、稳定，各月末在产品数量变动较大的产品。采用这一方法，不仅分配结果比较合理，而且还便于将实际成本与定额成本相比较，考核和分析定额的执行情况。

定额比例法计算程序和方法：

1.分别按成本项目确定完工产品与月末在产品的定额耗用量或定额成本

直接材料成本项目：

完工产品材料定额耗用量＝单位产品材料消耗定额×完工产品产量

$$在产品材料定额耗用量=\sum(某工序单位在产品材料消耗定额\times该工序在产品数量)$$

$$完工产品材料定额成本=\sum(单位产品某材料消耗定额\times该材料计划单价)\times完工产品产量$$

$$在产品材料定额成本=\sum(\frac{某工序单位在产品}{某材料消耗定额}\times该材料计划单价)\times该工序在产品数量$$

其他成本项目：

完工产品工时定额耗用量＝单位产品工时消耗定额×完工产品产量

$$在产品工时定额耗用量=\sum(某工序单位在产品工时消耗定额\times该工序在产品数量)$$

如果在产品的种类和生产工序繁多，核算工作量较大，为了简化计算，月末在产品材料或工时定额耗用量可以不根据月末在产品数量具体计算，而采用倒挤法。其计算公式如下：

$$\text{月末在产品定额耗用量}=\text{月初在产品定额耗用量}+\text{本月投入产品定额耗用量}-\text{本月完工产品定额耗用量}$$

在上列倒挤法公式中，月初在产品定额耗用量根据上月成本计算资料取得；本月完工产品定额耗用量按前述方法计算取得；本月投入的定额耗用量的计算，其中原材料定额耗用量根据限额领料单所列资料计算取得，工时定额耗用量根据有关定额工时的原始记录计算求得。采用倒挤法还应每隔一定时期（一季或半年）对在产品进行盘点，根据在产品实存数量计算定额耗用量，以纠正倒挤法中出现的月末在产品数量与实存数不符的情况，确保成本计算资料的正确性。

2.确定各成本项目费用分配率

$$\text{费用分配率}=\frac{\text{月初在产品成本}+\text{本月发生费用}}{\text{完工产品定额成本（或定额耗用量）}+\text{月末在产品定额成本（或定额耗用量）}}$$

3.计算完工产品和月末在产品成本

月末在产品成本＝费用分配率×月末在产品定额成本（或定额耗用量）

完工产品成本＝费用分配率×完工产品定额成本（或定额耗用量）

或：

完工产品成本＝累计生产费用－月末在产品成本

【例 6-4】某产品由甲、乙两种零件组成，需耗用 A、B 两种材料，材料于生产开始时一次投入，甲、乙两种零件各经过两道工序加工，产品及零件定额资料见表 6-4、表 6-5 所示。

表 6-4　产品及零件材料成本定额

项目		A 材料（1 元/千克）	B 材料（2 元/千克）	小计	产品需零件个数	产品材料成本定额
甲零件	数量	8	2	12.00	1	12.00
	成本	8.00	4.00			
乙零件	数量	12	4	20.00	2	40.00
	成本	12.00	8.00			
合计						52.00

表 6-5　产品及零件工时定额

零件名称	第一工序（小时）	第二工序（小时）		产品需零件个数	产品工时定额
		本工序	累计		
甲零件	2	4	6	1	6
乙零件	1	2	3	2	6
合计					12

本月完工产品入库 1 000 件，月末在产品数量见表 6-6 所示。各工序在产品加工程度均为 100%。

表 6-6　在产品盘点表

零件名称	第一工序	第二工序
甲零件	10	20
乙零件	5	10

该产品本月累计生产费用为 129 670 元，其中：直接材料 105 320 元，直接人工 14 610 元，制造费用 9 740 元。则按定额比例法分配计算完工产品和月末在产品成本过程如下：

(1)计算完工产品和月末在产品定额

完工产品和月末在产品定额资料见表 6-7 所示。

表 6-7　定额资料计算表

名称		单位	数量		材料定额成本		工时定额耗用量	
			第一工序	第二工序	单位定额	总定额	单位定额	总定额
在产品	甲零件	件	10	20	12	360		140
	乙零件	件	5	10	20	300		35
	小计					660		175
完工产品		件	1 000		52	52 000	12	12 000
合计						52 660		12 175

在表 6-7 中，月末在产品工时定额耗用量计算如下：

甲零件工时定额耗用量 $=2\times10+6\times20=140$（小时）

乙零件工时定额耗用量 $=2\times5+3\times10=35$（小时）

(2)确定各成本项目费用分配率

$$直接材料分配率=\frac{105\ 320}{52\ 000+660}=2$$

$$直接人工分配率=\frac{14\ 610}{12\ 000+175}=1.2$$

$$制造费用分配率=\frac{9\ 740}{12\ 000+175}=0.8$$

(3)计算完工产品成本和月末在产品成本

完工产品成本和月末在产品成本见表 6-8 所示。

表 6-8　产品成本计算单(定额比例法)

产品名称：　　　　　　202×年 6 月　　　　　　金额单位:元

<table>
<tr><th colspan="2">摘　要</th><th>直接材料</th><th>直接人工</th><th>制造费用</th><th>合计</th></tr>
<tr><td colspan="2">生产费用累计</td><td>105 320</td><td>14 610</td><td>9 740</td><td>129 670</td></tr>
<tr><td colspan="2">单位成本(分配率)</td><td>2</td><td>1.2</td><td>0.8</td><td></td></tr>
<tr><td rowspan="2">本月完工产品成本</td><td>定额</td><td>52 000</td><td colspan="2">12 000 工时</td><td></td></tr>
<tr><td>实际</td><td>104 000</td><td>14 400</td><td>9 600</td><td>128 000</td></tr>
<tr><td rowspan="2">月末在产品成本</td><td>定额</td><td>660</td><td colspan="2">175 工时</td><td></td></tr>
<tr><td>实际</td><td>1 320</td><td>210</td><td>140</td><td>1 670</td></tr>
</table>

(五)在产品成本按定额成本计算法

在定额资料比较准确情况下,为了简化核算工作,月末在产品成本可按定额成本计算。产品成本计算单中全部生产费用扣除在产品定额成本,即为完工产品成本。计算公式如下:

完工产品成本＝生产费用合计－月末在产品定额成本

采用这种方法,月末在产品的实际成本与定额成本的差异全部由完工产品成本负担。在各月在产品数量变动不大,定额资料又较准确的情况下,月初、月末在产品应负担的差异基本上可以互相抵销,按定额成本计算在产品成本,对完工产品的实际成本影响不大。

【例 6-5】 某企业生产甲产品,本月完工入库 110 件,期末在产品 10 件。在产品生产工时 50 小时,单件材料定额成本 30 元,计划每小时燃料和动力费用 1 元/小时,直接人工 2 元/小时,制造费用 1 元/小时。则月末在产品定额成本计算如下:

在产品材料定额成本＝30×10＝300(元)

在产品燃料和动力定额成本＝2×50＝50(元)

在产品直接人工定额成本＝2×50＝100(元)

在产品制造费用定额成本＝2×50＝50(元)

在产品定额成本＝300＋50＋100＋50＝500(元)

完工产品成本的计算见表 6-9 所示。

表 6-9　产品成本计算单(在产品成本按定额成本计算法)

产品名称:甲产品　　　　　　202×年 6 月　　　　　　金额单位:元

摘　要	直接材料	燃料和动力	直接人工	制造费用	合计
月初在产品成本	700	100	200	100	1 100
本月生产费用	2 900	1 000	2 000	1 000	6 900
生产费用合计	3 600	1 100	2 200	1 100	8 000
月末在产品定额成本	300	50	100	50	500
本月完工产品成本	3 300	1 050	2 100	1 050	7 500

(六)在产品按完工产品成本计算法

在产品按完工产品成本计算法指按照完工产品成本计算月末在产品成本的方法。它适用于月末在产品已经接近完工,或者已经加工完毕,但尚未验收入库情况下在产品成本的计算。因为这时在产品所耗成本已经接近完工产品,为了简化核算工作,将其视同完工产品分配费用,即将产品成本计算单中的生产费用合计数,按照完工产品产量与月末在产品数量比例进行分配。这种方法实际上属于约当产量法的特殊情况,是在投料程度和加工程度均为100%时的约当产量法。

(七)在产品按所耗原材料费用计算法

在产品按所耗原材料费用计算是指仅将月末在产品所耗原材料费用作为在产品成本,将其余的生产费用全部作为完工产品成本的方法。这种方法一般适用于纺织、造纸、酿酒等企业,这些企业所生产的产品有一个共同的特点,就是原材料费用在产品成本中所占比重较大,为了简化核算工作,在产品成本只计算应负担的原材料费用,不计算加工费用,加工费用全部由完工产品负担,产品成本计算单中的生产费用合计数,扣除在产品负担的材料费用的余额就是完工产品成本。在产品应负担的原材料费用可以采用约当产量法、定额比例法、定额成本保留法等方法计算。

【例6-6】某企业生产甲产品,原材料在生产开始时一次投入。月初在产品成本(即月初在产品原材料费用)为4 500元,本月耗用直接材料16 200元,直接人工3 500元,制造费用5 000元。本月完工产品80件,月末在产品20件。按在产品只负担原材料费用计算完工产品和月末在产品成本如下:

$$\text{直接材料分配率}=\frac{4\ 500+16\ 200}{80+20}=207$$

月末在产品成本=20×207=4 140(元)

完工产品直接材料成本=80×207=16 560(元)

完工产品总成本=16 560+3 500+5 000=25 060(元)

二、完工产品成本的结转

通过以上各种方法,月末在产品成本计算单中的生产费用合计数被划分为完工产品成本与在产品成本两个部分。工业企业的完工产品,包括产成品、自制材料、工具和模具等,完工产品成本应从"基本生产成本"账户的贷方,转入有关账户的借方:其中完工入库产成品的成本,应转入"库存商品"账户的借方;完工自制材料、工具、模具等的成本,应分别转入"原材料""低值易耗品"账户的借方。"基本生产成本"账户有借方余额,就是基本生产车间月末在产品的成本,也就是占用在基本生产过程中的生产资金。月末结转完工产品成本的会计分录如下:

借:库存商品　　×××

　贷:基本生产成本——×产品　　×××

○ 思政德育课堂

外逃23年四川某粮油收储公司出纳被捕归案

1.案例资料

1996年12月4日至1997年5月8日，邓文双利用担任巴中市粮油收储公司出纳员职务上的便利，先后15次以支付业务费为由，在巴中市农业银行和地区发展银行套取本单位现金共计49万元用于自己赌博挥霍。怕事情暴露，邓文双于1997年5月12日下午4时携款潜逃。

远逃他乡，隐姓埋名。邓文双这一逃就长达23年。23年来，为逃避追捕，邓文双在广东广州、海南等地辗转躲藏。因为没有身份证，不敢到工厂打工，不敢乘坐交通工具，不敢生病就医，身上的钱财很快花光。从2018年开始，邓文双流落到海南省海口市美兰区下高村，靠收捡破烂维持生计。

2020年10月20日下午14时。

"邓文双!"一句久违的四川话在海南省海口市美兰区下高村一废旧收购点内响起，正在整理废旧物的沧桑老汉毫无防备应了声"嗯"。紧接着，一双手铐戴在了老汉手上。潜逃23年，邓文双最终还是难逃法律制裁。

邓文双被抓捕时，其简陋的出租房里堆放着废品垃圾，散发着难闻的气味，捡来的一个没有罩子的小风扇是房中唯一的电器。此时，他身上仅剩14元钱。

"这二十几年来我时不时就做噩梦，连昨晚都做梦被抓了，这些年活得好累。外逃后一直过着没有身份信息、饱一顿饿一顿的生活，住着60元一个月的破房，真后悔当时没有第一时间投案自首。"面对巴州公安人员，邓文双感慨万千。

（资料来源：中央纪委国家监委网站）

2.研讨问题

(1)财务人员利用职务之便贪污、受贿等犯罪行为反映了什么问题？应如何杜绝此类事件再次发生？

(2)财务人员怎样才能做到"出淤泥而不染"？

3.案例启示

"千里之堤，毁于蚁穴"，职务犯罪往往起源于最初的腐败意识。长期放弃对世界观的改造，是私欲膨胀、思想道德防线崩溃的主要原因，而思想道德防线的崩溃又是其人生观、价值观、权利观扭曲，走上犯罪道路的根本原因。因此，财务人员一定要加强党风廉政教育和职业道德教育，严格要求自己，树立正确的世界观、人生观、价值观，勤政廉政，务实清廉，自觉抵制各种腐败思想的侵蚀，筑牢反腐倡廉的思想防线。

○ 本章小结

经过要素费用和综合费用在各种产品之间的归集和分配，凡应计入本月产品成本的各项费用，都已记入"基本生产成本"账户借方及各产品成本计算单的有关成本项目中，实现了对生产费用的汇总。

通过对在产品的数量核算，依据台账记录或实物盘点确定在产品期末数量。

生产费用在完工产品和在产品之间的分配是本章的核心，企业应依据生产活动特点和管理要求选择适当的分配方法。生产费用在完工产品和在产品之间的分配方法，主要有：不计算在产品成本法，按年初固定成本计算在产品成本法，约当产量比例法，定额比例法，在产品成本按定额成本计算法，在产品按完工产品成本计算法，在产品按所耗原材料费用计算，共七种。约当产量法是这些方法中较为重要的方法，是学习的重点和难点。

○ 关键概念

在产品(work in process)　　完工产品(inventory of finished goods)

完工程度(degree of finishing)　　约当产量(equivalent production units)

○ 习　题

一、单项选择题

1.某企业生产产品经过两道工序，若原材料在每道工序开始时一次投入，原材料消耗定额第一道工序为 30 千克，第二道工序为 60 千克，则第二道工序在产品的投料程度为(　　)。

A.68%　　B.22%　　C.100%　　D.97%

2.某企业生产产品经过两道工序，各工序的工时定额分别为 30 小时和 40 小时，则第二道工序在产品的加工程度为(　　)。

A.68%　　B.69%　　C.70%　　D.71%

3.对于在产品的盘盈，按照规定核销时，一般冲减(　　)。

A.基本生产成本　　B.制造费用　　C.管理费用　　D.销售费用

4.先确定月末在产品成本，再倒挤出完工产品成本的方法是(　　)。

A.在产品按定额成本计价法　　B.定额比例法

C.约当产量比例法　　D.直接分配法

5.定额管理基础较好，各项消耗定额或费用定额比较准确、稳定，但各月末在产品数量变化较大的企业，在产品成本的计算通常采用(　　)。

A.定额成本法　　B.定额比例法　　C.原材料费用法　　D.约当产量法

6.将本月生产费用之和按照一定比例在完工产品和月末在产品之间进行分配，同时求得完工产品成本和月末在产品成本的方法是(　　)。

A.在产品按定额成本计价法　　B.定额比例法

C.在产品按原材料费用计价法　　D.在产品按完工产品成本计算法、

7.当各项消耗定额或费用比较准确、稳定，而且各月末在产品数量变化不大的产品，其月末在产品成本的计算方法可采用(　　)。

A.在产品按定额成本计价法　　B.在产品按完工产品计价法

C.在产品按约当产量比例法　　D.在产品按所耗原材料费用计价法

8.当月末在产品数量较大，各个月份之间月末在产品数量变化也较大，并且产品成本中直接材料费用和直接人工资费用等加工费用的比重相差不大时，可采用(　　)。

A.约当产量比例法　　B.定额比例法

C.在产品按原材料费用计价法　　D.在产品按定额成本计价法

9.对于验收入库的产成品成本，会计部门应将其产品成本从“基本生产成本”账户转入(　　)账户。

A.制造费用　　B.本年利润　　C.辅助生产成本　　D.库存商品

10.对于各月末在产品数量较大，数量变化也较大，原材料费用在成本中所占比重较大的产品，其在产品成本的计算，可采用(　　)。

A.在产品按固定成本计价法　　B.在产品按所耗材料费用计价法

C.约当产量比例法　　D.在产品按定额成本计价法

二、多项选择题

1.完工产品和月末在产品成本的计算模式主要有(　　)。

A.先计算完工产品成本，再计算在产品成本

B.先计算在产品成本，再倒挤完工产品成本

C.先计算月初在产品成，再计算月末在产品成本

D.将费用在完工产品和在产品之间按一定比例分配

2.完工产品与在产品之间分配成本费用的方法有(　　)。

A.约当量比例法　　B.直接分配法

C.定额比例法　　D.在产品按固定成本计价法

3.在产品按固定成本计价法，适用于(　　)。

A.各月成本水平相差不大

B.各月末在产品数量较多

C.各月末在产品数量较少

D.各月末在产品数量虽大，但各月之间变化不大

4.约当产量比例法适用于(　　)。

A.各月末在产品数量较大

B.各月末在产品数量变化较大

C.各月末在产品接近完工

D.产品成本中原材料费用和工资等其他费用比重相差不大

5.企业在选择在产品成本计算方法时应考虑的因素主要有(　　)。

A.在产品数量的多少　　B.各月在产品数量变化的大小

C.各项费用比重的大小　　D.定额管理基础的好坏

6.采用定额比例法计算产品成本时，所使用的定额主要有(　　)。

A.材料定额消耗量　B.材料定额费用　　C.定额工时　　D.材料计划成本

7.采用定额比例法计算在产品成本时，应具备下列条件(　　)。

A.定额管理基础较好　　B.消耗定额比较准确

C.各月末在产品数量变化不大　　D.各月末在产品数量变化较大

8.对于在产品的毁损，按规定核销时，可以计入(　　)账户

A.管理费用　　B.营业外支出　　C.其他应收款　　D.制造费用

9.下列属于先确定月末在产品成本，再倒挤出完工产品成本的方法是(　　)。

A.在产品按年初数固定计算法　　B.在产品按原材料费用计价法

C.在产品按完工产品成本计算法　　D.在产品按定额成本计价法。

10.不计算在产品成本法适用的情况是(　　)。

A.各月末在产品数量变化较大　　B.定额管理基础较好

C.月末在产品数量很小，价值很低　　D.各月在产品数量比较稳定的情况

三、思考题

1.什么是在产品？什么是半成品？什么是产成品？

2.完工产品和在产品之间分配费用的方法有哪些？各适用于什么样的情况？

3.什么是约当产量法？采用约当产量法计算产品成本，一般分为几个步骤？

4.在产品按定额成本计算法有何特点？

本章实验

实验一　约当产量法

实验目的：掌握约当产量法。

实验资料：某企业生产乙产品，202×年7月份完工验收1 500件，月末在产品750件，在产品完工程度为50%，原材料在生产开始时一次性投入。本月份月初在产品成本和本月发生的费用如下：

生产费用资料

单位：元

成本项目	直接材料	直接人工	制造费用	合计
月初在产品成本	31 500	9 450	4 050	45 000
本月生产费用	180 000	49 500	22 500	252 000
合计	211 500	58 950	26 550	297 000

实验要求：采用约当量法计算完工产品成本和月末在产品成本，并编制完工入库产品成本的会计分录。

实验二　约当产量法

实验目的：掌握完工程度的确定，约当产量的计算。

实验资料：某企业生产的B产品经过两道工序加工而成。202×年9月份月初和本月份发生的直接材料费用合计为22 200元，直接人工费用合计12 000元，制造费用合计9 000元。本月份完工产品4 176件，各工序月末在产品分别为1 440件和960件。原材料分工序在每道工序开始时一次性投入。各工序的材料消耗定额分别为360千克和240

千克；工时定额分别为30小时和20小时。

实验要求：

(1)计算完工程度和在产品的约当量；

(2)按约当量法分配计算完工产品和在产品的成本。

实验三　定额比例法

实验目的：掌握定额比例法。

实验资料：某企业生产M产品，本月份月初在产品成本和本月发生的费用如下：

生产费用资料

单位：元

成本项目	直接材料	直接人工	制造费用	合计
月初在产品成本	15 000	6 000	1 500	22 500
本月生产费用	72 000	45 840	63 300	181 140
合计	87 000	51 840	64 800	203 640

M产品本月完工100件，在产品20件，月末在产品投料程度为80%，加工程度为40%。完工产品的材料消耗定额为30千克，定额工时为20小时。

实验要求：采用定额比例法计算分配完工产品和月末在产品费用。

○ 案例分析

1.东方机械厂主要生产大型重型机械，用于矿山等企业，是国内矿山机械的龙头企业。该厂设有7个基本生产车间，分别生产矿山机械的各种零部件以及零部件的组装；另外，还设有4个辅助生产车间，为基本生产车间及其他部门提供劳务。

该厂现有会计人员36人，其中成本会计人员8人(不包括各个生产车间的成本会计人员)。由于该公司规模较大，现在实行两级成本核算体制，厂部和车间分别设置有关的成本费用明细账进行核算。

要求：

(1)根据该厂的具体情况，应采用什么核算体制(一级还是两级)？

(2)车间和厂部应设置哪些成本会计核算的岗位？

(3)车间和厂部应设置哪些成本总账和明细账？

(4)成本费用应按什么程序进行归集和分配？

(5)对企业现在实行的成本核算模式提出进一步改进的意见。

2.某小型生产企业，由于考虑成本—效益原则，所以在成本核算工作中存在一些不足，比如材料消耗是根据实际领料数量进行核算，没有考核标准，因而各月之间成本波动较大，而且领用材料计量不够准确，对于不能点数的材料采用目测的方法估算。鉴于存在的问题，企业经理决定进行整改。

要求：如果请你为经理出谋划策，请问你有哪些建议？

第三篇

产品计算方法

第七章　产品成本计算方法概述

学习目标

通过本章学习，了解企业生产类型的分类，理解并掌握企业生产特点和成本管理要求对成本计算方法的影响，理解产品成本计算的基本方法和辅助方法的划分及特点。

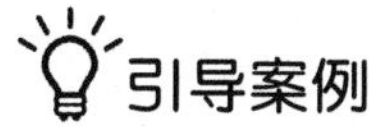

引导案例

鲁泰集团的成本管理经验

鲁泰集团是一家集纺织、印染和制衣于一体的公司。各纱厂24小时开工，周末不停工。工人在工作6天之后，休息2天。工人分成四班工作。每一个工人都按各项业绩指标进行考核。这些指标包括：生产率、速度、岗位责任制的遵守情况、准时出勤、安全、群众(同事间)给予的评价和工作积极性。

纺织厂把纱线加工成纺织品。其中一个重要的作业，是在织机上接线。一个工人每天能够接上8 000～100 000个线头，大约相当于一个机器上的工作量。如果织造的织物有多种颜色，在一架机器上就需要花费两个班的生产时间。鲁泰集团有自动化的设备，每分钟可以穿线140针(相当于每小时8 400针)，其速度等于人力接线的10～12倍之多。一般来说，采用自动化设备比较经济，但它不能处理比较复杂的、多种颜色的织物。

衬衫厂有700台机器，分成6个组。每一组都有完整的工序——从衬衫的第一道工序做到最后一道工序。对每一个组都确定了生产定额，通常是1 700件，但视产品不同也有差异。该厂每天大约生产10 000件衬衫。

生产一件衬衫，要经过5道工序。每一道工序大约有10个步骤(步骤的具体数目随产品即衬衫的式样而不同)。每道工序结束时，半成品都要经过检验。生产是按批量组织的。每一批量产品的一道工序的最后一个步骤结束时，工人带着他的产品到检验站去接受检验。有瑕疵的产品，发还给负责人。如果这一批量产品是个紧急任务，这个工人就得停止手上的工作，先返修次品，并由工长重新调整工作任务的安排。

公司把各个工人的收入公布于纺织厂，对有一些员工实行的是月薪制，对另外一些员工则实行计件制，工人按生产的件数，获得月度奖金。对实行月薪外的一些员工则实行计件制，工人按生产的件数获得月度奖金。对实行月薪制的工人，通常的生产定额是 1 700 件；如果实际完成超过 2 000 件，就可以获得一份奖金。

制造费用按照一定的标准向产品分配：纺织厂的标准以机器工时为单位，纺纱厂的以 1 000 锭为单位。

编制年度计划的过程都要经过自上而下的几度反复，一般会有三次反复。也要编制月度计划，包括一份成本预算、一份财务计划以及销售、采购和生产计划。该公司不采用滚动预算，但对特殊材料的采购每 3 个月编制一份滚动预算。

公司的生产管理部门从公司的管理层取得年度生产计划，将此年度计划分解成月度计划，然后再按各工厂分解生产计划。各工厂向上级递送生产报表，并对月度的生产情况（只对生产数量）进行检查。每天还要递送生产报表，召开生产会议。

（资料来源：瑞夫·劳森.管理会计在中国[M].杨继良，等译.北京：经济科学出版社，2010.）

第一节　生产特点和管理要求对成本计算的影响

一、产品的生产特点

企业的生产类型各不相同，产品种类多种多样，相应的生产周期长短不一，生产特点千差万别，所适用的成本计算方法也就有所不同。因此针对不同的生产企业，要想选择恰当的成本计算方法，应该先确定企业的生产类型及特点。按照工业生产的一般特点，企业的生产类型可依照生产工艺过程特点和生产组织特点进行分类。

（一）按产品生产的工艺过程特点分类

工艺指制造各种产品的工艺技术的具体方法，是劳动者利用劳动手段直接改变劳动对象的形状、尺寸、位置、性能和成分使其成为预期产品的过程。按产品的生产工艺特点，可将企业的生产分为单步骤生产和多步骤生产两种类型。

1.单步骤生产

单步骤生产又称简单生产，指生产工艺过程不能间断，不可能或不需要划分几个生产步骤的生产。单步骤生产的特点是工艺技术简单，生产周期短，生产只能由一个企业独立完成，不可能由几个企业协作进行，例如发电、采煤、供水等生产。

2.多步骤生产

多步骤生产又称复杂生产，指生产工艺过程可以间断，可以在不同地点、不同时间进行的生产，例如钢铁、机械制造等生产。多步骤生产的特点是工艺技术复杂，生产周期长，可以由一个或几个企业协作进行。多步骤生产按产品的加工方式不同，又分为连续式多步骤生产和装配式（平行式）多步骤生产两类。

（1）连续式多步骤生产。连续式多步骤生产是指原料投入生产后，要依次经过各生产步骤的连续加工，才能成为产品的生产。连续式多步骤生产的特点是除了最后一个步骤生产出产成品外，之前的每个步骤完工的都是自制半成品，必须经过后边层层环节的加工才成为企业所需要的产成品。典型的连续式多步骤生产企业有钢铁、冶金和造纸等生产企业。以造纸企业为例，其连续式多步骤生产示意图如图 7-1 所示。

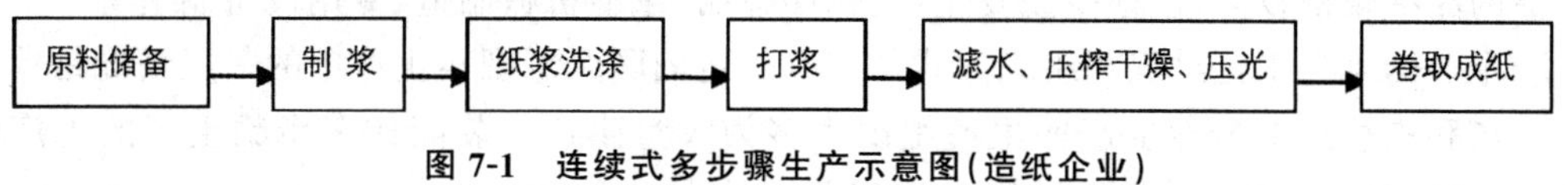

图 7-1 连续式多步骤生产示意图(造纸企业)

(2)装配式多步骤生产。装配式多步骤生产又称为平行式生产，是指先将原材料分别由几个生产步骤同时进行加工为零件、部件，再将零件、部件装配成产品的生产。装配式生产的特点是任何一个加工阶段完成后，都可以停止生产，各种零部件可以同时或先后在不同的部门进行生产。典型的装配式生产企业有汽车制造、机床制造、仪表制造等企业。装配式多步骤生产示意图如图 7-2 所示。

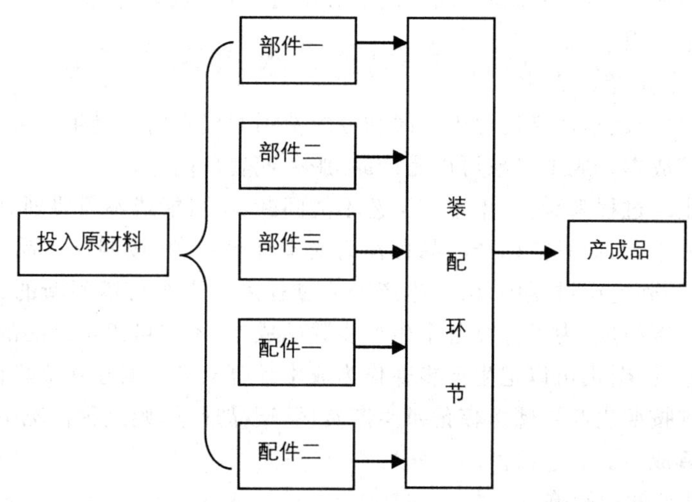

图 7-2 装配式多步骤生产示意图

(二)按照产品生产的组织方式特点分类

生产组织工作是指企业为保证生产过程中各因素相互协调的工作制度，其中的生产组织方式是指企业生产的专业化程度。工业企业的生产，按照生产组织方式的特点可以分为大量生产、成批生产和单件生产三种类型。

1.大量生产

大量生产是指不断重复生产一种或几种品种相同的产品生产。该类生产的特点是产品的品种较少，生产比较稳定，因而管理上只要求而且也只能够按照产品的品种计算成本，例如化肥、食糖、面粉的生产。

2.成批生产

成批生产是指按照事先约定的批量和数量，生产几种固定产品的生产，在该类生产中，产品的品种较多，而且具有一定的重复性，例如服装生产、工具制造等。成批生产按照批量的大小，可以分为大批生产和小批生产。大批生产接近于大量生产，小批生产接近于单件生产。

3.单件生产

单件生产是指根据购货单位的要求,生产个别的、特殊的产品的生产。该类生产中,产品的品种规格较多,但很少重复生产,例如造船、重型机械制造、专用设备制造等。

企业的生产工艺过程和组织方式之间有一定的联系。现实生产中的一般情况是单步骤生产和连续式多步骤生产的生产组织大多为大量生产。装配式多步骤生产的生产组织,则可以是大量生产、成批生产,也可以是单件生产。

二、生产特点对成本计算的影响

(一)生产特点对产品成本计算的影响

生产特点对成本计算方法的影响,主要表现在生产特点决定成本计算对象、成本计算期以及生产费用在完工产品和在产品之间的分配等,其中成本计算对象的确定是决定成本计算方法的主要因素。

1.对成本计算对象的影响

成本对象,是指成本计算过程中归属和分配费用而确定的承受生产费用的对象,也就是计算"什么的"成本。成本对象可以是产品、服务或者部门等。

从单步骤生产过程来看,由于生产工艺不能间断,不可能或不需要划分为几个生产步骤来计算产品成本,因而只能以产品品种作为成本计算对象,按照产品品种来计算成本。相对而言,在多步骤生产过程中,由于生产工艺过程由若干个可以间断的、分散在不同地点进行的生产步骤组成,为了计算各个生产步骤的成本,不仅可以把产品的品种或批别作为成本计算对象,同时也可以把生产步骤作为成本计算对象。对于小规模的企业而言,管理上如果不要求按照生产步骤考核记录生产费用、产品成本,则这种情况下一般按照产品品种或批别计算成本。

2.对成本计算期的影响

成本计算期,是指每次计算产品成本的期间,即多长时间计算一次成本。生产特点对成本计算期的影响,主要是由企业的生产组织决定的。

3.对生产费用在完工产品与在产品之间分配的影响

生产费用分配计入产品成本,也就是将产品生产过程中所消耗的原材料、工资、动力、固定资产折旧等费用,经过一系列的归集与分配,最后汇总成产品成本的过程。不同的生产类型,其生产费用分配的方法也不同。

在单步骤生产下,由于生产不能间断,生产周期短,月末一般没有在产品或在产品数量很少,因而在计算产品成本时,可以不考虑在产品的成本,生产费用不必在完工产品和在产品之间进行分配。在多步骤生产下,由于生产不间断,不断地投入产品,不断有完工产品,也不断有在产品生产,而且由于生产过程比较复杂,期末在产品的数量较大,因而,期末有必要将生产费用在完工产品和在产品之间进行分配。

(二)产品生产的组织对成本计算方法的影响

1.对成本计算对象的影响

在大量生产下,产品生产连续不断进行,大量生产品种相同的产品,只能按产品品种作为成本计算对象。大批生产下,产品批量大,重复生产同种产品,相当于大量生产,也只能按产品品种作为成本计算对象。小批生产,产品批量小,每批产品同时投产同时完工,因而可以按批别来计算产品成本。单件生产可以看作是批量小的小批生产,亦可以将产品的批别作为成本计算对象。

2.对成本计算期的影响

从生产组织特点来看,单件、小批量生产,其生产周期长,只能在某批产品或某件产品完工以后计算产品成本,因而成本计算与生产周期一致,与会计报告期不一致。大量大批生产,每月都有完工产品,就需要按月计算完工产品的产品成本,成本计算期与会计报告期一致,与生产周期不一致。

3.对生产费用在完工产品与在产品之间分配的影响

大量大批生产,生产连续不断进行,不断有完工产品和在产品的产生,生产周期长,因而在计算成本时,就要采用一定的方法,将生产费用在完工产品和在产品之间进行分配。

在小批、单件生产下,一批产品同时投产同时完工,完工后才能计算产品成本,因而不存在在完工产品与在产品之间分配费用的问题。

三、成本管理要求对产品成本计算方法的影响

产品成本的计算方法主要由生产类型决定,同时也受成本管理要求的影响,这种影响主要体现在成本计算对象的确定方面。

如在单步骤、大量生产类型下,产品生产工艺过程不能间断,生产步骤单一,管理上需要掌握各种产品的成本,所以只能以产品品种作为成本计算对象。在连续式多步骤生产、大量或大批生产类型下,产品的生产工艺过程可以划分为由若干个步骤组成,而且每一个步骤都有自制半成品,管理上需要掌握各步骤的半成品成本情况,所以可以以生产步骤作为成本计算的对象。装配式多步骤、成批或单件生产下,生产车间按照生产批量或定单组织生产,管理上要求掌握各个批别产品的成本,所以就要以产品批别作为成本计算对象。

第二节　产品成本计算的基本方法和辅助方法

通过对工业企业的生产特点和管理要求对成本计算方法影响的分析,我们了解到,成本计算工作中存在着不同的成本计算对象、成本计算期和生产费用在完工产品和在产品之间的分配。其中,成本计算对象是成本计算的核心,也是区别不同成本计算方法的主要标志。成本计算对象不同,成本计算方法也就不同。

一、产品成本计算的基本方法

在产品的成本计算工作中有三种不同的成本计算对象,分别为产品品种、产品批别和产品的生产步骤,相应的产品成本计算方法可以分为品种法、分批法和分步法。

(一)品种法

品种法是以产品品种作为成本计算对象,归集生产费用,计算产品成本的方法。品种法一般适合于大量、大批单步骤生产的企业,如发电、采掘等企业,也可以用于管理上不要求分步骤计算成本的大量、大批多步骤生产小型企业,如水泥厂、造纸厂等。

(二)分批法

分批法是以产品批别作为成本计算对象,归集生产费用,计算产品成本的方法。分批法主要适用于小批、单件的单步骤生产,或在管理上不要求分步骤计算成本的多步骤生产,如专用模型制造、重型机械制造。

(三)分步法

分步法指以产品生产步骤作为成本计算对象,归集生产费用,计算产品成本的方法。分步法一般适用于大量、大批的多步骤生产,比如纺织、冶金等。

综上所述,以上三种计算产品实际成本的基本方法和适用范围如表 7-1 所示,不同工业企业进行成本计算,可以根据自身的生产类型来选择。

表 7-1　产品成本计算的基本方法和适用范围

成本计算基本方法	生产组织	生产工艺过程和管理的要求
品种法	大量大批生产	单步骤生产或管理上不要求分步骤计算成本的多步骤生产
分批法	小批单件生产	单步骤生产或管理上不要求分步骤计算成本的多步骤生产
分步法	大量大批生产	管理上要求分步骤计算成本的多步骤生产

二、产品成本计算的辅助方法

实际工作中,除了使用品种法、分批法和分步法这三种成本计算的基本方法外,有些企业根据自身的需要,还广泛采用一些辅助方法,如分类法、定额法等。

分类法是以产品的类别作为成本计算对象,归集生产费用,计算生产费用,计算产品成本的方法。在这种方法下,先按照成本计算的基本原理计算各类别的产品成本,然后将各类别的完工产品成本在类内各种产品之间进行分配,计算各种产品成本。主要适宜于品种、规格繁多,但每类产品的结构、所用原料、生产工艺过程基本相同的企业。

定额法是以产品的定额为基础,加上(或减去)脱离定额的差异和定额变动差异来计算产品成本的一种方法。它主要适宜于定额管理基础好,产品生产定型,消耗定额合理且稳定的企业。

此外,近年来,不少企业借鉴应用了西方发达国家成本计算的方法,如变动成本法、标准成本法、作业成本法等。这些方法的应用与生产特点没有直接联系,而是服务于特定的管理要求,只要条件具备,这些方法在任何一种生产类型的企业均可运用。需要注意的是,这些方法由于没有涉及成本计算对象,只能和成本计算的基本方法结合运用,因此这些方法都属于产品成本计算的辅助方法。但是这些方法也很重要，例如定额成本法和标准成本法对于控制生产费用、加强成本分析有着重要的作用；变动成本法对于加强企业短期的生产经营预测和决策，发挥着较好的作用。

各种生产类型产品成本的计算，无论采用何种计算方法，最终都必须按照产品的品种计算出产品成本。因此，品种法是成本计算方法中最基本的方法。

○ 思政德育课堂

虚开增值税发票被检察院提起公诉

1.案例资料

2000年2月10日，建邦公司由法定代表人何某出面，与邵某及韩晓余、黄安迪、徐伟江签订了一份为期5年承包经营建邦公司的协议书。签约后，邵某等四人在建邦公司以承包人身份从事生产经营活动，并对生产经营活动中的经济往来进行单独记账。2001年8月至9月间，承包人之一黄安迪退出承包，当时曾就承包利润进行核算，承包人黄安迪以应收货款转移等方式获得分红。承包期满后，其余原承包人继续以上述方式记账。建邦公司被承包经营后，何某仍没有脱离对该公司的贷款、还款等事项的管理。

2002年1月，宁波江东鸿鹄贸易有限公司经理李鸿定与邵某电话联系业务时谈及增值税专用发票事宜，李提出其公司向其他单位购货后，其销售的客户不需要发票，其公司有多余发票，如需要可商量。为此，邵某征求何某的意见，何同意开些发票进来。之后，邵某与李鸿定联系开票事宜，双方明确具体操作方法为：邵某提供建邦公司所需发票的额度；李鸿定根据该额度，扣除开票费数额（价税合计3.8%至4%的比例），用现金从其使用的银行卡上汇入被告人邵某银行卡上；被告人邵某将该款转入建邦公司，建邦公司再加上被扣除的开票费汇付给由李鸿定指定的单位（实际与宁波江东鸿鹄贸易有限公司有货物买卖关系的供货单位）；最后，由收款单位会计苏某开具增值税专用发票给建邦公司。2002年1月至2005年4月间，邵某按上述方法为建邦公司从河北宝硕股份有限公司等12家单位虚开得增值税专用发票共44份。另外，邵某用直接支付给李鸿定上述同样比例的开票费的方法，以建邦公司为受票单位从宁波江东鸿鹄贸易有限公司虚开增值税专用发票14份。上述虚开的增值税专用发票共58份，价税合计14 990 796.00元，其中税额2 178 149.89元，建邦公司均已向国税部门申报抵扣。

案发后，浙江省余姚市人民检察院以被告人邵某、被告单位建邦公司、被告人何某、苏某犯虚开增值税专用发票罪，于2006年7月20日向浙江省余姚市人民法院提起公诉。

（资料来源：法律快车网 https://www.lawtime.cn/info/shuifa/sfal/201003308071.html）

2.研讨问题

(1)利用他人为自己开具增值税专用发票并用于抵扣税额的行为是否合法？应如何定性？

(2)在这起案件中，会计苏某负有什么样的责任和义务？

3.案例启示

我国关于虚开增值税发票的制度规定十分严格。虚开的税款数额在一万元以上或者致使国家税款数额被骗在五千元以上的就构成犯罪。对于此类犯罪的打击也十分严厉。虽然废除了死刑，但最高刑可以适用无期徒刑，因此，对于这样的“高压线”绝对不能触碰。

单位要着力做到政治意识再提高，学习教育再强化，工作责任再落实，廉洁自律再加强；认真查找风险点，做好风险防范，进一步严格管理监督，警钟常鸣。财务人员一定要坚定理想信念，加强政治学习，提高业务能力，严防红线，使自身能够时刻保持警醒，为财务管理的规范、正确做好能力的保障；廉洁自律，做讲规矩、守纪律、清清白白的财务人。

○ 本章小结

产品成本计算有各种不同的方法，这些方法的选择和运用，在很大程度上取决于企业的生产特点和管理要求。

按照工业生产的一般特点，产品的生产可依照生产工艺过程特点、生产组织特点来分类。按生产工艺过程特点分类，可以分为单步骤生产和多步骤生产，其中多步骤生产可再分为连续式多步骤生产和装配式多步骤生产；按照企业生产组织特点分类，可分为大量生产、成批生产和单件生产。

生产特点和成本管理要求都会影响成本计算方法。生产特点对成本计算方法的影响主要体现在成本计算对象、成本计算期和生产费用在完工产品与在产品之间分配的影响三个方面；成本管理要求对成本计算的影响，主要体现在成本计算对象的确定方面。

产品成本计算的方法包括基本方法和辅助方法。按照成本计算的基本对象为标志，成本计算的基本方法可分为品种法、分批法和分步法三种；成本计算的辅助方法主要有分类法、定额法、变动成本法、标准成本法和作业成本法等。成本计算的辅助方法由于没有涉及成本计算对象，因而只能和成本计算的基本方法结合运用。在成本计算方法中，品种法是最基本的方法。

○ 关键概念

单步骤生产（single step production）
多步骤生产（multi-step production）
成本计算对象（cost calculation object）
成本计算期（costing period）
品种法（parieties method）
分批法（patch process method）
分步法（processmethod）

○ 习　题

一、单项选择题

1.服装生产、工具制造属于（　　）。

A.大量生产　　B.单步骤生产　　C.成批生产　　D.单件生产

2.造船、重型机械制造、专用设备制造属于（　　）。

A.大量生产　　B.单步骤生产　　C.成批生产　　D.单件生产，

3.最基本的成本计算方法是(　　)。

A.品种法　　B.分批法　　C.分步法　　D.分类法

4.在大量、大批、单步骤生产或管理上不要求分步骤计算成本的多步骤生产企业里，应采用的成本计算方法是(　　)。

A.品种法　　B.分批法　　C.分类法　　D.分步法

5.在大量、大批生产且管理上要求分步骤计算成本的多步骤生产企业里，应采用的成本计算方法是(　　)。

A.品种法　　B.分批法　　C.分类法　　D.分步法

6.在小批单件、单步骤生产或管理上不要求分步骤计算成本的多步骤生产企业里，应采用的成本计算方法是(　　)。

A.品种法　　B.分批法　　C.分类法　　D.分步法

7.生产特点和管理要求对成本计算方法的影响主要表现在(　　)方面。

A.生产组织的特点　　B.工艺过程的特点

C.生产管理的要求　　D.产品成本计算对象的确定

8.在大量生产的企业里，要求连续不断地重复生产一种或若干种产品，因而管理上只要求而且也只能按照(　　)。

A.产品的批别计算成本　　B.产品的品种计算成本

C.产品的类别计算成本　　D.产品的步骤计算成本

9.以产品的类别作为成本计算对象，归集生产费用，计算产品成本方法的是(　　)。

A.品种法　　B.分批法　　C.分类法　　D.分步法

10.以产品的定额为基础，加上(或减去)脱离定额的差异和定额变动差异来计算产品成本的方法是(　　)。

A.定额法　　B.分批法　　C.分类法　　D.分步法

二、多项选择题

1.按产品的生产工艺特点，可将企业的生产分为(　　)。

A.单步骤生产　　B.大量生产　　C.单件生产　　D.多步骤生产

2.工业企业的生产，按照生产组织的特点可以分为(　　)。

A.单步骤生产　　B.大量生产　　C.成批生产　　D.单件生产

3.大量生产的特点是(　　)。

A.不断重复生产一种或几种品种相同的产品

B.产品的品种较少

C.生产比较稳定

D.产品的品种较多

4.成批生产的特点是(　　)。

A.按照事先约定的批量和数量，生产几种固定的产品

B.产品的品种较多

C.生产很少重复

D.生产具有一定的重复性

5.单件生产的特点是(　　)。

A.生产个别的、特殊的产品　　B.产品的品种规格较多

C.很少重复生产　　D.生产具有一定的重复性

6.单件、小批生产,生产周期较长,其成本计算期(　　)。

A.与生产周期一致　　B.与生产周期不一致

C.与会计报告期不一致　　D.与会计报告期一致

7.大量大批生产,每月都有完工产品,其成本计算期(　　)。

A.与生产周期一致　　B.与生产周期不一致

C.与会计报告期不一致　　D.与会计报告期一致

8.产品成本计算的基本方法有(　　)。

A.品种法　　B.分批法　　C.分步法　　D.分类法

9.下列属于成本计算辅助方法的是(　　)。

A.品种法　　B.定额法　　B.分步法　　D.分类法

10.品种法的适用范围是(　　)。

A.大量大批生产

B.小批单件生产

C.管理上要求分步骤计算成本的多步骤生产

D.单步骤生产或管理上不要求分步骤计算成本的多步骤生产

三、思考题

1.确定产品成本计算方法的原则是什么?

2.生产组织特点和管理要求对产品成本计算有哪些影响?

3.简述产品成本计算的基本方法和辅助方法。

4.制造业企业按其生产工艺特点,可以分为哪几类?

5.制造业企业按其生产组织特点,可以分为哪几类?

○ 案例分析

某火力发电厂除生产电力外还生产一部分热力。生产技术过程不能间断,没有在产品和半成品。火力发电是利用燃料燃烧所产生的高热,使锅炉里的水变成蒸汽,推动汽轮机迅速旋转,借以带动发电机转动,产生电力。火力发电厂一般设有下列基本生产分厂(车间):(1)燃料分厂;(2)锅炉分厂;(3)汽机分厂;(4)电气分厂。由于产电兼供热,汽机分厂还划分为两个部分,即电力化部分和热力化部分。

要求:

(1)分析和说明该厂在成本核算中应采取的成本计算方法。

(2)对于该厂生产的电力和热力应如何设置成本项目?

第八章　产品成本核算的基本方法

学习目标

通过本章学习，应了解产品成本计算品种法、分批法和分步法的含义，熟悉品种法、分批法和分步法的特点及适用范围，掌握品种法、分批法和分步法的适用范围、成本计算程序，能够熟练运用品种法、分批法和分步法进行产品成本的计算。

引导案例

阿迪朗达克旅行用品公司的分批成本法

作为1932年和1980年冬季奥运会的举办地，美国的普莱西德湖以其景色美丽闻名于世，而阿迪朗达克旅行用品公司就位于普莱西德湖几公里之外。公司的主要业务是生产各种独木舟和渔船，成本计算采用分批成本法。公司创始人梅格·威尔莫解释说："我们的生产是根据批别来组织的。现在，我们正在生产木质上等独木舟和铝制上等渔船，这两种产品在美国东北部各州和加拿大东部都很畅销。"威尔莫指出，在生产过程中会用到大量机器，但所有机器都是手工操作，很多时候，一名员工能够同时操作几台机器。"我们在保持竞争力、机械化生产和手工生产之间努力维持一种平衡，从本质上说，我们是一个传统的小型工作坊。从数量上来说，每一批产量都相对较小，而且各批之间的差别非常大。木质独木舟和渔船之间几乎没有什么相似点。"当被问到他的公司为什么会取得成功时，威尔莫回答："质量和价格。""在当今的商业环境中，无论你是制造独木舟还是生产计算机芯片，你都不得不制定有竞争力的价格。要以合理的价格为人们提供高质量的船或独木舟，我们就必须清楚产品的成本。既然每批产品相差很远，我们就应根据批别来记录成本，如同所有制造业务一样，我们的成本也包括材料、人工和间接费用。对每一批生产，我们将这3种成本归集在一起，用这一批的产品数量相除，就得到产品的单位成本。"

（资料来源：罗纳德·W.希尔恒.管理会计学[M].阎达五，等译.北京：机械工业出版社，2003.）

第一节　品种法

一、品种法的含义

产品成本计算的品种法，是按照产品品种归集生产费用，计算产品成本的一种方法。品种法是产品成本计算方法中最基本的方法，亦称简单法。它主要适用于大量大批单步骤生产企业，例如热力发电、煤炭采掘企业。这类企业的生产工艺过程不能间断，如热力发电厂燃烧煤使高压锅炉产生蒸汽，推动汽轮机高速转动，汽轮机再带动发电机产生电力，中间不能中断。同样，对于煤炭采掘企业来说，不论是机采还是手采，只要有采掘动作，就有煤块从煤炭矿体中剥离下来，中间无法停顿。因此，这类企业没有必要也不可能分生产步骤计算产品成本，而只能以产品品种作为成本计算对象。

在大量大批多步骤生产企业中，如果企业或车间的规模较小，或者车间是封闭式(即从原材料投入到产品产出的全过程，都是在一个车间内进行)的，或者生产是按流水线组织的，管理上不要求按照生产步骤计算产品成本，也可以采用品种法计算成本，即只要求计算各种产品的产成品成本。例如小型水泥厂、砖瓦厂、织布厂和一些大中型机器制造厂的封闭车间。

二、品种法的特点

(一)以产品品种为成本计算对象

品种法下产品的生产费用是按产品的品种归集，成本计算对象为产品品种。在采用品种法计算产品成本的企业或车间里，如果只生产一种产品，计算产品成本时，只需要以该种产品设置生产成本明细账，账内按照成本项目设置专栏。在这种情况下，所发生的全部生产费用都是直接计入费用，可以直接记入该产品生产成本明细账的有关成本项目，不需要在各成本计算对象之间分配费用；如果是生产多种产品，生产成本明细账就要按照产品品种分别设置，发生的直接费用可以直接计入各生产成本明细账的有关成本项目，间接费用则要采用适当的分配方法，在各成本计算对象之间进行分配，然后分别记入各生产成本明细账的有关成本项目。

(二)以月为成本计算期

品种法适用于大量大批单步骤生产，以及管理上不要求按照生产步骤计算产品成本的大量大批多步骤生产。由于大量大批生产的企业，其生产是连续不断地进行的，不断投入原材料，不断有产品完工，不可能产品一完工就马上计算其成本，而且也不可能等产品全部制造完工后再计算产品成本。因此，为了按月计算损益，成本计算只能按月定期进行，与会计报告期一致，而与产品生产周期不一致。

(三)月末一般需要将生产费用在完工产品与在产品之间进行分配

在月末计算产品成本时,如果没有在产品,或者在产品数量很少,占用生产费用数额不大,按照重要性原则,可以不计算在产品成本,即不需要将生产费用在完工产品与月末在产品之间进行分配。在各月产品生产成本明细账中归集的全部生产费用,就是各种完工产品的总成本,除以产量,就是各种产品的单位成本;如果月末有在产品,而且数量较多,占用生产费用也较大,就需要将各种产品生产成本明细账中所归集的生产费用,采用适当的分配方法,在完工产品和月末在产品之间进行分配,并分别计算出完工产品成本和月末在产品成本。

三、品种法的成本计算程序

成本计算程序是指对产品生产过程中所发生的各项生产费用,按照会计制度的规定,进行审核、归集和分配,计算完工产品成本和月末在产品成本的过程。品种法是产品成本计算方法中最基本的方法,它的成本计算程序,体现着成本计算的一般程序。品种法的成本计算程序如下:

(一)按产品品种设置有关成本费用明细账

根据企业确定的成本核算对象即产品的品种开设成本计算单,同时按产品品种开设基本生产成本明细账、辅助生产成本明细账、制造费用明细账,账内按成本项目设置专栏。

(二)归集和分配本月发生的各项要素费用

根据各项要素费用发生的原始凭证和其他有关资料,分配各种要素费用,编制各种要素费用分配表。根据要素费用分配表及其他有关费用的原始凭证,编制会计分录,登记基本生产明细账、辅助生产成本明细账、制造费用明细账、管理费用和销售费用明细账。

(三)分配辅助生产费用

将辅助生产成本明细账所归集的本月费用,采用企业确定的分配方法进行分配,编制辅助生产成本分配表,根据分配结果,编制会计分录,登记有关成本、费用明细账。

(四)分配制造费用

将基本生产车间制造费用明细账归集的本月费用,按照企业确定的分配方法,分配给该车间生产的各种产品,编制该车间的制造费用分配表,根据分配结果,编制会计分录,登记各产品成本明细账。

(五)计算并结转本月完工产品成本

根据产品成本明细账所归集的全部费用,采用适当的分配方法在完工产品与在产品之间进行分配,计算当月完工产品与在产品成本。计算各种完工产品的总成本、单位成本及在产品成本,根据计算结果编制会计分录,结转完工产品成本,登记各产品成本明细账。

四、品种法的应用

【例 8-1】

(一)企业概况

唐古拉工厂设有一个基本生产车间,两个辅助生产车间。基本生产车间经两个步骤大量生产甲、乙两种产品。辅助生产车间分别为机修车间和供电车间,为基本生产车间和企业管理部门提供服务。由于该厂规模较小,管理上不要求分步骤计算成本,因而,采用品种法计算甲、乙产品的成本,并设置直接材料、直接人工、燃料及动力和制造费用四个成本项目。两个辅助生产车间不对外提供商品和劳务,且规模较小,所以不单独核算辅助生产制造费用。

(二)唐古拉工厂 202×年 8 月份有关成本计算资料

1.产量资料

表 8-1　本月产品产量

单位:件

产品名称	月初在产品	本月投产量	完工数量(件)	月末在产品	
				数量(件)	完工程度
甲产品	600	8 000	7 900	700	60%
乙产品	300	3 000	3 100	200	50%

2.月初在产品成本资料

表 8-2　本月月初在产品成本

单位:元

产品名称	直接材料	直接人工	燃料及动力	制造费用	合计
甲产品	3 420	4 310	560	620	8 910
乙产品	410	2 360	580	870	4 220

3.本月发生的生产费用资料

(1)材料费用。本月生产甲产品耗用材料 6 800 元,乙产品耗用材料 3 600 元,生产甲、乙产品共同耗用材料 11 200 元(甲产品材料定额耗用量为 3 810 千克,乙产品材料定额耗用量为 1 790 千克)。基本生产车间耗用消耗性材料 2 400 元,机修车间耗用材料 900 元,供电车间耗用材料 1 200 元。厂部管理部门耗用材料 820 元。甲、乙产品耗用材料均于生产开始时一次投入。

(2)工资费用。基本生产车间生产工人工资费用 36 000 元,基本生产车间管理人员工资费用 3 500 元,机修车间人员工资费用 4 000 元,供电车间人员工资费用 5 200 元,厂部管理部门人员工资费用 5 800 元。

(3)外购动力费用。生产甲、乙产品共耗用水电费 8 400 元,基本生产车间一般耗用水电费 180 元，机修车间水电费 200 元，供电车间水电费 4 100 元，厂部管理部门水电费 120 元。（外购动力费用尚未支付）

（4）折旧费用。基本生产车间 1 560 元，机修车间 1 290 元，供电车间 2 600 元，厂部管理部门 950 元。

（5）其他费用。基本生产车间办公费 900 元，修理费 600 元，差旅费 380 元，劳保费 260 元；机修车间办公费 420 元，修理费 180 元，差旅费 270 元，劳保费 130 元；供电车间办公费 300 元，修理费 160 元，差旅费 210 元，劳保费 60 元；厂部管理部门办公费 620 元，修理费 60 元，差旅费 630 元，劳保费 130 元。企业全部用银行存款支付这些费用。

4.生产工时资料

甲产品耗用实际工时为 4 800 小时，乙产品耗用实际工时为 7 200 小时。

5.辅助生产车间提供劳务数量资料

本月机修车间共提供 1 578 工时的修理劳务，其中：基本生产车间耗用 1 438 工时，供电车间耗用 100 工时，厂部管理部门耗用 40 工时。本月供电车间的总供电量为 23 550 度，其中：生产甲产品耗用 6 850 度，生产乙产品耗用 10 000 度，基本生产车间一般耗用 5 000度，机修车间耗用 500 度，厂部管理部门耗用 1 200 度。

6.有关费用分配方法资料

（1）甲乙产品共同耗用材料按定额消耗量比例法分配；

（2）生产工人工资按产品生产工时比例法分配；

（3）甲乙产品共同耗用的外购动力费用按产品生产工时比例法分配；

（4）辅助生产费用按直接分配法分配；

（5）制造费用按产品生产工时比例法分配；

（6）甲乙产品的原材料均在生产开始时一次性投入，月末甲在产品加工程度为 60%，月末甲在产品加工程度为 50%，按约当产量法分配完工产品和月末在产品成本。

（三）成本计算程序及有关账务处理

1.设置产品成本计算单及其他明细账（略）

2.要素费用的归集和分配

根据有关原始凭证或原始凭证汇总表编制各种要素费用分配表，进行各种要素费用的分配。根据各种要素费用分配表编制会计分录，登记相应的明细账。

（1）编制材料费用分配表（见表 8-3）

表 8-3　材料费用分配表

202×年 8 月　　　　单位：元

应借科目		成本项目	直接计入	间接计入			合计
				定额消耗量	分配率	分配金额	
基本生产成本	甲产品	直接材料	6 800	3 810		7 620	14 420
	乙产品	直接材料	3 600	1 790		3 580	7 180
	小 计		10 400	5 600	2	11 200	21 600
制造费用		机物料	2 400				2 400

续表

应借科目		成本项目	直接计入	间接计入			合计
				定额消耗量	分配率	分配金额	
辅助生产成本	机修	机物料	900				900
	供电	机物料	1 200				1 200
	小 计		2 100				2 100
管理费用		材料费	820				820
合　计			15 720				26 920

根据表 8-3,编制会计分录如下:

借:基本生产成本——甲产品　14 420
　　　　　　　——乙产品　7 180
　制造费用　2 400
　辅助生产成本——机修　900
　——供电　1 200
　管理费用　820
　贷:原材料　26 920

(2)编制工资费用分配表(见表 8-4)

表 8-4　工资费用分配表

202×年 8 月　　单位:元

应借科目		成本项目	直接计入	分配计入			合计
				生产工时	分配率	分配金额	
基本生产成本	甲产品	直接人工		4 800		14 400	14 400
	乙产品	直接人工		7 200		21 600	21 600
	小 计			12 000	3	36 000	36 000
制造费用		工资费	3 500				3 500
辅助生产成本	机修	工资费	4 000				4 000
	供电	工资费	5 200				5 200
	小 计		9 200				9 200
管理费用		工资费	5 800				5 800
合　计			18 500				54 500

根据表 8-4,编制会计分录如下:

借:基本生产成本——甲产品　14 400
　　　　　　　——乙产品　21 600
　制造费用　3 500
　辅助生产成本——机修　4 000
　　　　　　　——供电　5 200
　管理费用　5 800
　贷:应付职工薪酬——应付工资　54 500

(3)编制外购动力费用分配表

表 8-5　外购动力费用分配表

202×年 8 月　　　　单位:元

应借科目		成本项目	直接计入	分配计入			合 计
				生产工时	分配率	分配金额	
基本生产成本	甲产品	燃料及动力		4 800		3 360	3 360
	乙产品	燃料及动力		7 200		5 040	5 040
	小 计			12 000	0.7	8 400	8 400
制造费用		水电费	180				180
辅助生产成本	机修	水电费	200				200
	供电	水电费	4 100				4 100
	小 计		4 300				4 300
管理费用		水电费	120				120
合　计			4 600				13 000

根据表 8-5,编制会计分录如下:

借:基本生产成本——甲产品　　3 360
　　　　　　　——乙产品　　5 040
　制造费用　　180
　辅助生产成本——机修　　200
　　　　　　　——供电　　4 100
　管理费用　　120
　贷:应付账款　　13 000

(4)编制折旧费用分配表(见表 8-6)

表 8-6　折旧费用分配表

202×年 8 月　　　　单位:元

应借科目		折旧额
制造费用	折旧费	1 560
辅助生产成本	机修车间	1 290
	供电车间	2 600
	小计	3 890
管理费用	折旧费	950
合计		6 400

根据表 8-6,编制会计分录如下:

借:制造费用　　1 560
　辅助生产成本——机修车间　　1 290
　　　　　　　——供电车间　　2 600
　管理费用　　950
　贷:累计折旧　　6 400

(5)编制其他费用分配表

在实际工作中,企业日常所发生的其他费用,在平时已经入账,因此,不需要再编制其他费用分配表。在学习成本计算时,为了使成本内容不缺少该部分,因此,这里根据有关资料,编制其他费用分配表,如表8-7所示。

表8-7　其他费用分配表

202×年8月　　单位:元

应借科目		办公费	修理费	差旅费	劳保费	合　计
制造费用		900	600	380	260	2 140
辅助生产成本	机修	420	180	270	130	1 000
	供电	300	160	210	60	730
	小 计	720	340	480	190	1 730
管理费用		620	60	630	130	1 440
合　计		2 240	1 000	1 490	580	5 310

根据表8-8,编制会计分录如下:

借:制造费用　　2 140
　辅助生产成本——机修车间　　1 000
　　　　　　　——供电车间　　730
　管理费用　　1 440
　贷:银行存款　　5 310

3.辅助生产费用的归集与分配

根据上述各种费用分配表和其他有关资料,将辅助生产费用归集在辅助生产成本明细账上,见表8-8和表8-9所示。

表8-8　辅助生产成本明细账

车间:机修车间　　202×年8月　　单位:元

202×年		凭证号	摘　要	机物料	工资	水电费	折旧费	其他	合 计
月	日								
略	略	略	根据材料费用分配表	900					900
			根据工资费用分配表		4 000				4 000
			根据动力费用分配表			200			200
			根据折旧费用分配表				1 290		1 290
			根据其他费用分配表					1 000	1 000
			合　计	900	4 000	200	1 290	1 000	7 390
			月末转出(红字)	900	4 000	200	1 290	1 000	7 390

表 8-9　辅助生产成本明细账

车间：供电车间　　　　202×年 8 月　　　　单位：元

202×年		凭证号	摘　要	机物料	工资	水电费	折旧费	其他	合计
月	日								
略	略	略	根据材料费用分配表	1 200					1 200
			根据工资费用分配表		5 200				5 200
			根据动力费用分配表			4 100			4 100
			根据折旧费用分配表				2 600		2 600
			根据其他费用分配表					730	730
			合　计	1 200	5 200	4 100	2 600	730	13 830
			月末转出(红字)	1 200	5 200	4 100	2 600	730	13 830

将归集在辅助生产成本明细账上的费用，采用直接分配法进行分配，编制辅助生产费用分配表，见表 8-10 所示，并编制会计分录，登记相应的明细账。

表 8-10　辅助生产费用分配表(直接分配法)

202×年 8 月　　　　单位：元

辅助生产车间	待分配费用	对外劳务数量	分配率	基本生产成本				制造费用		管理费用		合计
				甲产品		乙产品						
				数量	金额	数量	金额	数量	金额	数量	金额	
机修	7 390	1 478	5					1 438	7 190	40	200	7 390
供电	13 830	23 050	0.60	6 850	4 110	10 000	6 000	5 000	3 000	1 200	720	13 830
合　计	21 220				4 110		6 000		10 190		920	21 220

根据表 8-11，编制会计分录如下：

借：基本生产成本——甲产品　　4 110

　　　　　　　　——乙产品　　6 000

　　制造费用　　10 190

　　管理费用　　920

　贷：辅助生产成本——机修车间　　7 390

　　　　　　　　　——供电车间　　13 830

4.制造费用的归集与分配

根据上述各种费用分配表和辅助生产费用分配表等有关资料，将制造费用归集在制造费用明细账上，见表 8-11 所示。将归集在制造费用明细账上的制造费用，采用生产工时比例法进行分配，编制制造费用分配表，见表 8-12 所示，并编制会计分录，登记产品成本明细账。

表 8-11 制造费用明细账

车间:基本生产车间　　202×年8月　　单位:元

202×年		凭证号	摘要	机物料	工资	水电费	折旧费	其他	辅助生产费用	合计
月	日									
略	略	略	根据材料费用分配表	2 400						2 400
			根据工资费用分配表		3 500					3 500
			根据动力费用分配表			180				180
			根据折旧费用分配表				1 560			1 560
			根据其他费用分配表					2 140		2 140
			根据辅助生产费用分配表						10 190	10 190
			合计	2 400	3 500	180	1 560	2 140	10 190	19 970
			月末转出(红字)	2 400	3 500	180	1 560	2 140	10 190	19 970

表 8-12 制造费用分配表

车间:基本生产车间　　202×年8月　　单位:元

应借科目	生产工时(小时)	分配率	分配金额
基本生产成本——甲产品	4 800		7 988
——乙产品	7 200		11 982
合计	12 000	1.6642	19 970

根据表 8-13,编制会计分录如下:

借:基本生产成本——甲产品　　7 988

　　　　　　　——乙产品　　11 982

　贷:制造费用　　19 970

5.登记基本生产成本明细账

根据上述费用要素分配表、辅助生产费用分配表和制造费用分配表等,按产品分别登记产品成本明细账,见表 8-13 和表 8-14 所示。

表 8-13 基本生产成本明细账

本月完工:7 900 件

产品名称:甲产品　　202×年 8 月　　单位:元

202×年		凭证号	摘 要	直接材料	直接人工	燃料及动力	制造费用	合 计
月	日							
略	略	略	月初在产品成本	3 420	4 310	560	620	8 910
			根据材料费用分配表	14 420				14 420
			根据工资费用分配表		14 400			14 400
			根据动力费用分配表			3 360		3 360
			根据制造费用分配表				7 988	7 988
			生产费用合计	17 840	18 710	3 920	8 608	49 078
			结转完工产品成本(红字)	16 388	17 766	3 722	8 173	46 049
			月末在产品成本	1452	944	198	435	3029

表 8-14 基本生产成本明细账

本月完工:3 100 件

产品名称:乙产品　　202×年 8 月　　单位:元

202×年		凭证号	摘 要	直接材料	直接人工	燃料及动力	制造费用	合 计
月	日							
略	略	略	月初在产品成本	410	2 360	580	870	4 220
			根据材料费用分配表	7 180				7 180
			根据工资费用分配表		21 600			21 600
			根据动力费用分配表			5 040		5 040
			根据制造费用分配表				11 982	11 982
			生产费用合计	7 590	23 960	5 620	12 852	50 022
			结转完工产品成本(红字)	7 130	23 211	5 444	12 451	48 236
			月末在产品成本	460	749	176	401	1 786

6.计算完工产品与在产品成本

将产品成本明细账所归集的全部费用,采用约当产量法在完工产品与在产品之间进行分配,计算当月完工产品与在产品成本。同时编制会计分录,结转完工产品成本,登记各产品成本明细账。

甲产品成本计算过程如下:

$$直接材料费用分配率=\frac{17\ 840}{7\ 900+700}\approx 2.0744$$

完工产品应负担的直接材料费用=7 900×2.0744≈16 388(元)

月末在产品应负担的直接材料费用=17 840－16 388=1 452(元)

$$直接人工费用分配率=\frac{18\ 710}{7\ 900+700\times 60\%}\approx 2.2488$$

完工产品应负担的直接人工费用＝7 900×2.2488≈17 766(元)

月末在产品应负担的直接人工费用＝18 710－17 766＝944(元)

$$燃料及动力费用分配率=\frac{3\ 920}{7\ 900+700\times 60\%}\approx 0.4712$$

完工产品应负担的燃料及动力费用＝7 900×0.4712≈3 722(元)

月末在产品应负担的燃料及动力费用＝3 920－3 722＝198(元)

$$制造费用分配率=\frac{8\ 608}{7\ 900+700\times 60\%}\approx 1.0346$$

完工产品应负担的制造费用＝7 900×1.0346≈8 173(元)

月末在产品应负担的制造费用＝8 608－8 173＝435(元)

根据上述计算，编制甲产品成本计算单，见表 8-15 所示。

表 8-15　甲产品成本计算单

202×年 8 月

本月完工：7 900 件　　期末在产品：700 件　　单位：元

项　目		直接材料	直接人工	燃料及动力	制造费用	合计
月初在产品成本		3 420	4 310	560	620	8 910
本月生产费用		14 420	14 400	3 360	7 988	40 168
生产费用合计		17 840	18 710	3 920	8 608	49 078
分配率		2.0744	2.2488	0.4712	1.0346	5.829
完工产品	总成本	16 388	17 766	3 722	8 173	46 049
	单位成本	2.07	2.25	0.47	1.03	5.82
月末在产品成本		1 452	944	198	435	3 029

根据甲产品的成本计算单，结转完工产品成本，编制会计分录如下：

借：库存商品——甲产品　　46 049

　贷：基本生产成本——甲产品　　46 049

同样计算乙产品成本，编制乙产品成本计算单，如表 8-16 所示。

表 8-16　乙产品成本计算单

202×年 8 月

本月完工：3 100 件　　期末在产品：200 件　　单位：元

项　目		直接材料	直接人工	燃料及动力	制造费用	合计
月初在产品成本		410	2 360	580	870	4 220
本月生产费用		7 180	21 600	5 040	11 982	45 802
生产费用合计		7 590	23 960	5 620	12 852	50 022
分配率		2.3	7.4875	1.7562	4.0163	15.56
完工产品	总成本	7 130	23 211	5 444	12 451	48 236
	单位成本	2.3	7.49	1.76	4.02	15.57
月末在产品成本		460	749	176	401	1786

根据乙产品的成本计算单，结转完工产品成本，编制会计分录如下：

借：库存商品——乙产品　　48 236

　贷：基本生产成本——乙产品　　48 236

第二节　分批法

一、分批法的含义

分批法是按照产品批别归集生产费用，计算产品成本的一种方法。产品批别是指企业生产计划部门签发的生产任务通知单中规定并编号的产品批别。在成批组织生产的企业或车间中，产品批别是按照一定品种、一定批量产品划分的。实际中，产品的品种和批量往往根据客户的订单确定，因此分批法也称订单法。

二、分批法的特点

(一)以产品批别(单件生产为件别)作为成本计算对象

分批法是以产品批别(单件生产为件别)作为成本计算对象，据以开设生产成本明细账、归集生产费用和计算产品成本。产品批别是指企业生产计划部门签发的生产任务通知单中规定并编号的产品批别。企业一般根据订单签发一式多份的“生产任务通知单”，车间根据其安排生产，采购部门根据其准备材料，财务部门根据其开设生产成本明细账，计算产品成本。生产任务通知单通常是根据订单开设的，但并不都是一张订单就签发一张生产任务通知单，通常存在以下几种情况：

(1)若一张订单中规定的产品有多种，为了分别计算不同产品的生产成本和便于进行生产管理，可以按产品的品种划分批别开设生产任务通知单组织生产，计算成本。

(2)若在一张订单中只规定一种产品，但这种产品数量较大，不便于集中一次生产，或购货单位要求分批交货，也可以分几批开设生产任务通知单组织生产，计算成本。

(3)若在一张订单中只规定一件产品，但这件产品是由许多部件装配而成的大型复杂产品，则可按生产进度或构成部件分别开设生产任务通知单组织生产，计算成本。

(4)若多张订单中的订货数量过少，不便于组织生产，也可以把几个订单中的同种产品合并为一批，开设生产任务通知单组织生产，计算成本。

(二)以生产周期为成本计算期

分批法下，各批别的产品何时投产、何时完工都是比较明确的，为了保证成本计算的正确性，各批产品生产成本明细账的设立和结算，即产品成本负担的起讫期与生产任务通知单的签发与结束期一致，各批别产品的成本总额应在其完工以后计算确定，所以分批法下产品成本的计算是非定期的。也就是说，分批法的成本计算期与生产周期相同，而与会计报告期不一致。

(三)通常不需要将生产费用在完工产品与在产品之间进行分配

分批法下,成本计算一般在一批产品全部完工后进行,通常不存在批内完工产品与在产品分配生产费用问题。各批别的产品在未完工以前,生产成本明细账中归集的费用累计数就是在产品成本;当该批别的产品全部完工时,生产成本明细账中归集的费用就是完工产品总成本。

特殊情况下,当一个批别内的产品跨月陆续完工并分期陆续交货或验收,则需要将生产费用在完工产品与在产品之间进行分配,如果完工产品数量不多时,为简化成本核算,可以按计划成本、定额成本或近期实际成本计算结转完工产品成本;如果批内产品跨月陆续完工的产品较多,月末完工产品数量所占的比重较大时,则应选用适当的方法,如约当产量法、定额比例法等,在完工产品与月末在产品之间分配生产费用,以正确计算完工产品成本和月末在产品成本。不论采用哪一种方法,在该批次产品全部完工后,为了正确分析和考核该批产品成本计划的执行情况,还应计算该批全部产品的总成本和单位成本,但对已转账的完工产品成本,不作账面调整。

为使同一批别的产品尽量同时完工,避免跨月陆续完工的情况,减少在完工产品与月末在产品之间分配生产费用的工作,在合理组织生产的前提下,可以适当缩小产品的批量,但应注意的是,批量也不能过小,否则同样会增加成本核算的工作。

三、分批法的成本计算程序

(一)按产品批别设置有关成本费用明细账

根据企业确定的成本核算对象即产品的批别开设成本计算单,同时按产品批别开设基本生产成本明细账、辅助生产成本明细账、制造费用明细账,账内按成本项目设置专栏。

(二)按产品批别归集和分配本月发生的各项要素费用

根据各项要素费用发生的原始凭证和其他有关资料,分配各种要素费用,编制各种要素费用分配表。根据要素费用分配表及其他有关费用的原始凭证,编制会计分录,登记基本生产明细账、辅助生产成本明细账、制造费用明细账、管理费用和销售费用明细账。

(三)分配辅助生产费用

将辅助生产成本明细账所归集的本月费用,采用企业确定的分配方法进行分配,编制辅助生产成本分配表,根据分配结果,编制会计分录,登记有关成本、费用明细账。

(四)分配制造费用

将基本生产车间制造费用明细账归集的本月费用,按照企业确定的分配方法,分配给该车间生产的各批产品,编制该车间的制造费用分配表,根据分配结果,编制会计分录,登记各产品成本明细账。

(五)计算完工产品实际总成本、单位成本以及在产品成本,并结转本月完工产品成本

根据各批次产品生产成本明细账所归集的全部费用,采用适当的分配方法在完工产品与在产品之间进行分配,计算当月完工产品与在产品成本,编制完工产品成本汇总表,计算各种完工产品的总成本、单位成本及在产品成本,根据计算结果编制会计分录,结转完工产品成本,登记各产品成本明细账。

上述分批法成本计算程序，除了产品成本明细账的设置和完工产品成本计算的简化处理方法与品种法有所区别外，其他与品种法是完全一致的。

四、分批法的适用范围

分批法主要适用于单件小批生产的企业或车间。这类企业或车间的共同特点是产品不重复生产，即使重复也是不定期的，通常按照购货单位的订单来组织生产。由于不同订单所订购产品的具体生产要求不同，因此，需要按产品的批别进行成本计算。这类企业或车间主要包括以下几种类型：

(1)根据购买者订单组织生产的企业。这类企业通常根据客户的订单要求，生产特殊规格、特殊用途和特定数量的产品，如大型机械船舶、小型专用精密仪器、特型设备等。

(2)产品种类经常变动的小型制造企业。这类企业规模小，可以根据市场需要随时调整其产品的生产。如模具、五金、服装等生产企业。

(3)试制新产品的车间。企业研发的新产品通常需要先进行试生产，试制生产一般都属于单件或小批量生产，因此其成本计算应采用分批法。

(4)承揽修理业务的企业。修理业务多种多样，因此，需要根据承接的各种修理业务分别计算成本，如修配厂、修船厂等。

五、分批法的应用

【例 8-2】

(一)基本资料

雪山服装公司根据客户订单分批组织生产，采用分批法计算产品成本。202×年 8 月，有运动服、工作服和牛仔裤三批产品同时生产，按批号设置产品成本明细账登记产品成本。

成本核算的有关资料如下：

1.有关生产情况资料(见表 8-17)

表 8-17　202×年 8 月份生产情况

批号	产品名称	生产批量	投产日期	本月完工数量
901	运动服	1 200 套	7 月 7 日	1 200 套
902	工作服	800 套	7 月 23 日	600 套
903	牛仔裤	2 000 条	8 月 26 日	0 条

2.各批产品的月初在产品费用资料(见表 8-18)

表 8-18　月初在产品成本

202×年 8 月　　单位:元

批号	直接材料	直接人工	制造费用	合　计
901	36 000	24 000	6 000	66 000
902	24 000	8 000	2 400	34 400

(二)各批产品本月发生的各种费用

本月各批产品发生的各项费用汇总列示,见表 8-19 所示。

表 8-19 各批产品本月发生的费用

202×年 8 月　　单位:元

批号	直接材料	直接人工	制造费用	合　计
901	0	2 400	3 000	5 400
902	0	16 000	6 000	22 000
903	60 000	10 000	4 000	74 000

(三)相关成本核算

1.完工产品与在产品之间分配费用

本月 901 批号的产品已经全部完工,因而其成本明细账中归集的生产费用应全部作为完工产品成本;902 批号的产品属于部分完工,所以需要在完工产品与月末在产品之间进行费用分配,由于完工数量较大,所以采用约当产量法(原材料在开始生产时一次投入,在产品的完工程度为 80%);903 批号的产品全部都没有完工,因而其成本明细账中归集的生产费用应全部作为在产品成本。

2.登记各批产品的成本明细账

根据上述资料,登记各批产品的成本明细账,如表 8-20、表 8-21、表 8-22 所示。

表 8-20 基本生产成本明细账

生产批号:901　　生产批量:1 200 套　　本月完工数量:1 200 套

产品名称:运动服　　202×年 8 月　　单位:元

摘　要	直接材料	直接人工	制造费用	合　计
月初在产品成本	36 000	24 000	6 000	66 000
本月生产费用	0	2 400	3 000	5 400
累计生产费用	36 000	26 400	9 000	71 400
完工产品总成本	36 000	26 400	9 000	71 400
完工产品单位成本	30	22	7.50	59.50

表 8-21 基本生产成本明细账

生产批号:902　　生产批量:800 套　　本月完工数量:600 套

产品名称:工作服　　202×年 8 月　　单位:元

摘　要	直接材料	直接人工	制造费用	合　计
月初在产品成本	24 000	8 000	2 400	34 400
本月生产费用	0	16 000	6 000	22 000
累计生产费用	24 000	24 000	8 400	56 400
完工产品成本(600 套)	18 000	18 948	6 630	43 578
完工产品单位成本	30	31.58	11.05	72.63
月末在产品成本(200 套)	6 000	5 052	1 770	12 822

表 8-22　基本生产成本明细账

生产批号:903　　　生产批量:2 000 条　　　本月完工数量:0 条

产品名称:牛仔裤　　　202×年 8 月　　　单位:元

摘　要	直接材料	直接人工	制造费用	合　计
本月生产费用	60 000	10 000	4 000	74 000
月末在产品成本(2 000 条)	60 000	10 000	4 000	74 000

3.编制完工产品成本汇总表并结转完工产品成本

表 8-23　完工产品成本汇总表

202×年 8 月　　　单位:元

批号	产品名称	完工数量	直接材料	直接人工	制造费用	合　计
901	运动服	1 200 套	36 000	26 400	9 000	71 400
902	工作服	600 套	18 000	18 948	6 630	43 578

根据表 8-23,编制会计分录如下:

借:库存商品——运动服(901)　　71 400
　　　　　　——工作服(902)　　43 578
　贷:基本生产成本——运动服(901)　　71 400
　　　　　　　　——工作服(902)　　43 578

六、简化分批法

前面介绍了分批法下成本计算的一般方法,从中可以看出,不论一批产品是否完工,当月发生的直接材料、直接人工等直接费用和制造费用等间接费用都要记入各批产品的生产成本明细账。但对于某些企业,同一月份内投产的批次较多,但完工的批次较少时,共同负担的间接费用每月不仅需要在各批产品之间分配,而且还要在完工产品和月末在产品之间分配,费用分配工作极其繁杂。为了减轻成本计算工作量,在这类企业可以采用一种较为简便的处理方法——简化分批法。

(一)简化分批法的含义及特点

简化分批法又称为累计间接费用分配法,是指将每月发生的能直接分清属于某批产品所承担的直接费用(如直接材料等),直接记入该批产品的生产成本明细账,而对于每月发生的间接费用(如制造费用等)不是按月在各批产品之间进行分配,而是将各项间接费用和生产工时累计起来,待产品完工时才按照完工产品累计工时的比例,在各批完工产品之间进行分配。在这种方法下,月末在产品不需要按照批别分配间接费用,所以这种方法也被称为“不分批计算在产品成本法”。

简化分批法与前述分批法相比,具有如下特点:

1.需要设置基本生产成本二级账

采用简化分批法,除应按照产品批别设立基本生产成本明细账外,还需设置基本生产成本二级账。在各批产品完工以前，基本生产成本明细账内只需按月登记直接费用(例如直接材料费用)和生产工时，而不必按月分配、登记各项间接费用，计算各该批在产品的成本；只是在有完工产品的那个月份，才分配间接费用，计算、登记各该批完工产品的成本。各批全部产品的在产品成本只分成本项目以总数登记在专设的基本生产成本二级账中。从计算产品实际成本的角度来说，采用其他的成本计算方法，可以不设立基本生产成本二级账；但采用简化分批法，则必须设立这种二级账。

2.对间接费用进行特殊处理，各批产品的在产品成本具体数额无法完整反映

采用简化分批法，每月发生的各项间接费用不是按月在各批产品之间进行分配，而是先在基本生产成本二级账中累计起来。只有在有完工产品的月份，才按照完工产品累计生产工时比例，在各批完工产品之间进行分配，对未完工的在产品，则不计算分配间接费用。因此，各批产品各自的产品成本明细账中的在产品成本不能得到完整的反映。

3.间接费用的分配率为累计分配率

简化分批法下的间接费用累计分配率，既是各批产品完工时应分配间接计入费用的依据，也是完工产品与月末在产品之间分配间接费用的依据。

(二)简化分批法的成本核算程序

简化分批法的成本核算具有一定的特殊性，其成本核算的主要过程如下：

第一步，按照产品批别设立产品成本明细账，同时设立基本生产成本二级账。

第二步，各批别产品的直接费用和生产工时登记计入该批别产品明细账，并将各批别产品直接费用的合计额平行登记计入基本生产成本二级账；间接费用按原始凭证汇总后，登记记入基本生产成本二级账。

第三步，当有某批次产品完工时，计算累计间接费用分配率，并据以计算完工产品应负担的间接计入费用。累计间接费用分配率及某批完工产品应负担的间接费用按如下公式进行计算。

$$\text{累计间接费用分配率}=\frac{\text{月初结存的间接费用}+\text{本月发生的间接费用}}{\text{月初在产品累计生产工时}+\text{本月发生的生产工时}}$$

$$\begin{matrix}\text{某批完工产品}\\\text{应负担的间接费用}\end{matrix}=\text{该批完工产品的累计工时数}\times\text{累计间接费用分配率}$$

根据以上公式计算出某批产品应负担的某项间接费用后，应登记记入基本生产成本二级账及该批产品的产品成本明细账，从而计算出完工产品的总成本及单位成本，并结转完工产品成本。

(三)简化分批法的优缺点及适用范围

1.简化分批法的优缺点

与一般的分批法相比，简化的分批法优点主要表现在：采用简化的分批法只需要计算各批产品中已完工产品应负担的间接费用，在产品应负担的成本不需要按批别计算，因此极大地简化了间接费用的分配和登记工作，而且月末未完工产品批数越多，核算工作越简化。但是，简化的分批法也存在明显的不足：第一，由于各批未完工产品的生产成本明细账中，未能计入应负担的间接费用，因而不能完整地反映各批未完工产品的生产成本；第

二，累计间接费用分配率实际是一种加权平均分配率，如果各月间接费用水平相差悬殊，则会影响各月产品成本的准确性。例如，前几月的间接费用高，本月间接费用低，某批产品恰好本月投产且本月完工，那么该批产品就会承担较高的间接费用，这显然是不合理的。

2.简化分批法的适用范围

简化分批法主要适用于单件小批的生产企业，生产的批次很多，月末未完工的批次也多的情况。如果投产批次不多，月末未完工的批次也不多，绝大多数批次的产品需要在完工产品与在产品之间分配各项生产费用，核算工作量减少不多，且简化分批法计算成本的准确程度也不高。另外，应注意的是应用简化分批法时，各月之间的间接费用水平应相差不大，否则会影响到成本计算的准确性。

(四)简化分批法的应用

【例 8-3】隆达制造厂属于小批生产的制造业企业，每月投产批次和未完工产品的批次都较多。为了简化成本核算，该企业采用简化分批法核算产品成本。202×年 8 月份生产情况如表 8-24 所示：

表 8-24　202×年 8 月份生产情况

批号	产品名称	生产批量	投产日期	本月完工数量
095	甲产品	100 台	5 月 7 日	100 台
096	乙产品	200 台	6 月 23 日	200 台
097	丙产品	500 台	7 月 12 日	0 台
098	丁产品	400 台	8 月 26 日	0 台

(1)编制各项要素费用分配表(略)。

(2)根据要素费用分配表登记基本生产成本二级账以及四批产品的成本明细账，见表 8-25、表 8-26、表 8-27、表 8-28 和表 8-29。

(3)计算累计间接费用分配率，将基本生产成本二级账中累计的间接费用，分配转入有完工产品的各批产品的成本明细账，见表 8-25、表 8-26、表 8-27、表 8-28 和表 8-29。

表 8-25　基本生产成本二级账

202×年 8 月　　单位：元

摘　要	直接材料	生产工时	直接人工	制造费用	合　计
月初在产品成本	80 000	22 000	106 000	98 000	284 000
本月生产费用	257 000	78 000	364 000	322 000	943 000
累计生产费用	337 000	100 000	470 000	420 000	1 227 000
累计间接费用分配率			4.7	4.2	
完工产品成本	175 000	43 000	202 100	180 600	557 700
月末在产品成本	162 000	57 000	267 900	239 400	669 300

表 8-25 中，本月完工转出产品负担的直接材料和生产工时，根据各批产品成本明细账中完工产品的直接材料和生产工时汇总登记。

表 8-26　基本生产成本明细账

生产批号：095　　生产批量：100 台　　本月完工数量：100 台

产品名称：甲产品　　202×年 8 月　　单位：元

摘　要	直接材料	生产工时	直接人工	制造费用	合　计
月初在产品成本	24 000	6 000			
本月生产费用	78 000	13 000			
累计生产费用	102 000	19 000			
累计间接费用分配率			4.70	4.20	
分配间接费用		19 000	89 300	79 800	
完工产品总成本	102 000	19 000	89 300	79 800	271 100

表 8-27　基本生产成本明细账

生产批号：096　　生产批量：200 台　　本月完工数量：200 台

产品名称：乙产品　　202×年 8 月　　单位：元

摘　要	直接材料	生产工时	直接人工	制造费用	合　计
月初在产品成本	17 000	5 000			
本月生产费用	56 000	19 000			
累计生产费用	73 000	24 000			
累计间接费用分配率			4.70	4.20	
分配间接费用		24 000	112 800	100 800	
完工产品总成本	73 000	24 000	112 800	100 800	286 600

表 8-28　基本生产成本明细账

生产批号：097　　生产批量：500 台　　本月完工数量：0 台

产品名称：丙产品　　202×年 8 月　　单位：元

摘　要	直接材料	生产工时	直接人工	制造费用	合　计
月初在产品成本	39 000	11 000			
本月生产费用	75 000	9 000			

表 8-29　基本生产成本明细账

生产批号：098　　生产批量：400 台　　本月完工数量：0 台

产品名称：丁产品　　202×年 8 月　　单位：元

摘　要	直接材料	生产工时	直接人工	制造费用	合　计
本月生产费用	48 000	37 000			

(4)编制完工产品成本汇总表，见表 8-30 所示。

表 8-30　完工产品成本汇总表

202×年 8 月　　单位:元

成本项目	甲产品(100 台)		乙产品(200 台)	
	总成本	单位成本	总成本	单位成本
直接材料	102 000	1 020	73 000	365
直接人工	89 300	893	112 800	564
制造费用	79 800	798	100 800	504
合　计	271 100	2 711	286 600	1 433

根据表 8-30,编制会计分录如下:

借:库存商品——甲产品(095)　　271 100

　　　　　——乙产品(096)　　286 600

　贷:基本生产成本——甲产品(095)　　271 100

　　　　　　　　——乙产品(096)　　286 600

第三节　分步法

一、分步法的概念

产品成本计算的分步法,是以产品的品种及其所经过的生产步骤作为成本计算对象,开设生产成本明细账,归集生产费用,计算产品成本的一种方法。分步法是成本计算的基本方法之一。

分步法主要适用于大量大批多步骤生产,管理上又要求按步骤核算成本的企业。在大量大批多步骤生产的企业中,产品的生产工艺过程是由若干个在技术上可以间断的生产步骤组成,每个生产步骤都有生产出半成品(最后一个步骤所生产出的是产成品),这些半成品既可以用于下一个步骤继续加工或装配,也可以对外销售。例如,钢铁企业的生产分为炼铁、炼钢、轧钢等步骤,钢铁为产成品,中间步骤生产的生铁、钢坯为半成品;纺织企业的生产分为纺纱、织布、印染等步骤,花布或色布为产成品,中间步骤生产的棉纱、坯布等为半成品。

在大量大批多步骤生产的企业中,为了加强成本管理,不仅要求按照产品的品种归集生产费用,计算产品成本,而且还要求按照产品的生产步骤归集生产费用,计算各步骤产品成本,以满足成本分析、考核方面的要求。

二、分步法的特点

(一)成本计算对象按生产步骤设置

分步法的成本计算对象是各种产品的生产步骤。因此,在计算产品成本时,应按照产品的生产步骤设立产品成本明细账。如果企业只生产一种产品,成本计算对象就是该种产品及其所经过的各生产步骤,产品成本明细账应该按照产品的生产步骤设立。如果企业生产多种产品,成本计算对象则是各种产成品及其所经过的各生产步骤,产品成本明细账应该按照每种产品的各个生产步骤设立。各步骤发生的费用,能够直接计入该步骤各种成本计算对象的,直接计入;不能直接计入的,应按生产步骤先归集,月末采用适当的分配方法分配计入。

值得注意的是,实际工作中,产品成本计算的分步与产品的实际生产步骤不一定完全一致。例如,在按生产步骤设立车间的企业中,一般来讲,分步计算成本就是分车间计算成本。但如果企业生产规模很大,车间内又分成几个生产步骤,而管理上又要求分步计算成本,则可以在车间内再分步计算成本;相反,如果企业规模不大,管理上也不要求分车间计算成本,也可将几个车间合并为一个步骤计算成本。总之,应根据管理上的要求,本着简化核算工作的原则,确定成本计算对象。

(二)成本计算期与会计报告期一致

分步法适用于多步骤的大量大批生产。大量大批生产的特点是不断的投入原材料,不断的有产品完工。产品的生产周期较长,可以间断,而且往往都是跨月陆续完工,所以,无法准确划分生产周期,只能按成本核算要求,按月定期计算成本,一般都是在月末进行。这样,分步法的成本计算期与会计报告期一致,而与产品的生产周期不一致。

(三)生产费用在完工产品与在产品之间分配

在大量大批的多步骤生产中,原材料不断投入,产成品不断产出,月末各步骤一般都有一部分产品完工,一部分产品未完工。因此,在成本计算时,需要采用适当的分配方法,将汇集在各种产品、各生产步骤产品成本明细账中的生产费用,在完工产品与在产品之间进行分配。

(四)各步骤之间结转成本

由于产品生产是分步骤进行的,上一步骤生产的半成品是下一步骤的加工对象或装配对象。因此,为了计算各种产成品的成本,还需要按照产品品种,在各生产步骤间结转半成品的成本。也就是说,与其他成本计算方法不同,采用分步法计算产品成本时,各步骤之间还需进行成本结转,这是分步法的一个重要特点。

三、分步法的种类

根据成本管理对各生产步骤成本资料的不同要求和简化成本计算工作的需要,产品成本计算的分步法,按是否计算各生产步骤的半成品成本,分为逐步结转分步法和平行结转分步法两种。

逐步结转分步法,也称为“顺序结转分步法”,“计算半成品成本法”等,是以产品品种及其所经过的生产步骤作为成本计算对象,按照产品生产步骤的顺序逐步计算并结转半成品成本,直到最后生产步骤计算出完工产品成本的方法。计算各生产步骤的半成品成本,并且半成品的成本随实物的转移而结转,是这一方法的显著特征。如果企业的半成品对外销售,或虽不对外销售但成本管理上要求提供各步骤所生产的半成品成本资料,企业应采用逐步结转分步法。实际工作中,大量大批连续式多步骤生产企业多采用此种方法计算产品成本。如纺织企业,纺织企业的生产可以分为纺纱、织布、印染、整理、打包入库待售等步骤。在计算产品成本时,按照产品加工的顺序,先计算第一步骤的半成品成本,然后结转至第二步骤,第二步骤将第一步骤转来的半成品成本加上本步骤发生的费用,求得第二步骤的半成品成本,再结转给第三步骤,如此逐步结转累计,直到最后步骤计算出产成品的成本。

平行结转分步法,也称"不计算半成品成本法"。是指各生产步骤不计算也不结转本步骤所产半成品成本,即半成品成本不随实物的转移而结转,各生产步骤只计算本步骤自身发生的费用和计算这些费用中应计入最终完工产成品成本的"份额",最后将这些"份额"进行平行结转、汇总,以计算产成品成本的方法。如果企业的半成品不对外销售或很少对外销售,同时成本管理上不需要或不要求提供半成品成本的资料,只要求计算完工产品的成本,则选择使用平行结转分步法。实际工作中,大量大批装配式多步骤生产企业多采用此种方法计算产品成本。在大量、大批、多步骤生产的装配式企业,其生产过程首先是对各种原材料平行的进行加工,使之成为零部件等各种半成品,然后再由装配车间组装成各种产成品。这种类型的企业,所生产的半成品种类较多,但很少对外销售,管理上不要求计算半成品成本,为了简化成本核算工作,可以不计算各步骤半成品的成本,采用平行结转分步法计算产成品成本。

四、分步法的核算程序

(一)逐步结转分步法成本计算程序

逐步结转分步法的基本特点是半成品成本随着其实物的转移而结转。在这种方法下,每个生产步骤应按照半成品(最后步骤按产成品)设置基本生产成本明细账(成本计算单),各步骤所耗用上一步骤半成品的成本,随着其实物的转移,顺序地从上一步骤的产品成本明细账(成本计算单)中,转入下一步骤的产品成本明细账(成本计算单)中,以便逐步计算各步骤半成品成本和最后步骤产成品成本。

实际工作中,半成品完工后有两种情况:一种是直接转移到下一步骤继续加工或装配;另一种是通过半成品库收发,间接转移到下一步骤。因此,逐步结转分步法的计算程序视企业完工的半成品是否验收入库而分为以下两种情况。

(1)半成品不通过仓库收发

半成品不通过仓库收发,是指各步骤半成品完工后直接转入下一步骤继续加工,所以完工半成品成本在各步骤的成本计算单之间直接结转。

半成品不通过仓库收发的成本计算程序见图 8-1 所示。

(2)半成品通过仓库收发

半成品通过半成品库收发,指各步骤半成品完工后先入半成品库,下一步骤根据需要从仓库领用。核算时需要在各步骤设置"自制半成品"账户,以核算各步骤半成品的收、发、存情况。半成品完工入库时,借记"自制半成品"账户,贷记"基本生产成本"账户;下一步领用时,做相反会计分录。"自制半成品"账户,应按照自制半成品的类别或品种设置明细账,其收发核算可比照材料的收发核算处理。

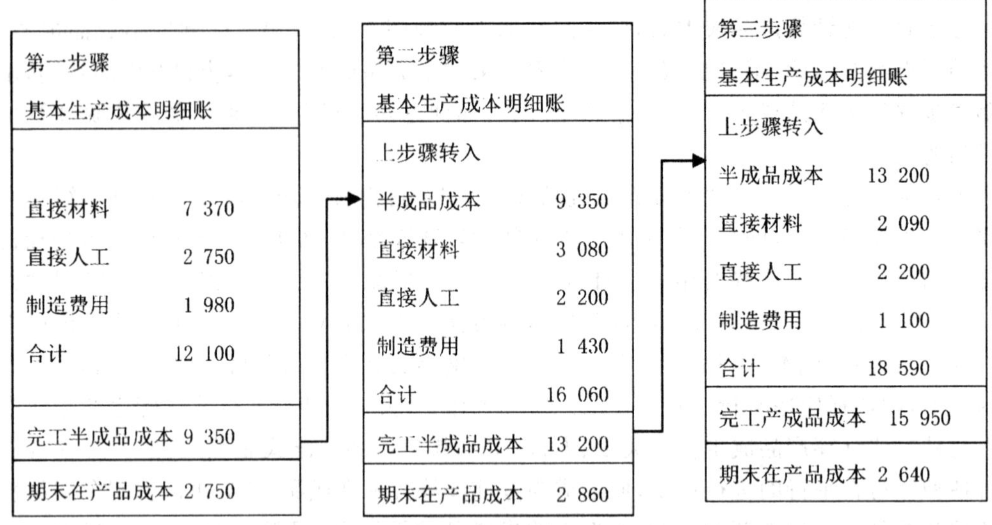

图 8-1 逐步结转分步法成本计算程序图(半成品不通过仓库收发)

半成品通过仓库收发的成本计算程序见图 8-2 所示。

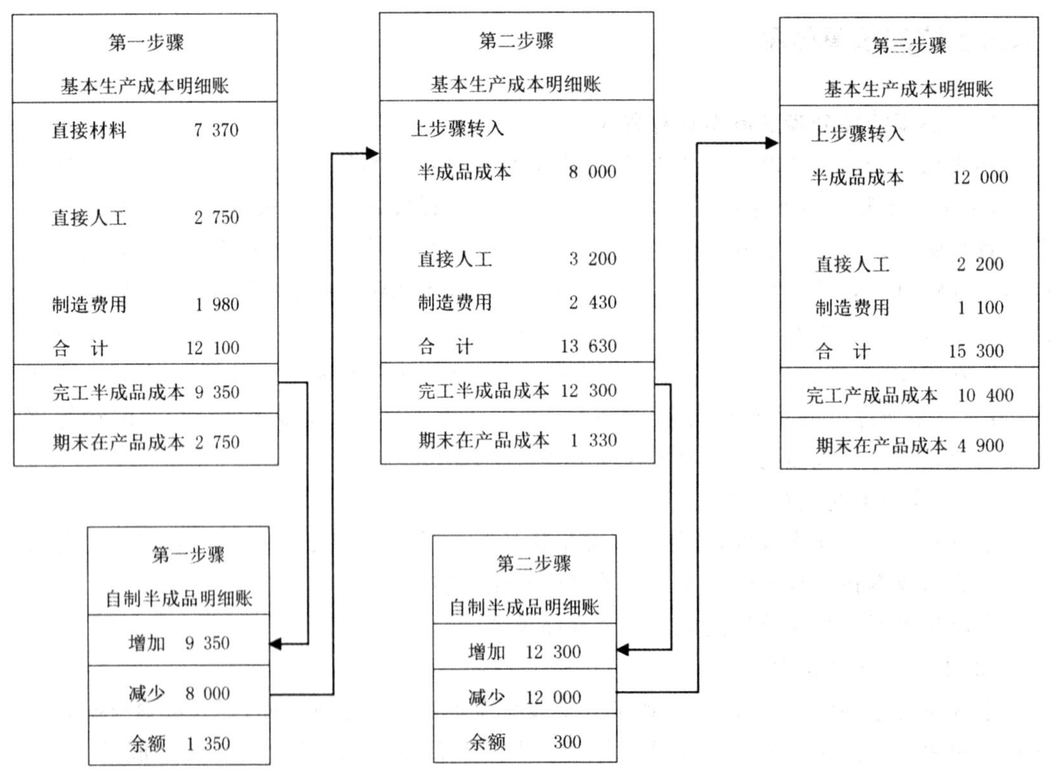

图 8-2 逐步结转分步法成本计算程序图(半成品通过仓库收发)

从以上成本计算程序可以看出,逐步结转分步法实际上就是品种法的多次连续应用。即按品种法计算上一步骤半成品成本,然后转入下一步骤;下一步骤再一次按品种法归集所耗半成品的费用及本步骤的其他费用,计算半成品成本;依次逐步结转,直至最后一步计算出产成品的成本。

(二)平行结转分步法成本计算程序

平行结转分步法的基本特点是半成品成本不随其实物的转移而结转。各生产步骤只计算本步骤发生的生产费用和这些费用中应计入产成品成本的"份额",最后将这些"份额"平行汇总,求出完工产品的成本。其成本计算程序为:

(1)按产品的生产步骤和产品品种设置基本生产成本明细账(成本计算单);

(2)各步骤成本明细账(成本计算单)分别按成本项目归集本步骤发生的生产费用(不包括耗用上一步骤半成品的成本)。

(3)月末,将各步骤归集的生产费用在产成品与广义在产品之间进行分配,计算各步骤费用中应计入产成品成本的"份额"。

(4)将各步骤费用中应计入产成品成本的"份额"按成本项目平行结转,汇总计算产成品的总成本及单位成本。

上述成本计算程序如图 8-3 所示。

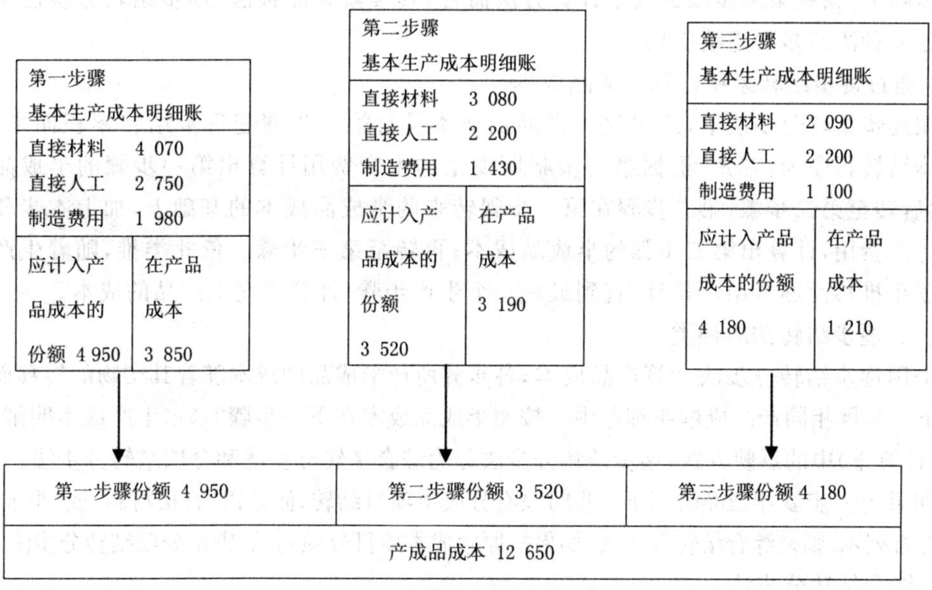

图 8-3 平行结转分步法成本计算程序图

五、逐步结转分步法

(一)逐步结转分步法的特点

1.半成品的成本随着其实物转移而结转

半成品成本随着其实物的转移而结转是逐步结转分步法的主要特点。逐步结转分步法是各个生产步骤逐步计算并结转半成品成本，直到最后生产步骤计算出完工产品成本的方法。在这种方法下，前一步骤所产的半成品转入下一步骤继续加工时，其实物和成本一起转入下一生产步骤，直到最后步骤累积计算出产成品成本。

2.各步骤都要计算半成品成本

在逐步结转分步法下，各步骤都要计算半成品成本，一方面，前一步骤所计算出的半成品成本是下一步骤计算成本的依据；另一方面，由于种种原因而使成本管理上也需要各生产步骤所产的半成品成本的资料。比如，各生产步骤所产的半成品除自用外经常对外销售或一种半成品为多种产品耗用，为了分别计算各种产品的成本，也需要计算这些半成品的成本等等，因此各步骤都要计算半成品成本，并且每一步骤半成品成本的计算、结转与其实物的转移保持一致。

3.生产费用在完工产品与狭义在产品之间进行分配

在逐步结转分步法下，每月终了应将各步骤"基本生产成本明细账"中归集的生产费用，包括本步骤自身发生的费用和上一步骤转来的半成品成本费用，在完工产品（半成品或产成品）和狭义在产品之间进行分配，以便计算各生产步骤的半成品成本，逐步计算出产成品的成本。这里的完工产品是广义完工产品，包括完成某一生产步骤的半成品，也包括完成最后一步的产成品；狭义在产品是就某一车间或某一步骤而言正在加工中的在产品。

实际上，只就某一步骤的成本计算方法而言，其实就是品种法，逐步结转分步法实际上就是品种法的多次连续应用。

4.通过逐步结转累积计算产成品成本

在逐步结转分步法下，最终完工产品的成本是自第一步骤起逐步结转累积而来的。其具体结转程序为：首先，根据第一步骤所发生的生产费用计算出第一步骤的半成品成本；然后转至第二步骤，第二步骤在第一步骤转来的半成品成本的基础上，加上本步骤发生的生产费用，计算出第二步骤的半成品成本；再转至第三步骤。依此类推，随着生产步骤的逐步推移而逐步结转累计，直到最后一个生产步骤，计算出完工产品的成本。

（二）逐步结转法的种类

采用逐步结转分步法计算产品成本，各步骤所产半成品的成本随着其实物的转移而结转到下一步骤相同产品成本明细账中。按照半成品成本在下一步骤"基本生产成本明细账"（成本计算单）中的反映方式，逐步结转分步法分为综合结转分步法和分项结转分步法。

如果上一步骤半成品转到下一步时没有分成本项目结转，而是以"直接材料"或"半成品"项目综合列示，则是综合结转分步法；如果按原始成本项目分项列示，则是分项结转分步法。

1.综合结转分步法

综合结转分步法是指各步骤所耗用上一步骤的半成品成本不分成本项目，而以一个合计金额记入各步骤生产成本明细账中的"直接材料"或"半成品"项目。

在综合结转方式下，如果各步骤所产的半成品不通过半成品库收发而直接向下一步转移，则上一步骤所产的半成品成本就等额直接转入到下一步生产成本明细账中的"直接材料"或"半成品"项目；如果各步骤所产的半成品通过半成品库收发，则需通过"自制半成品"账户进行结转处理，其核算比照材料的收发核算。

采用综合结转分步法结转半成品成本时，可以按实际成本结转，也可以按计划成本

(或定额成本)结转。

【例 8-4】洪福企业生产 A 产品分三个步骤,各步骤完工半成品直接转入下一步骤继续加工。原材料在生产开始时一次性投入,生产费用在完工产品与在产品之间采用约当产量法分配。有关资料见表 8-31、表 8-32 所示。

表 8-31　产量资料

编制单位：　　202×年×月　　单位:件

项　目	第一步骤	第二步骤	第三步骤
月初在产品	20	20	50
本月投入或上步骤转入	80	60	50
本月完工入库	60	50	80
月末在产品	40	30	20
在产品完工程度	50%	50%	50%

表 8-32　成本资料

编制单位：　　202×年×月　　单位:元

成本项目	月初在产品成本			本月发生费用		
	第一步骤	第二步骤	第三步骤	第一步骤	第二步骤	第三步骤
直接材料	600	825	7 875	2 400		
直接人工	375	200	1 950	1 725	2 400	2 235
制造费用	450	300	2 100	1 950	2 625	3 300
合　计	1 425	1 325	11 925	6 075	5 025	5 535

根据以上资料编制各步骤成本计算单,如表 8-33、表 8-34、表 8-35 所示。

表 8-33　第一步骤成本计算单

编制单位：　　202×年×月　　单位:元

摘　要	产量	直接材料	直接人工	制造费用	合计
月初在产品成本	20	600	375	450	1 425
本月生产费用	80	2 400	1 725	1 950	6 075
生产费用合计	100	3 000	2 100	2 400	7 500
分配率		30	26.25	30	
完工转出半成品成本	60	1 800	1 575	1 800	5 175
月末在产品成本	40	1 200	525	600	2 325

表 8-34　第二步骤成本计算单

编制单位：　　　　202×年×月　　　　单位：元

摘　要	产量	直接材料	直接人工	制造费用	合计
月初在产品成本	20	825	200	300	1 325
本月生产费用	60	5 175	2 400	2 625	10 200
生产费用合计	80	6 000	2 600	2 925	11 525
分配率		75	40	45	
完工转出半成品成本	50	3 750	2 000	2 250	8 000
月末在产品成本	30	2 250	600	675	3 525

表 8-35　第三步骤成本计算单

编制单位：　　　　202×年×月　　　　单位：元

摘　要	产量	直接材料	直接人工	制造费用	合计
月初在产品成本	50	7 875	1 950	2 100	11 925
本月生产费用	50	8 000	2 235	3 300	13 535
生产费用合计	100	15 875	4 185	5 400	25 460
分配率		158.75	46.50	60	
完工转出产成品成本	80	12 700	3 720	4 800	21 220
月末在产品成本	20	3 175	465	600	4 240

从以上例子可以看出，在综合结转法下，采用实际成本计价，能够保证产品成本计算的客观性，较为直观且符合实际情况。但下一步骤领用半成品成本的计算必须在上一步骤半成品成本计算出来以后才能进行，造成各步骤半成品和完工产品成本的计算不能同步进行，这样就影响成本计算和分析的及时性，而且按品种计算各生产步骤耗用半成品实际成本的工作量较大。为了简化核算工作，企业可以按计划成本进行综合结转。

采用计划成本综合结转，半成品收发的总分类核算仍按实际成本计价，日常收发的明细核算则均按计划成本计价，期末在半成品实际成本计算出来后，再计算半成品成本差异率，调整所耗半成品计划成本。其核算比照原材料按计划成本核算方法。

在计划成本综合结转法下，“自制半成品”明细账不仅要反映半成品收发和结存的数量和实际成本，而且要反映其计划成本、成本差异额和成本差异率，如表 8-36 所示。

在基本生产成本明细账中，对于发出的半成品成本，可以直接按调整成本差异后的实际成本登记，也可以按计划成本和成本差异分别登记。在按照计划成本和成本差异分别登记的方法下，产品成本明细账中的“半成品”项目或“直接材料”项目要分设“计划成本”“成本差异”和“实际成本”三栏，如表 8-37 所示。

表 8-36　自制半成品明细账

产品名称：　　　　　　　　　　　　年　月　　　　　　　　　　　　数量单位：
金额单位：元

摘要	本月增加			本月减少			结存		
	数量	计划成本	实际成本	数量	计划成本	实际成本	数量	计划成本	实际成本

表 8-37　第二步骤基本生产成本明细账

产品名称：　　　　　　　　　　　　年　月　　　　　　　　　　　　单位：元

摘要	产量	半成品			直接人工	制造费用	合计
		计划成本	成本差异	实际成本			

值得注意的是，采用综合结转分步法结转半成品成本，各步骤所耗半成品的成本以“半成品”或“直接材料”项目综合列示，这样，在最终完工产品的成本构成中，绝大部分费用是最后一个步骤所耗上一步骤的半成品成本，而“直接人工”和“制造费用”则仅是最后一个步骤发生的费用，这显然不符合产品成本构成的实际情况，不利于成本分析和考核。因此，需要对综合结转分步法计算出来的产品成本进行“成本还原”。

所谓成本还原是指将完工产品成本中的“半成品”综合成本按照倒序法逐步分解，还原成按“直接材料”“直接人工”和“制造费用”等原始成本项目反映的产品成本资料。成本还原采用倒序法，从最后一步起，将各步骤所耗上一步骤的“半成品”综合成本，逐步倒算，分解还原，直到第一步骤为止，然后将各步骤还原后的成本项目分别汇总，确定出按原始成本项目反映的完工产品成本资料。还原后的产成品总成本与还原前产成品总成本是相等的，只是各成本项目金额发生了变化。

成本还原的方法主要有还原分配率法和成本项目比重法。实际工作中，成本还原是通过编制“成本还原计算表”进行的。

(1)还原分配率法

成本还原分配率法,是按照本月完工产品所耗上一步骤半成品费用占本月所产该种半成品总成本的比例(即成本还原分配率)逐步进行成本还原。其还原步骤如下:

第一步,计算成本还原分配率

$$还原分配率=\frac{本月产成品所耗上一步骤半成品费用}{本月所产该半成品成本合计}$$

第二步,计算半成品各成本项目还原值

$$半成品某成本项目还原值=上步骤完工半成品该成本项目金额\times 还原分配率$$

第三步,计算产成品还原后各成本项目金额

在成本还原的基础上,将各步骤还原前和还原后相同的成本项目金额相加,即可计算出产成品还原后各成本项目金额,从而求得按原始成本项目反映的产成品成本资料。以例 8-3 为例,列示成本还原计算表,如表 8-38 所示。

表 8-38　成本还原计算表(还原分配率法)

编制单位:　　　　　　　　202×年×月　　　　　　　　单位:元

项　目		还原分配率	直接材料	直接人工	制造费用	合计
还原前产成品成本			12 700	3 720	4 800	21 220
本月所产半成品成本	第一步骤		1 800	1 575	1 800	5 175
	第二步骤		3 750	2 000	2 250	8 000
成本还原	第三步骤	12 700/8 000=1.5875	5 953	3 175	3 572	12 700
	第二步骤	5 953/5 175≈1.1503	2 071	1 811	2 071	5 953
还原后产成品成本			2 071	8 706	10 443	21 220

(2)成本项目比重法

成本项目比重法,是按照上一步骤所产半成品的各成本项目比重(即成本结构)进行分解还原。其还原步骤如下:

第一步,计算上一步骤完工半成品的各成本项目比重

$$上步骤完工半成品某成本项目比重=\frac{上步骤完工半成品该成本项目金额}{上步骤完工半成品成本合计}$$

第二步,计算半成品各成本项目还原值

$$半成品某成本项目还原值=本月产成品所耗上步骤半成品成本\times 上步骤完工半成品该成本项目比重$$

第三步,计算产成品还原后各成本项目金额

在成本还原的基础上,将各步骤还原前和还原后相同的成本项目金额相加,即可计算出产成品还原后各成本项目金额,从而求得按原始成本项目反映的产成品成本资料。以例 8-3 为例,列示成本还原计算表,如表 8-39 所示。

表 8-39　成本还原计算表(成本项目比重法)

编制单位：　　202×年×月　　单位:元

项　目		直接材料	直接人工	制造费用	合计
还原前产成品成本		12 700	3 720	4 800	21 220
半成品成本结构(%)	第一步骤	35	30	35	
	第二步骤	47	25	28	
成本还原	第一次还原	5 969	3 175	3 556	12 700
	第二次还原	2 089	1 791	2 089	5 969
还原后产成品成本		2 089	8 686	10 445	21 220

通过以上还原,就可以得出所生产产成品的基本成本构成。

如果半成品有比较准确的定额成本或计划成本资料,也可以按照半成品的定额成本或计划成本的成本结构进行成本还原。

采用综合结转分步法结转半成品成本,能全面反映各步骤完工产品中所耗上一步骤半成品费用水平和本步骤加工费用水平,有利于各步骤的成本管理;但成本还原的工作量较大,因此这种方法适用于成本管理上要求计算各步骤完工产品中所耗上一步骤半成品成本而不要求进行成本还原的企业。

2.分项结转分步法

分项结转分步法,是将各步骤所耗用上一步骤的半成品成本,按照原始成本项目分项转入各步骤成本计算单的各个成本项目中。如果半成品通过半成品库收发,在“自制半成品明细账”中登记半成品成本时,也要按成本项目分项登记。

分项结转分步法的特点是各步骤所耗用上一步骤的半成品成本在本步骤的成本计算单中以原始成本项目反映,保持了产品成本的原始结构,因而不存在成本还原问题。

采用分项结转分步法结转半成品成本,可以按实际成本结转,也可以按计划成本结转。但按计划成本分项结转后,还需按成本项目分项调整成本差异,工作量较大,因而在实际工作中,一般采用按实际成本分项结转的方法。

(三)逐步结转法的应用

1.综合结转分步法的应用

【例 8-5】南方机械厂大量生产甲产品,分三个步骤由三个车间连续加工。一车间投入原材料加工成甲 1 半成品,二车间领用甲 1 半成品加工成甲 2 半成品,三车间领用甲 2 半成品加工成甲产成品。各步加工的半成品不经过半成品库收发,直接转入下一步继续加工。原材料在生产开始时一次性投入。生产费用在完工产品与在产品之间的分配采用约当产量法。

202×年 7 月有关产量、费用等资料如表 8-40、表 8-41 所示。

表 8-40 产量资料

202×年 7 月 单位:件

项　目	甲 1 半成品	甲 2 半成品	甲产成品
期初在产品数量	20	0	20
本期投产数量	120	100	80
本期完工数量	100	80	60
期末在产品数量	40	20	40
在产品完工程度	50%	50%	50%

表 8-41 各车间生产费用资料

202×年 7 月 单位:元

项　目	第一车间	第二车间	第三车间
月初在产品成本	25 042		13 880
其中:直接材料	23 200		6 800
直接人工	1 504	6 120	
制造费用	338		960
本月生产费用	159 358	32 850	31 880
其中:直接材料	146 200	0	0
直接人工	11 696	27 450	27 800
制造费用	1 462	5 400	4 080

根据上述资料,采用综合结转分步法计算产品成本程序如下:

第一步,第一车间生产费用的归集与分配。

根据要素费用分配表在第一车间成本计算单中登记,归集本步骤总的生产费用,然后,采用约当产量法将生产费用总额在本步骤完工的甲 1 半成品和在产品之间分配,计算出本步骤完工的甲 1 半成品的成本与在产品的成本,如表 8-42 所示。

表 8-42 成本计算单

产品名称:甲 1 半成品

车间名称:第一车间 202×年 7 月 单位:元

项　目	产量	直接材料	直接人工	制造费用	合　计
月初在产品成本	20	23 200	1 504	338	25 042
本月生产费用	120	146 200	11 696	1 462	159 358
生产费用合计	140	169 400	13 200	1 800	184 400
约当总产量		140	120	120	
分配率		1 210	110	15	
完工半成品成本	100	121 000	11 000	1 500	133 500
月末在产品成本	40	48 400	2 200	300	50 900

根据第一步骤产品成本计算单完工转出的甲1半成品成本，编制会计分录如下：

借：基本生产成本——第二车间　　133 500

　贷：基本生产成本——第一车间　　133 500

第二步，第二车间生产费用的归集与分配。

将第一车间完工的100件甲1半成品的成本133 500元，直接转入到第二步骤成本计算单中的“直接材料”成本项目，并将第二车间发生的“直接人工”“制造费用”等其他费用登记入账，确定出本步骤总的生产费用，然后，采用约当产量法将生产费用总额在本步骤完工的甲2半成品和在产品之间分配，计算出本步骤完工的甲2半成品的成本与在产品的成本，如表8-43所示。

表8-43　成本计算单

产品名称：甲2半成品

车间名称：第二车间　　202×年7月　　单位：元

项　目	产量	直接材料	直接人工	制造费用	合　计
月初在产品成本	0	0	0	0	0
本月生产费用	100	133 500	27 450	5 400	166 350
生产费用合计	100	133 500	27 450	5 400	166 350
约当总产量		100	90	90	
分配率		1 335	305	60	
完工半成品成本	80	106 800	24 400	4 800	136 000
月末在产品成本	20	26 700	3 050	600	30 350

根据第二步骤产品成本计算单完工转出的甲2半成品成本，编制会计分录如下：

借：基本生产成本——第三车间　　136 000

　贷：基本生产成本——第二车间　　136 000

第三步，第三车间生产费用的归集与分配。

将第二车间完工的80件甲2半成品的成本136 000元，直接转入到第三步骤成本计算单中的“直接材料”成本项目，并将第三车间发生的“直接人工”“制造费用”等其他费用登记入账，确定出本步骤总的生产费用，然后，采用约当产量法将生产费用总额在本步骤完工的甲产品和在产品之间分配，计算出本步骤完工的甲产品的成本与在产品的成本，如表8-44所示。

表8-44　成本计算单

产品名称：甲产成品

车间名称：第三车间　　202×年7月　　单位：元

项　目	产量	直接材料	直接人工	制造费用	合　计
月初在产品成本	20	6 800	6 120	960	13 880
本月生产费用	80	136 000	27 800	4 080	167 880
生产费用合计	100	142 800	34 000	5 040	181 760

续表

项　目	产量	直接材料	直接人工	制造费用	合　计
约当总产量		100	80	80	
分配率		1 428	425	63	
完工产成品成本	60	85 680	25 500	3 780	114 960
月末在产品成本	40	57 120	8 500	1 260	66 880

根据第三步骤产品成本计算单完工转出的甲产成品成本，编制会计分录如下：

借：库存商品——甲产品　　114 960

　贷：基本生产成本——第三车间　　114 960

第四步，成本还原。

根据上述计算结果，将完工产成品中所耗用的半成品综合成本 85 680 元，进行成本还原。以成本项目比重法计算如下表 8-45 所示。

表 8-45　成本还原计算表(成本项目比重法)

编制单位：　202×年×月　　单位：件

项　目		直接材料	直接人工	制造费用	合计
还原前产成品成本		85 680	25 500	3 780	114 960
半成品成本结构(%)	第一步骤	91	8	1	
	第二步骤	78	18	4	
成本还原	第一次还原	66 831	15 422	3 427	85 680
	第二次还原	60 816	5 347	668	66 831
还原后产成品成本		60 816	46 269	7 875	114 960

2.分项结转分步法的应用

【例 8-6】新华公司大量生产乙产品，分两个步骤由两个车间连续加工完成。第一车间生产的乙半成品交半成品库验收，第二车间从半成品库领用后继续加工生产。领用的半成品按加权平均法计价。月末在产品成本采用定额成本计价。202×年 7 月有关产量、定额资料、费用等资料如表 8-46、表 8-47、表 8-48 所示。

表 8-46　产量资料

编制单位：　202×年 7 月　　单位：件

项　目	第一车间	第二车间
期初在产品数量	20	15
本期投产数量	120	110
本期完工数量	100	105
期末在产品数量	40	20

表 8-47　月末在产品定额成本资料

编制单位：　　　　202×年 7 月　　　　单位:元

项　目	第一车间	第二车间
直接材料	10 450	11 400
直接人工	4 750	5 890
制造费用	2 850	3 800
合　计	18 050	21 090

表 8-48　各车间生产费用资料

编制单位：　　　　202×年 7 月　　　　单位:元

项　目	第一车间	第二车间
月初在产品成本(定额成本)	20 900	22 800
其中:直接材料	11 400	14 250
直接人工	5 700	4 750
制造费用	3 800	3 800
本月生产费用	76 950	18 164
其中:直接材料	47 500	
直接人工	16 150	10 450
制造费用	13 300	7 714

根据上述资料,采用逐步分项结转法计算产品成本程序如下：

第一步,第一车间生产费用的核算。

根据要素费用分配表和第一车间在产品定额成本资料,编制第一车间成本计算单,如表 8-49 所示。

表 8-49　成本计算单

产品名称:乙半成品

车间名称:第一车间　　　　202×年 7 月　　　　单位:元

项　目	产量(件)	直接材料	直接人工	制造费用	合　计
月初在产品成本(定额成本)	20	11 400	5 700	3 800	20 900
本月生产费用	120	47 500	16 150	13 300	76 950
生产费用合计		58 900	21 850	17 100	97 850
完工半成品成本	100	48 450	17 100	14 250	79 800
完工半成品单位成本		4 845	1 710	1 425	7 980
月末在产品成本(定额成本)	40	10 450	4 750	2 850	18 050

根据第一车间的半成品入库单及成本计算单转出的半成品成本,编制会计分录如下：

借:自制半成品——乙半成品　　79 800

　贷:基本生产成本——第一车间　　79 800

第二步,登记“自制半成品明细账”。

根据第一车间成本计算单、半成品入库单和第二车间领用单,登记“自制半成品明细账”。半成品成本按实际成本结转,并且,在“自制半成品明细账”中登记半成品成本时,按成本项目分项登记。

由于各月份所产半成品的实际单位成本不同,因而所耗半成品单位成本的计算可根据实际情况采用先进先出法、加权平均法等方法确定。在本例中,采用加权平均法确定。“自制半成品明细账”见表 8-50 所示。

表 8-50　自制半成品明细账

产品名称:乙半成品　　202×年 7 月　　单位:元

项　目	产量(件)	直接材料	直接人工	制造费用	合　计
月初余额	50	9 918	3 648	2 622	16 188
本月增加	100	48 450	17 100	14 250	79 800
合计	150	58 368	20 748	16 872	95 988
单位成本		389.12	138.32	112.48	639.92
本月减少	110	42 803.20	15 215.20	12 372.8	70 391.20
月末余额	40	15 564.80	5 532.80	4 499.2	25 596.80

表 8-20 中,本月减少的数量就是第二车间领用乙半成品的数量,其成本 7 0391.20 元应随之转入第二车间成本计算单中的“直接材料”或“半成品”成本项目中。根据第二车间领用单编制会计分录如下:

借:基本生产成本——第二车间　　70 391.20

　贷:自制半成品——乙半成品　　7 0391.20

第三步,第二车间生产的核算。

根据要素费用分配表、半成品领用单、产成品入库单和第二车间在产品定额成本资料等,编制第二车间成本计算单,如表 8-51 所示。

表 8-51　成本计算单

产品名称:乙产成品

车间名称:第二车间　　202×年 7 月　　单位:元

项　目	产量(件)	直接材料	直接人工	制造费用	合　计
月初在产品成本(定额成本)	15	14 250	4 750	3 800	22 800
本月生产费用	110		10 450	7 714	18 164
本月上步骤转入	110	42 803.20	15 215.20	12 372.80	70 391.20
生产费用合计	125	57 053.20	30 415.20	23 886.80	111 355.20
完工产成品成本	105	45 653.20	24 525.20	20 086.80	90 265.20
完工产成品单位成本		434.80	233.57	191.30	859.67
月末在产品成本(定额成本)	20	11 400	5 890	3 800	21 090

根据第二车间的产品入库单及成本计算单转出的产成品成本,编制会计分录如下:

借：库存商品——乙产品　　90 265.20
　贷：基本生产成本——第二车间　　90 265.20

(四)逐步结转分步法的优缺点

逐步结转分步法的优点是：一是逐步结转分步法不仅能提供产成品成本资料，而且能提供各步骤半成品成本资料，有利于分析和考核产品成本计划执行情况及各生产步骤内部业绩；同时也为正确计算半成品成本提供依据；二是在逐步结转分步法下，无论是综合结转还是分项结转，半成品成本都是随着实物的转移而结转，有利于加强半成品的实物管理和价值管理；三是采用综合结转分步法结转半成品成本，各步骤产品成本构成中包括了所耗上一步骤半成品成本，能全面反映各步骤完工产品中所耗上一步骤半成品费用水平和本步骤加工费用水平，有利于各步骤的成本管理；四是采用分项结转分步法结转半成品成本，可以直接提供按原始成本项目反映的产品成本结构，有利于企业分析、考核产品成本构成和水平，并且不必进行成本还原。其缺点是：一是在逐步结转分步法下，半成品成本可以按实际成本结转也可以按计划成本结转。如果按实际成本结转，各步骤不能同时计算成本，影响成本计算工作的及时性；如果按计划成本结转，则需计算和调整半成品成本差异，较复杂；二是在综合结转分步法下，如果需要产成品的实际成本结构，则需进行成本还原，这既加大了计算的工作量，又存在各月所产半成品成本结构不完全一致的问题；三是在分项结转分步法下，各步骤半成品成本结转的工作量较大，核算工作的及时性也较差。

六、平行结转分步法

(一)平行结转分步法的特点

1.半成品的成本不随着实物的转移而结转

在生产过程中，上一步骤所产的半成品实物转入下一步骤继续加工或装配时，半成品的成本不随同实物的转移而结转。即使半成品通过半成品库收发，也不进行半成品成本的结转。这是平行结转分步法的显著特点。即当某一步骤半成品完工，虽然实物转入半成品仓库或直接转入下一步骤加工，其费用仍停留在本步骤的“基本生产明细账”中，不转入“自制半成品明细账”或下一步骤“基本生产明细账”。

2.各生产步骤不计算半成品成本

采用平行结转分步法，各生产步骤只计算本步骤所发生的生产费用和这些费用中应计入产成品成本的“份额”，即各步骤“基本生产明细账”只归集自身发生的费用，不归集从上步骤转入的半成品费用，也不计算本步骤所产半成品的成本。比如，当材料是一次投料时，除第一步骤生产费用中包括所耗用的直接材料、直接人工和制造费用外，其他各步骤只有本步骤发生的直接人工和制造费用。

3.生产费用在产成品与广义在产品之间进行分配

采用平行结转分步法，每一生产步骤的生产费用要在完工产品与月末在产品之间进行分配。这里的完工产品，是狭义的完工产品，仅指完成所有生产步骤最后完工的产成品；这里的在产品是广义在产品，既包括尚在本步骤加工中的在产品(狭义在产品)；也包括本步骤已完工转入半成品库或转到后续步骤进一步加工、尚未最后形成的产成品的半成品。对于本步骤完工的半成品,其实物已经从本步骤转出,但其费用仍留在本步骤“基本生产成本明细账”中,尚未转出。

也就是说,在平行结转分步法下,各步骤的生产费用(不包括所耗上一步骤的半成品费用)要在产成品与广义在产品之间进行分配,计算这些费用在产成品成本中所占的份额和广义在产品成本中所占的份额。

4.通过平行汇总确定产成品成本

采用平行结转分步法,将各步骤的生产费用在最终的产成品与广义在产品之间进行分配,计算出这些费用中属于产成品成本的“份额”,将其从各步骤“基本生产成本明细账”中平行转出,汇总计算完工产成品的总成本,将完工产品总成本除以完工产品的数量,即为完工产品的单位成本。

(二)产成品成本“份额”的计算

采用平行结转分步法的关键所在是将各步骤生产费用在完工产成品和广义在产品之间进行合理的分配,正确确定各步骤生产费用中应计入产成品成本的“份额”。

实际工作中,通常采用约当产量法、定额比例法等进行分配,以确定各步骤费用中应计入产成品成本的“份额”。

1.采用定额比例分配法计算应计入产成品成本的“份额”

采用定额比例分配法计算应计入产成品成本的份额,是将各步骤生产费用按照完工产成品与月末广义在产品定额消耗量或定额费用的比例进行分配,以确定各步骤费用中应计入产成品成本的“份额”。

其中原材料费用,按原材料的定额消耗量或定额费用的比例分配;职工薪酬等加工费用,可以按各项定额费用的比例分配,也可按定额工时比例分配。由于职工薪酬等加工费用的定额费用一般根据定额工时乘以每小时的各该费用定额计算,因而这些费用一般按定额工时比例分配,以节省各项费用的计算工作。计算公式为:

$$材料费用分配率=\frac{期初结存费用+本期发生费用}{完工产品与广义在产品定额材料成本之和}$$

应计入完工产品成本的材料费用“份额”=完工产品定额材料成本×材料费用分配率

广义在产品应负担的材料费用=广义在产品定额材料成本×材料费用分配率

$$其他费用分配率=\frac{期初结存费用+本期发生费用}{完工产品与广义在产品定额工时之和}$$

应计入完工产品成本的其他费用“份额”=完工产品定额工时×分配率

广义在产品应负担的其他费用=广义在产品定额工时×分配率

2.采用约当产量法计算应计入产成品成本的“份额”

采用约当产量法计算应计入产成品成本的份额,就是将各步骤生产费用按照完工产成品的数量与月末广义在产品约当产量的比例进行分配,以确定各步骤费用中应计入产成品成本的“份额”。计算公式为:

$$某步骤应计入产成品成本的“份额”=产成品产量\times\frac{单位产成品耗用}{该步骤半成品数量}\times该步骤半成品单位成本$$

其中“该步骤半成品单位成本”,按下述公式计算:

$$某步骤半成品单位成本=\frac{该步骤月初在产品费用+该步骤本月发生费用}{该步骤完工半成品的数量}$$

其中“该步骤完工半成品的数量”，按下述公式计算：

该步骤完工半成品的数量＝该步骤完工存入半成品仓库及转入以后各步骤继续加工的月初在产品数量＋该步骤本月所产完工的半成品数量＋该步骤本月月末狭义在产品的约当产量

3.平行结转分步法的应用

【例 8-7】嘉禾工厂大量生产 AB 产品，第一车间生产 A 半成品，第二车间生产 B 半成品，第三车间将 A 半成品和 B 半成品装配成 AB 产成品，每件 AB 产成品由一件 A 半成品和一件 B 半成品组成。A 半成品耗用的原材料在生产开始时一次投入；B 半成品耗用的原材料随着加工进度陆续投入。生产费用在完工产品与在产品之间采用约当产量法分配，生产步骤按生产车间设置，采用平行结转分步法计算成本。各车间 202×年 7 月份生产情况如表 8-52、表 8-53 所示。

表 8-52　产量资料

编制单位：　　　　202×年 7 月　　　　单位：件

项　目	A 半成品	B 半成品	AB 产成品
期初在产品数量	200	90	200
本期投产数量	1 000	1 200	800
本期完工数量	800	800	900
期末在产品数量	400	490	100
在产品完工程度	50%	50%	50%

表 8-53　各车间生产费用资料

编制单位：　　　　202×年 7 月　　　　单位：元

项　目	第一车间	第二车间	第三车间
月初在产品成本	8 856	20 520	8 446
其中：直接材料	6 300	7 650	
直接人工	1 440	10 680	3 936
制造费用	1 116	2 190	4 510
本月生产费用	37 944	181 170	16 254
其中：直接材料	26 460	104 400	
直接人工	6 984	51 570	10 314
制造费用	4 500	25 200	5 940

根据上述资料，采用平行结转分步法计算成本程序如下：

首先，编制各生产步骤成本计算单，计算各步骤应计入产成品成本的份额，如表 8-54、表 8-55、表 8-56 所示。

表 8-54 成本计算单

产品名称:A 半成品

车间名称:第一车间 202×年 7 月 单位:元

项目		直接材料	直接人工	制造费用	合计
月初在产品成本		6 300	1 440	1 116	8 856
本月生产费用		26 460	6 984	4 500	37 944
生产费用合计		32 760	8 424	5 616	46 800
半成品数量	月初半成品数量	200	200	200	
	本月完工半成品数量	800	800	800	
	月末狭义在产品约当量	400	200	200	
	合计	1 400	1 200	1 200	
单位半成品成本		23.40	7.02	4.68	
应计入产成品成本份额(900 件)		21 060	6 318	4 212	31 590
月末在产品成本		11 700	2 106	1 404	15 210

表 8-55 成本计算单

产品名称:B 半成品

车间名称:第二车间 202×年 7 月 单位:元

项目		直接材料	直接人工	制造费用	合计
月初在产品成本		7 650	10 680	2 190	20 520
本月生产费用		104 400	51 570	25 200	181 170
生产费用合计		112 050	62 250	27 390	201 690
半成品数量	月初半成品数量	200	200	200	
	本月完工半成品数量	800	800	800	
	月末狭义在产品约当量	245	245	245	
	合计	1 245	1 245	1 245	
单位半成品成本		90	50	22	
应计入产成品成本份额(900 件)		81 000	45 000	19 800	145 800
月末在产品成本		31 050	17 250	7 590	55 890

表 8-56 成本计算单

产品名称:AB 产成品

车间名称:第三车间 202×年 7 月 单位:元

项目	直接材料	直接人工	制造费用	合计
月初在产品成本		3 936	4 510	8 446
本月生产费用		10 314	5 940	16 254
生产费用合计		14 250	10 450	24 700

续表

项　目		直接材料	直接人工	制造费用	合　计
产成品数量	月初数量				
	本月完工数量		900	900	
	月末狭义在产品约当量		50	50	
	合　计		950	950	
单位半成品成本			15	11	
应计入产成品成本份额(900 件)			13 500	9 900	23 400
月末在产品成本			750	550	1 300

其次，根据成本计算单，编制产品成本汇总计算表，如表 8-57 所示。

表 8-57　AB 产品成本汇总计算表

202×年 7 月　　单位：元

生产车间	产量	直接材料	直接人工	制造费用	合计
第一车间	900	21 060	6 318	4 212	31 590
第二车间	900	81 000	45 000	19 800	145 800
第三车间	900		13 500	9 900	23 400
合计	900	102 060	64 818	33 912	200 790
单位成本		113.40	72.02	37.68	223.10

根据 AB 产品成本汇总计算表，编制会计分录如下：

借：库存商品——AB 产品　　200 790

　贷：基本生产成本——第一车间　　31 590

　　　　　　　　——第二车间　　145 800

　　　　　　　　——第三车间　　23 400

(四)平行结转分步法的优缺点

平行结转分步法的优点：一是在平行结转分步法下，各步骤月末可以同时进行成本计算，不必等待上一步骤半成品成本的结转，从而加快了成本计算工作，节约了成本计算时间；二是在平行结转分步法下，产成品成本按照原始成本项目平行结转、汇总，能直接提供按原始成本项目反映的产品成本构成，有助于成本分析和考核。其的缺点：一是平行结转分步法，不能提供各步骤半成品成本资料及各步骤所耗上一步骤半成品成本资料，因而也就不能全面反映各步骤生产耗费的水平，不利于各步骤的成本管理；二是在平行结转分步法下，各步骤间不结转半成品成本，从而使半成品的实物转移与成本结转脱节，不便于半成品的实物管理和价值管理。

思政德育课堂

王会计的"糊涂账"

1.案例资料

王某是一家小型工业企业的成本会计。由于该企业生产工序复杂,涉及的原料较多,王某的工作量一直很大,常常要加班。王某觉得这种情况使自己的生活品质降低。王某想,反正这家企业也做不大,数据做得再精确也起不到什么大作用,还不如装装糊涂,简化一些账务处理。经过"精挑细选",王某决定剔除对制造费用的核算,这样一来,既不用将相关费用归集到"制造费用"账户,也不用将"制造费用"账户的金额分配出去,可以减少不少工作量。

2.研讨问题

(1)王某的做法是否可取?按用途结构不同进行分类,"制造费用"账户属于哪类账户?

(2)剔除了对"制造费用"账户的核算后,对企业会计核算将产生什么样的影响?

3.案例启示

"制造费用"账户属于集合分配账户。集合分配账户既便于监督企业制造费用预算的执行情况,又便于期末按一定标准将这些费用分配到各产品成本中去,从而结清该账户。车间发生的成本费用,并不是都直接用于生产产品,但却间接影响着产品的生产。例如,车间管理人员不直接生产产品,但是其管理水平会最终会影响产品的生产情况,因此,车间管理人员的工资也应该计入相关产品的成本中。但是车间生产的产品众多,难以将车间管理人员的工资归集到各产品中,因此需要先将该金额转入"制造费用"账户,在期末进行加总,并按照一定的方法分配到各产品成本中。如果减少了此环节,将导致产品成本的计算不准确,进而影响产品定价,使企业利润难以准确预测。

作为会计从业人员,应当熟练掌握账户的分类,分清不同账户的性质,在工作中爱岗敬业,即使工作繁琐,也应当尽心尽责,按照各账户核算要求进行账务处理,以向决策者提供有用的会计信息。

本章小结

产品成本计算有各种不同的方法,这些方法的选择和运用,在很大程度上取决于企业的生产特点和管理要求。

生产特点和成本管理要求都会影响成本计算方法。生产特点对成本计算方法的影响主要体现在成本计算对象、成本计算期和生产费用在完工产品与在产品之间分配的影响三个方面;成本管理要求对成本计算的影响,主要体现在成本计算对象的确定方面。

按照成本计算的基本对象为标志,成本计算的基本方法可分为品种法、分批法和分步法三种;在成本计算的方法中,品种法是最基本的成本计算方法。

品种法是按照产品品种归集生产费用,计算产品成本的一种方法。它主要适用于大量大批单步骤生产企业，以及管理上不要求按照生产步骤计算产品成本的大量大批多步骤生产企业。品种法的特点是：以产品品种为成本计算对象，按月计算产品成本，月末根据情况将生产费用在完工产品与在产品之间进行分配。品种法是产品成本计算方法中最基本的方法，既可以单独应用，也可以与其他成本计算方法相结合应用。企业应根据自身生产经营特点及成本管理要求，灵活应用品种法。

分批法是按产品的批别归集生产费用，计算产品成本的一种方法。分批法通常适用于单件、小批生产的企业或车间。分批法的特点有：以产品批别作为成本计算对象，产品的成本计算期与生产周期一致，通常不存在批内完工产品与月末在产品分配生产费用的问题。对于同一月份内投产的产品批次较多，且月末没有完工的产品批次也较多的企业，为了简化成本核算，可以采用简化分批法计算成本。

产品成本计算的分步法，是成本计算的基本方法之一，是以产品的品种及其所经过的生产步骤作为成本计算对象，开设生产成本明细账，归集生产费用，计算产品成本的一种方法。主要适用于大量大批多步骤生产，管理上又要求按步骤核算成本的企业。分步法按是否计算各生产步骤的半成品成本，分为逐步结转分步法和平行结转分步法两种。

关键概念

单步骤生产（single step production）　　品种法（parieties method）
多步骤生产（multi-step production）　　分批法（patch process method）
成本计算对象（cost calculation object）　　分步法（processmethod）
成本计算期（costing period）　　生产成本（production cost）
简化分批法（simplified job order costing）
生产成本二级账（production cost secondary account）
逐步结转分步法（gradually carry-over process costing）
平行结转分步法（parallel to the carry-over process costing）
综合结转（gradually carry-over）
分项结转（breakdown of the carry-over）
成本还原（cost reduction）

习　题

一、单项选择题

1.服装生产、工具制造属于（　　）。

A.大量生产　　B.单步骤生产　　C.成批生产　　D.单件生产

2.造船、重型机械制造、专用设备制造属于（　　）。

A.大量生产　　B.单步骤生产　　C.成批生产　　D.单件生产

3.最基本的成本计算方法是（　　）。

A.品种法　　B.分批法　　C.分步法　　D.分类法

4.在大量、大批、单步骤生产或管理上不要求分步骤计算成本的多步骤生产企业里，应采用的成本计算方法是（　　）。

A.品种法　　B.分批法　　C.分类法　　D.分步法

5.在大量、大批生产，且管理上要求分步骤计算成本的多步骤生产企业里，应用的成本计算方法是（　　）。

A.品种法　　B.分批法　　C.分类法　　D.分步法

6.已销售产品的成本应从“库存商品”账户结转到（　　）账户

A.其他业务成本　　B.主营业务成本　　C.营业外支出　　D.管理费用

7.企业行政管理人员工资应计入的会计科目是（　　）。

A.营业外支出　　B.应付福利费　　C.其他业务支出　　D.管理费用

8.在大量大批多步骤生产企业中，如果企业或车间的规模较小，管理上不要求按照生产步骤计算产品成本，可以采用（　　）计算成本。

A.分批法　　B.分步法　　C.品种法　　D.分类法

9.应由本期负担但尚未支付的费用，应作为（　　），计入本期有关成本费用。

A.制造费用　　B.待摊费用　　C.预提费用　　D.管理费用

10.需要在各个成本核算对象之间分配的生产费用数额是指（　　）。

A.期起初在产品成本

B.本期发生的生产费用

C.期末在产品成本

D.期初在产品成本与本期发生的生产费用之和

11.采用简化的分批法，如果某月某批产品全部没有完工，那么在该批产品的基本生产成本明细账上不需要登记的是（　　）。

A.直接材料费用　　B.产品批号　　C.制造费用　　D.生产工时

12.下列情况下，不适宜采用简化分批法的是（　　）。

A.月末未完工产品批数较多　　B.投产的批数较多

C.各月间接费用水平相差较大　　D.各月间接费用水平相差不大

13.分批法下，若月末某批产品完工数量较多，则（　　）结转完工产品成本较好。

A.按计划单位成本计算　　B.按约当产量法计算

C.按定额单位成本计算　　D.按近期同种产品实际单位成本计算

14.采用简化的分批法，累计间接费用分配率（　　）。

A.只是在各批产品之间分配间接费用的依据

B.只是在完工批别和在产品之间分配费用的依据

C.只是在某批产品的完工产品和在产品之间分配费用的依据

D.既是在各批产品之间，也是在完工批别与月末在产品之间以及某批产品的完工产品和在产品之间分配费用的依据

15.分批法的成本计算程序与（　　）基本一致。

A.分类法　　B.定额法　　C.分步法　　D.品种法

16.在逐步结转分步法下，上一步骤的半成品移交下一步骤继续加工时，其半成品成

本（　　）。

A.不随实物的转移而转移　　B.应保留在本步骤

C.随实物的转移而转移　　D.只转移由完工产品负担的份额

17.平行结转分步法下，各步骤的费用（　　）。

A.包括本步骤的费用和上步骤转入的费用两部分

B.只包括本步骤的费用，不包括上一步骤转入的费用

C.第一步骤包括本步骤的费用，其余各步骤均包括上一步骤转入的费用

D.最后步骤包括本步骤的费用，其余各步骤均包括上一步骤转入的费用

18.下列方法中，不计算半成品成本的分步法是（　　）。

A.分项结转法　　B.综合结转法　　C.逐步结转法　　D.平行结转法

19.下列可采用分步法计算产品成本的企业是（　　）。

A.造船厂　　B.发电厂　　C.重型机器厂　　D.纺织厂

20.采用综合结转分步法计算产品成本时，若有四个生产步骤，则需进行的成本还原的次数是（　　）。

A.1 次　　B.2 次　　C.3 次　　D.4 次

二、多项选择题

1.按产品的生产工艺特点可将企业的生产分为（　　）。

A.单步骤生产　　B.大量生产　　C.单件生产　　D.多步骤生产

2.工业企业的生产，按照生产组织的特点可以分为（　　）。

A.单步骤生产　　B.大量生产　　C.成批生产　　D.单件生产

3.大量生产的特点是（　　）。

A.不断重复生产一种或几种品种相同的产品

B.产品的品种较少

C.生产比较稳定

D.产品的品种较多

4.成批生产的特点是（　　）。

A.按照事先约定的批量和数量，生产几种固定的产品

B.产品的品种较多

C.生产很少重复

D.生产具有一定的重复性

5.单件生产的特点是（　　）。

A.生产个别的、特殊的产品　　B.产品的品种规格较多

C.很少重复生产　　D.生产具有一定的重复性

6.品种法适用于（　　）。

A.大量大批单步骤生产

B.小批单件生产

C.大量大批多步骤生产，但管理上不要求按生产步骤计算成本

D.大量大批多步骤生产，但管理上要求按生产步骤计算成本

7.下列关于品种法的说法正确的有(　　)。

A.成本计算期与会计报告期一致

B.以产品品种作为成本计算对象

C.若月末无在产品,或在产品数量很少,费用很小,可不计算在产品成本

D.若月末有在产品,且数量较多,费用也较大,则应采用适当的分配方法,将生产费用在完工产品和月末在产品之间进行分配

8.品种法一般适用于大量大批单步骤生产,如(　　)。

A.煤矿企业　　B.发电厂　　C.汽车制造厂　　D.自来水厂

9.品种法也可用于不需要分步骤计算成本的大量大批多步骤生产,如(　　)。

A.小型造纸厂　　B.水泥厂

C.大、中型机器制造厂的封闭车间　　D.砖瓦厂

10.成本核算中,设置的主要账户有(　　)。

A.基本生产成本　　B.辅助生产成本　　C.制造费用　　D.固定资产

11.采用分批法计算产品成本时,可能作为一批产品核算的是(　　)。

A.不同订单中的同一产品　　B.同一订单中的同种产品

C.同一订单中的不同产品　　D.同一订单中某一产品的一个组成部分

12.采用简化的分批法,在各批产品成本明细账中,对于没有完工产品的月份,只登记(　　)。

A.生产工时　　B.直接材料　　C.直接人工费用　　D.制造费用

13.简化分批法的适用条件是(　　)。

A.各个月份的间接计入费用的水平相差悬殊

B.生产的产品批次很多

C.各个月份的间接计入费用的水平相差不多

D.月末未完工产品批数比较多

14.采用简化的分批法,月末(　　)。

A.只对完工产品分配间接费用

B.不分批计算在产品成本

C.不计算完工产品成本

D.对于各批产品,需要在完工产品与在产品之间分配费用

15.采用分批法计算产品成本,在批内产品跨月陆续完工不多的情况下,结转完工产品成本的方法可以按(　　)。

A.定额单位成本计算　　B.计划单位成本计算

C.近期同种产品实际单位成本计算　　D.暂不结转,待全部完工后一并计算

16.分项结转分步法的优点是(　　)。

A.有利于各生产步骤的成本分析

B.可以直接提供按原始成本项目反映的产品成本资料

C.能够简化和加速成本核算工作

D.便于企业分析和考核产品成本的构成和水平

17.平行结转分步法的特点包括(　　)。

A.半成品的成本不随着实物的转移而结转

B.各生产步骤不计算半成品成本

C.生产费用在产成品与狭义在产品之间进行分配

D.通过平行汇总确定产成品成本

18.平行结转分步法的优点是(　　)。

A.能够简化和加速成本核算工作

B.各步骤的半成品成本随实物的转移而转移

C.各生产步骤能够同时计算产品成本

D.可以直接提供按原始成本项目反映的产品成本资料

19.采用综合结转法,应将各步骤所耗用的半成品成本以(　　)项目综合计入其生产成本明细账中。

A.直接材料　　B.直接人工　　C.半成品　　D.制造费用

20.广义的在产品包括(　　)。

A.尚在本步骤加工中的在产品

B.企业最后一个步骤的完工产品

C.转入各半成品库的半成品

D.已从半成品库转到以后各步骤进一步加工,尚未最后制成的产成品

三、思考题

1.确定产品成本计算方法的原则是什么?

2.生产组织特点和管理要求对产品成本计算有哪些影响?

3.什么是产品成本计算的品种法?品种法适用于哪些企业?有何特点?

4.简述品种法的成本计算程序。

5.什么是产品成本计算的分批法?它适用于哪些企业?有何特点?

6.什么是简化分批法?它有何特点?适用条件是什么?

7.逐步结转分步法有哪些特点?适用于何种类型的企业?

8.平行结转分步法有哪些特点?适用于什么情况下采用?

9.什么是成本还原?为什么需要进行成本还原?

10.简述逐步结转分步法和平行结转分步法的区别。

○ 本章实验

实验一　品种法运用

实验目的:掌握产品成本计算的品种法。

实验资料:大明工厂设有一个基本生产车间和供电、供气两个辅助生产车间,大量生产甲、乙两种产品,甲产品材料在生产开始时一次投入。根据生产特点和管理要求,采用品种法计算产品成本。有关成本资料如下:

1.月初在产品成本

月初在产品成本

202×年 8 月　　单位:元

项目	甲产品	乙产品
直接材料	20 400	
直接人工	12 320	
制造费用	7 288	
合计	40 008	0

2.产量资料

产量资料

202×年 8 月　　单位:件

项　目	甲产品	乙产品
月初在产品	80	0
本月完工入库	800	500
月末在产品	400	0
在产品完工程度	50%	

3.辅助生产车间劳务量汇总表

辅助生产车间劳务量汇总表

202×年 8 月

受益部门		供气量(立方)	供电度数(度)
基本生产车间甲乙产品共同耗用			200 000
辅助生产车间	供气		30 000
	供电	1 000	
基本生产车间(一般消耗)		10 000	10 000
行政管理部门		3 500	66 000
合　计		14 500	306 000

基本生产车间甲产品本月实际生产工时 40 500 小时,乙产品本月实际生产工时为 27 000小时。

4.本月发生生产费用

(1)本月“发出材料汇总表”见下表。

发出材料汇总表

材料类别:A材料　　　　年　月　日　　　　单位:元

受益部门		直接领用	共同耗用	耗料合计
基本生产车间生产产品	甲乙产品生产		60 000	
	甲产品生产	200 000		
	乙产品生产	100 000		
	合计	300 000	60 000	360 000
基本生产车间	一般消耗	4 000		4 000
辅助生产车间	供电车间	62 000		62 000
	供气车间	10 000		10 000
厂部管理部门		6 000		6 000
合计		382 000	60 000	442 000

(2)本月"应付职工薪酬及计提福利费汇总表"见下表。

应付职工薪酬及计提福利费汇总表

年　月　日　　　　单位:元

人员类别	应付职工薪酬总额	计提福利费
产品生产工人	270 000	37 800
供电车间人员	10 000	1 400
供气车间人员	12 000	1 680
基本生产车间管理人员	8 000	1 120
厂部管理人员	30 000	4 200
合计	330 000	46 200

(3)本月应提折旧费49 000元,其中,基本生产车间30 000元,供电车间6 000元,供气车间5 000元,厂部管理部门8 000元。

(4)本月应摊销待摊费用(修理费)5 000元,其中,基本生产车间2 000元,供电车间1 200元,供气车间800元,厂部管理部门1 000元。

(5)本月以现金支付的费用为6 000元,其中,基本生产车间办公费1 400元,供电车间办公费400元,供气车间办公费200元、修理费800元,厂部管理部门办公费600元、差旅费2 600元。

(6)本月以银行存款支付的费用为71 000元,其中,基本生产车间水费2 000元、办公费1 000元,供电车间外购电力和水费40 000元,供气车间水费20 000元、办公费800元、修理费1 200元,厂部管理部门办公费1 800元、差旅费4 000元、招待费200元。

实验要求:

1.开设甲、乙产品成本计算单;开设供电、供气车间的辅助生产成本明细账;开设基本生产车间制造费用明细账;开设管理费用明细账。辅助车间发生的制造费用不通过制造费用账户核算,直接计入各辅助生产成本明细账。

2.编制各种生产费用分配表,编制相关会计分录,登记各种生产费用明细账。

3.采用计划成本分配法分配辅助生产费用,辅助车间计划单位成本:每度电 0.40 元,每立方水蒸气 4.60 元,成本差异计入管理费用。

4.采用生产工时分配生产用电及制造费用。产品生产用电计入“直接材料”成本项目。

5.采用约当产量法计算甲产品月末在产品成本。编制甲乙两种产品完工产品成本的会计分录。

实验二　简化的分批法运用

实验目的:掌握简化的分批法。

实验资料:某企业小批生产 A、B、C 产品,由于投产批数较多,采用简化的分批法计算产品成本。有关资料如下:

1.各批产品基本情况

各批产品基本情况

批别	产品名称	批量	投产日期	完工日期
A	甲产品	15	7 月 8 日	8 月 29
B	乙产品	18	7 月 5 日	
C	丙产品	12	7 月 26 日	

2.7 月份各批产品生产费用

7 月份各批产品生产费用

批别	产品名称	原材料	工时	备注
A	甲产品	7 800	4 320	
B	乙产品	32 400	16 950	材料在生产开始时一次投入
C	丙产品	3 000	6 000	
合计		43 200	27 270	

3.8 月份各批产品发生费用

8 月份各批产品发生费用

批别	产品名称	原材料	工时	备注
A	甲产品	24 000	6 480	
B	乙产品		22 950	完工 8 件,工时为 22 500 小时在产品 10 件,工时为 17 400
C	丙产品	7 800	3 300	
合计		31 800	32 730	

4.7、8月份该厂发生的全部人工费用和制造费用

全部人工费用和制造费用

项目	人工费用	制造费用
7月份	58 500	40 500
8月份	91 500	37 500

实验要求：

1.开设基本生产成本明细账及基本生产成本二级账；

2.根据以上资料计算完工产品和在产品成本；

3.编制完工产品入库的会计分录。

实验三　综合结转分步法运用

实验目的:掌握综合结转分步法。

实验资料:某厂大量大批生产甲产品,顺序经过三个基本生产车间加工。第一车间完工的产品为甲1半成品,完工后全部交第二车间继续加工;第二车间完工的产品为甲2半成品,完工后全部交第三车间继续加工;第三车间完工的产品为甲产成品。原材料在生产开始时一次投入。各车间的费用发生比较均衡,月末在产品完工程度均为50%。202×年9月份有关成本资料如下：

产量汇总表

202×年9月　　单位:件

项目	第一车间	第二车间	第三车间
月初在产品	240	180	360
本月投入	720	600	660
本月完工	600	660	840
月末在产品	360	120	180

各车间生产费用资料

202×年9月　　单位:元

项　目	第一车间	第二车间	第三车间
月初在产品成本	13 200	3 360	22 638
其中:直接材料	9 600	1 200	21 300
直接人工	1 320	1 200	600
制造费用	2 280	960	738
本月生产费用	31 200	1 440	6 720
其中:直接材料	19 200		
直接人工	9 600	600	1 680
制造费用	2 400	840	5 040

实验要求:采用综合结转分步法计算甲产品成本,并进行成本还原。

实验四　平行结转分步法运用

实验目的:掌握平行结转分步法。

实验资料:某厂生产丙产品,分别由两个车间连续加工制成,第一车间生产丙半成品,第二车间将半成品继续加工成丙产成品。原材料在生产开始时一次投入。月末在产品完工程度均为50%。202×年8月份有关成本资料如下:

产量汇总表

202×年8月　　　　单位:件

项目	第一车间	第二车间
月初在产品	30	90
本月投入	300	240
本月完工	240	270
月末在产品	90	60

各车间生产费用资料

202×年8月　　　　单位:元

项　目	第一车间	第二车间
月初在产品成本	21 540	2 370
其中:直接材料	16 815	
直接人工	2 025	1 080
制造费用	2 700	1 290
本月生产费用	72 270	10 830
其中:直接材料	53 745	
直接人工	7 725	4 320
制造费用	10 800	6 510

实验要求:

1.采用平行结转分步法计算丙产品成本;

2.生产费用在完工产品与在产品之间的分配采用约当产量法;

3.编制产品成本计算单及产品成本汇总表,并编制相关会计分录。

○ 案例分析

1.光华纺织厂是一家规模较大的纺织厂,共有三个纺纱车间、两个织布车间。另外,还有若干为纺纱织布车间服务的辅助生产车间。

该厂第一纺纱车间纺的纱全部对外销售,第二纺纱车间纺的纱供第一织布车间使用,第三纺纱车间纺的纱供第二织布车间使用。纺纱和织布的工序包括清花、粗纺、并条、粗纱、细纱、捻线、织布等工序。各工序生产的半成品直接供下一工序使用，不经过半成品库。

该厂现行的成本计算模式是：第一纺纱车间采用品种法计算成本，第二纺纱车间和第一织布车间采用品种法计算成本，第三纺纱车间和第二织布车间采用逐步结转分步法计算成本。为了加强企业的成本管理，厂财务部对各车间生产的半成品均要进行考核；另外，主管部门还要对半成品成本情况进行评比和检查。

要求：

(1)分析光华纺织厂成本计算方法的选择是否合理？如果不合理应如何改进？

(2)为了加强企业的成本管理，该企业应该采用哪一种分步法核算成本？说明原因。

2.新成立的某布艺礼品制造企业以手工生产为主，规模较小。生产工人分为5个小组，由生产部门按接受的订单组织生产。

本月5日投产01批号甲产品20件，月末全部完工；12日投产02批号乙产品50件，月末完工40件；28日投产03批号甲产品10件，月末没有完工产品。

该企业会计认为本月虽投产了3个批号的产品，但按批号来分实际上就是甲、乙两种产品，且03批号甲产品月末没有完工，不需要计算成本，只需要计算甲产品20件完工成本和乙产品40件完工成本。于是他决定采用品种法计算成本。

要求：分析该企业选择的成本计算方法是否合理？为什么？

3.分批成本法是萨顿公司的第一要务，项目获利取决于正确的定价。例如，为了做到这一点，建筑装修工计算需要花费多少完成一个批次，在成本的基础上加多少利润。在萨顿建筑材料公司，建筑副总裁麦克·萨顿负责分批成本核算。作为合同批准程序的一部分，萨顿仔细检查每一批次，并且确认批次成本。合同协调者埃德·格林复核所有的数字，特别注意可能对批次净利润造成重大影响的非正常的成本。萨顿说，如果某一批次的成本太高，合同就不会得到批准。

每周四，销售、生产和管理人员详细讨论计划开工的每一批次。一旦项目启动，从事这一工作的全体人员就在一份书面报告中详细说明建设的每一个阶段。萨顿使用一个有60个批次阶段分类的清单，如木工装修和屋顶铺盖，以准确地追溯每一分类。每天，每一工作地点的工人记录每一阶段的完工百分比，这样业主、工人和萨顿管理层对已完成的工作就了如指掌。

从事各批次生产的每一个人都要参加每周五的会议。在会议上，首席木工提供批次人工记录并经主管核对每一项目上的所有作业。萨顿把它们张贴出来供所有人观看。

人工是分批成本法的一个主要部分。包括了除支付给员工的实际工资之外的人工成本综合清单：联邦税、员工报酬保险、健康保险、人身与伤残保险、退休、利润共享、节假日、病假日和带薪休假的薪酬。萨顿正需要某一批次使用的材料。所有材料必须通过采购订单购买，订单副本交给首席木工、项目主管人员、供应商和应付账款记录员。记录材料有助于萨顿严格控制公司在材料上的花费。

每一批次的所有信息都记录在一个主要笔记本上，萨顿将其称为“圣经”。每一批次都有一个编号，与批次相关的每一件事情、从采购订单到每日日志，必须都有一个编号。

要求：

(1)分批法适用于哪些情况？

(2)萨顿公司采用分批成本法合适吗？选择依据是什么？

(3)哪种情况适合简化的分批法？简化分批法成本核算有哪些特点？

4.中兴公司生产和销售甲、乙两种产品。两种产品的生产都属于大量、大批的多步骤生产，其中乙产品的半成品种类较多。两种产品的生产已经定型，针对这两种产品的计划和定额管理工作的基础都很扎实，各项消耗定额比较准确、稳定；甲产品的各月末在产品数量稳定，乙产品的各月末在产品数量变动较大。

甲产品的半成品除供本企业加工甲产品所用外，还对外销售，需要计算半成品成本；乙产品则不需要计算半成品成本。

另外，从企业内部管理的要求看，均要求两种产品分步骤归集费用，计算成本。其中，甲产品不仅需要从整个企业角度考核和分析其成本构成情况，而且需要严格进行分步骤的成本管理，即要求各步骤成本核算所提供的资料能够较为清晰地反映各步骤的工作业绩和经济责任。乙产品则主要要求从整个企业角度考核和分析其成本构成情况。

要求：根据该公司的上述情况讨论以下问题：

(1)从既满足管理的需要又要加速和简化成本计算工作的要求出发，这两种产品最适合采用什么样的成本计算方法？

(2)如果你选择了某种成本计算方法，请详细说明在该种方法下成本计算都包括哪些方面的工作。

(3)这两种产品的完工产品与月末在产品之间的费用分配适合采用什么样的方法？

第九章 产品成本计算的辅助方法

学习目标

通过本章学习，了解成本计算的辅助方法，理解分类法的特点、适用范围及适用条件，掌握分类法的计算程序和计算方法，掌握定额法下差异的确认与调整，理解联产品、副产品的含义及成本计算方法。

引导案例

等级产品和副产品的成本核算

光华肥皂厂在生产肥皂时，会生产出一等品、二等品和三等品，另外还有副产品甘油。202×年11月份，该企业共生产出一等品200箱、二等品150箱、三等品80箱，并产生副产品甘油1吨。上述产品总成本为23万元，其中肥皂成本15万元，加工成本8万元。但企业将上述产品按照市场上同类产品销售价格出售后，账上出现了奇怪现象：只有一等品盈利而且利润率很高，二等品和三等品以及副产品都是亏损，并且单位产品的亏损额逐渐加大。经过财务人员认真分析，原来是企业将总成本按各种产品的数量平均分配给各产品的结果，即成本分配方法所致。那么，用何种分配方法合理呢？

制造企业产品成本核算的常用方法是品种法、分批法和分步法。一般来说，所有工业生产企业的产品成本计算都要用到其中的一种或多种。但在实际工作中，由于企业情况复杂，管理基础、管理水平和管理要求不同，有的企业在采用成本核算基本方法的基础上，对有些产品还需采用分类法、定额法及联产品、等级产品和副产品的成本核算等辅助成本计算方法。

（资料来源：江希和、向有才《成本会计教程与案例》[M]上海.立信会计出版社.2018年.第202页）

第一节 成本计算辅助方法概述

实际工作中，除了使用品种法、分批法和分步法这三种成本计算的基本方法外，有些企业根据自身的需要，还广泛采用一些辅助方法，如分类法、定额法等。

分类法是以产品的类别作为成本计算对象，归集生产费用，计算生产费用，计算产品成本的方法。在这种方法下，先按照成本计算的基本原理计算各类别的产品成本，然后将各类别的完工产品成本在类内各种产品之间进行分配，计算各种产品成本。主要适宜于品种、规格繁多，但每类产品的结构、所用原料、生产工艺过程基本相同的企业。

定额法是以产品的定额为基础，加上（或减去）脱离定额的差异和定额变动差异来计算产品成本的一种方法。它主要适宜于定额管理基础好，产品生产定型，消耗定额合理且稳定的企业。

此外，近年来，不少企业借鉴应用了西方发达国家成本计算的方法，如，变动成本法、标准成本法、作业成本法等。这些方法的应用与生产特点没有直接联系，而是服务于特定的管理要求，只要条件具备，这些方法在任何一种生产类型的企业均可运用；另一方面需要注意的是，由于没有涉及成本计算对象，它们只能和成本计算的基本方法结合运用，因此这些方法都属于产品成本计算的辅助方法。但是这些方法也很重要，例如定额成本法和标准成本法对于控制生产费用，加强成本分析，有着重要的作用；变动成本法对于加强企业短期的生产经营预测和决策，发挥着较好的作用。

各种生产类型产品成本的计算，无论采用何种计算方法，最终都必须按照产品的品种计算出产品成本，因此，品种法是成本计算方法中最基本的方法。

第二节　分类法

一、分类法概述

（一）分类法的含义与适用范围

在实际工作中，由于企业情况复杂，管理基础和管理水平要求不一，有的企业在采用基本方法以外，还采用其他辅助的成本计算方法。如在产品品种、规格繁多，但在加工工艺基本相同的企业，为了简化成本计算而采用分类法。

分类法是将企业生产的产品分为若干种类别，以产品的类别作为产品计算对象，归集各类产品的生产费用，计算各类完工产品的总成本，再以类内不同品种的产品作为成本分配对象，计算各类内不同品种的完工产品成本的一种成本计算方法。

分类法实际上是一种变相的品种法，与企业生产类型无直接关系，可以在各种类型的企业中应用。一般适用于使用同样的原材料，通过基本相同的加工工艺过程，所生产产品的品种、规格、型号繁多，但可以按一定标准予以分类的生产企业或车间。如钢铁企业各种型号和规格的生铁、钢锭和钢材的生产；食品企业各种饼干、糖果、面包的生产；电子行业不同类别和规格的电子元件生产；联产品、副产品及等级品的成本计算等都可采用分类法。采用分类法可以适当减少成本计算对象，简化成本计算工作。

（二）分类法的特点

1.成本计算对象

分类法是以产品的类别为成本计算对象，按产品类别设立成本计算单，归集生产费用,并据以计算各类产品的成本。

2.成本计算期

成本计算期取决于企业的生产特点及成本管理要求,可与会计报告期一致,也可与产品的生产周期一致。如果是大批量生产,结合品种法和分步法进行成本计算,成本计算期与会计核算的报告期一致;如果是小批量、单件生产,则与分批法结合应用,成本计算期与生产周期相一致,与会计核算的报告期不一致。

3.生产费用在完工产品和期末在产品之间的分配

采用分类法,月末应选择合理的分配标准,在每类产品的各种产品之间分配费用,计算每类产品内各种产品的成本,并将各类产品生产费用在完工产品和在产品之间分配。为了简化成本计算,采用分类法计算产品成本时,完工产品和月末在产品的分配只在各大类产品中进行,然后将该类产品的完工产品成本按上述方法在类内各种产品之间进行分配。月末在产品成本反映在各大类产品上,不再分配到类内各种产品上。

(三)分类法的成本计算程序

分类法是按照产品的类别设置生产成本明细账户,并按产品类别归集生产费用。其成本计算程序包括以下几个方面:

1.划分产品大类,合理确定产品类别

采用分类法计算产品成本时,首先将产品按照所用原材料和工艺过程、产品的规格和性能相仿程度、产品的用途及销售对象的不同,划分成不同类别。

2.按照产品的类别设置产品成本明细账,计算各类产品的成本

采用分类法,将产品划分为若干类别后,应按照产品的类别设置成本明细账,归集生产费用,计算出每类产品的总成本。

归集生产费用时,对于能直接计入某类产品的直接费用,直接计入该类产品成本,对于不能直接计入某类产品的共同性费用,应通过“制造费用”等账户先归集,月末再采用一定方法分配计入各类产品成本。

3.归集各类产品的生产费用,采用适当方法将生产费用在各类完工产品与该类月末产品之间进行分配,计算出各类完工产品的总成本

月末,归集各类别产品的生产费用,将归集的生产费用,采用一定的方法,在完工产品与在产品之间进行分配,计算出该类完工产品成本

4.选择合理的分配标准,计算类内各种产品的成本

在同类产品内各种产品之间分配费用,选择分配标准时应考虑以下因素:第一,应考虑分配标准是否与产品成本的高低有密切的联系,可选择的分配标准应根据产品特点选择并与其成本消耗有一定关系,例如定额消耗量、定额费用、售价、体积、长度、重量等。第二,各成本项目可以采用同一分配标准,也可以按照成本项目的性质,分别采用不同的分配标准,使分配结果更加合理。例如成本构成的直接材料、直接人工和制造费用应区别分配标准,直接材料费用可按材料定额消耗量或定额费用比例分配,直接人工与制造费用则可按定额工时比例分配。

在实际工作中,生产费用在类内各种产品之间进行分配时,常采用的方法是系数法。

系数法,是将分配标准折算成相对固定的系数,按照固定系数在类内各种产品之间分

配费用，计算产品成本的方法。在实务中，通常在同类产品内选择一种产量较大、生产比较稳定或规格折中的产品作为标准产品，将这种产品的系数确定为“1”，再用其他各种产品的分配标准额分别与标准产品的分配标准额相比较，计算出其他各种产品的分配标准额与标准产品的分配标准额的比率，即系数。系数一经确定，在一定时期内应相对稳定。

二、分类法的应用——系数法的应用

【例 9-1】 ABC 工厂生产的甲、乙、丙三种产品的结构、所用原材料和工艺过程基本相同，合并为一类(A 类)，采用分类法计算产品成本。202×年 7 月生产甲产品 800 件，乙产品 600 件，丙产品 360 件。类内各种产品之间分配费用的标准为：直接材料费用按各种产品的直接材料费用系数分配，直接材料费用系数按直接材料费用定额确定，其他费用按定额工时比例分配。

采用系数法核算步骤如下：

(1)合理确定系数

ABC 工厂将甲产品确定为标准产品，分配原材料的标准产品换算系数按单位产品原材料消耗定额计算，其他加工费用的标准产品换算系数按单位产品工时消耗定额计算。系数计算如表 9-1 所示。

表 9-1　直接材料费用系数计算表

产品名称	单位产品直接材料费用				直接材料费用系数
	原材料名称或编号	消耗定额(Kg)	计划单价	费用定额	
甲(标准产品)	101 102 103 小计	400 200 360 960	0.80 0.60 1 	320 120 360 800	1
乙	101 102 103 小计	350 100 300 750	0.80 0.60 1 	280 60 300 640	$\frac{640}{800}=0.80$
丙	101 102 103 小计	500 300 380 1 180	0.80 0.60 1 	400 180 380 960	$\frac{960}{800}=1.20$

(2)按产品类别(A 类)开设产品成本明细账计算该类完工产品成本。

根据各项生产费用分配表登记产品成本明细账，计算该类产品成本(在产品成本按定额成本计价法计算)如表 9-2 所示。

表 9-2　产品成本明细账

产品名称:A 类　　　　　　202×年 7 月　　　　　　单位:元

摘　要	直接材料	直接人工	制造费用	成本合计
月初在产品成本	6 720	15 450	18 710	40 880
本月生产费用	510 000	44 160	60 365	614 525
生产费用合计	516 720	59 610	79 075	655 405
产成品成本	513 600	58 800	78 400	650 800
月末在产品成本	3 120	810	675	4 605

(3)分配计算类内各种产品的成本

根据各种产品的产量、原材料费用系数和工时消耗定额,分配计算 A 类甲、乙、丙三种产品的产成品成本,如表 9-3 所示。

其中,

$$直接材料分配率=\frac{513\ 600}{1\ 712}=300$$

$$直接人工分配率=\frac{58\ 800}{4\ 900}=12$$

$$制造费用分配率=\frac{78\ 400}{4\ 900}=16$$

表 9-3　A 类甲、乙、丙产成品成本计算表

编制单位:××企业　　　　　　202×年 7 月　　　　　　单位:元

项目	产量(件)	材料费用系数	材料费用总系数	工时定额	定额工时	直接材料	直接人工	制造费用	成本合计
①	②	③	④=②×③	⑤	⑥=②×⑤	⑦=④×分配率	⑧=⑥×分配率	⑨=⑥×分配率	⑩
分配率						300	12	16	
甲产品	800	1	800	3.50	2 800	240 000	33 600	44 800	318 400
乙产品	600	0.80	480	2.60	1 560	144 000	18 720	24 960	187 680
丙产品	360	1.20	432	1.05	540	129 600	6 480	8 640	144 720
合计			1 712		4 900	513 600	58 800	78 400	650 800

(4)编制产品成本汇总表(见表 9-4 所示)

表 9-4 产品成本汇总表

202×年 7 月 单位:元

项目		直接材料	直接人工	制造费用	合计
甲产品	总成本	240 000	33 600	44 800	318 400
	单位成本	300	42	56	398
乙产品	总成本	144 000	18 720	24 960	187 680
	单位成本	240	31.20	41.60	312.80
丙产品	总成本	129 600	6 480	8 640	144 720
	单位成本	360	18	24	402

根据产品成本汇总表,编制产品入库的会计分录如下:

借:库存商品——甲产品 318 400

——乙产品 187 680

——丙产品 144 720

贷:基本生产成本——A 类产品 650 800

三、分类法的优缺点

分类法的优点是:按照产品类别计算产品成本、归集生产费用,不仅能简化成本计算工作,而且能在产品品种规格繁多的情况下,分类掌握产品的成本水平。分类法的缺点是:由于同类产品内各种产品的成本都是按照一定的比例分配计算的,其结果具有一定的假定性。产品的分类是否恰当,分配标准的选择是否合理,都会直接影响产品成本计算的正确性。

第三节 产品成本计算的定额法

一、定额法概述

(一)定额法的含义及适用范围

有些企业的定额管理制度比较健全,产品的生产定额、消耗定额比较准确、稳定。为了及时对产品成本进行控制和管理,节约费用,降低成本,使成本核算和成本管理有效地结合起来,产品成本计算可采用定额法。定额法既是一种成本计算方法,也是一种成本管理制度。

定额法是以产品定额成本为基础,加上(或减去)脱离定额的差异、材料成本差异和定额变动差异,来计算产品实际成本的方法。该方法并不是一种独立的成本计算方法,须与前述基本成本计算方法结合使用,其实质是成本控制方法在成本计算中的体现。

定额法适用于定额管理制度比较健全,定额管理工作的基础比较好;而且产品生产已经定型,消耗定额比较准确、稳定;产品品种少、产量大且稳定的企业,这也是采用定额法应具备的条件,例如汽车制造业。

(二)定额法的特点

1.事前控制产品的生产成本

定额法事前制定产品的各项消耗定额、费用定额和定额成本,并以现行消耗定额为已经,制定产品定额成本,作为降低产品成本、节约费用支出的目标,对产品成本进行事前控制。

2.成本核算与成本控制相结合

在定额法下,在生产费用发生的当时,将符合定额的费用和脱离定额的差异分别核算,及时揭示实际生产费用脱离定额的差异,这样可使成本差异发生的地点、发生的原因及差异发生的责任和差异对成本的影响及时反映,便于加强生产费用和产品成本的日常核算、分析和控制。

3.当月发生的生产费用分成两部分进行归集和分配

两部分生产费用包括:按现行定额计算归集的费用和按脱离定额的差异计算归集的费用。月末,按定额归集的总费用和按脱离定额差异归集的总费用,需同时在完工产品与在产品之间进行分配,从而计算出完工产品与在产品的实际成本。

4.定额法须与基本方法结合使用

定额法不是一种独立的产品成本计算方法,而是在品种法、分批法和分步法的基础上,运用其特有的汇集费用的技术,计算产品成本的方法。定额法不仅是一种产品成本计算的方法,同时又是一种对产品成本进行直接控制、管理的方法。

(三)定额法的成本计算程序

定额法的成本计算程序如下:

第一步,按产品(零、部件)设置成本计算单,并按成本项目设置定额成本、定额差异和定额变动差异等专栏。

第二步,根据产品投放产量和各定额资料,在生产费用发生时,计算定额成本、定额成本差异、材料成本差异,并分别成本项目登记产品成本计算单。如果定额在当月有变动,还应计算定额变动差异,调整月初在产品定格成本。

第三步,月末,将归集的生产费用(定额成本+定额成本差异+定额变动差异+材料成本差异)在完工产品与在产品之间进行分配,并计算出其成本。

二、定额法的具体核算

(一)定额成本的确定和计算

定额成本又称现行定额,是指按照各时期的现行消耗定额和计划价格计算的成本。在定额法下,定额成本是核算生产费用,计算产品实际成本的基础。

定额成本与计划成本既有相同之处,又有不同之处。相同之处在于:两者都是产品生产耗费的消耗定额和计划价格为根据确定目标成本。不同之处在于:计划成本在计划期内一般不变动，定额成本在计划期内随着技术进步和生产率提高可以修改和变动；计划成本一般是国家或上级公司在计划期内对企业现行成本考核的依据，定额成本是企业自行制定的，是企业内部当时进行成本控制和考核的依据。

采用定额法，首先要制定定额成本，包括原材料消耗定额、工时定额、动力费定额等，并根据原材料、动力费和企业内部各项劳务的计划价格，计算产品的各项费用定额和产品的单位定额成本。

直接材料定额成本＝产品的材料消耗定额×材料计划单位成本

直接人工定额成本＝产品的工时定额×计划小时工资率

制造费用定额成本＝产品的工时定额×计划小时费用率

产成品定额成本＝直接材料定额成本＋直接人工定额成本＋制造费用定额成本

【例 9-2】 ABC 企业生产甲产品，该产品有 A、B 两个部件组成，其中部件 A 包括两个零件 3201、3202，定额成本制定程序如表 9-5、表 9-6、表 9-7 所示。

表 9-5　零件定额卡

零件编号：3201　　　　零件名称：××

材料编号	材料名称	计量单位	材料消耗定额
4201	××	千克	6

工　序	工时定额	累计工时定额
1	2	2
2	3	5
3	1.50	6.50
4	3.50	10

表 9-6　部件定额成本计算表

部件编号：2201　　　　部件名称：A

所用零件编号或名称	所用零件数量	部件材料费用定额							部件工时定额
		4201			4202			金额合计	
		消耗定额	计划单价	金额	消耗定额	计划单价	金额		
3 201	1	6	4.20	25.20				25.20	10
3 202	2				13.80	3.50	48.30	48.30	16
装配									4
合计				25.20				73.50	30

定额成本项目					定额成本合计
原材料	工资及福利费		制造费用		
	每小时定额	金额	每小时定额	金额	
73.5	2.30	69	5.20	156	298.50

表 9-7 产品定额成本计算表

产品编码:××× 产品名称:甲

<table>
<tr><td rowspan="2">所用部件编号名称</td><td rowspan="2">所用部件数量</td><td colspan="2">材料费用定额</td><td colspan="2">工时定额</td></tr>
<tr><td>部件</td><td>产品</td><td>部件</td><td>产品</td></tr>
<tr><td>2 201</td><td>2</td><td>298.50</td><td>597</td><td>30</td><td>60</td></tr>
<tr><td>2 202</td><td>3</td><td>202</td><td>606</td><td>20</td><td>60</td></tr>
<tr><td>装配</td><td></td><td></td><td></td><td></td><td>6</td></tr>
<tr><td>合计</td><td></td><td></td><td>1 203</td><td></td><td>126</td></tr>
<tr><td colspan="5">产品定额成本项目</td><td rowspan="3">定额成本合计</td></tr>
<tr><td rowspan="2">原材料</td><td colspan="2">工资及福利费</td><td colspan="2">制造费用</td></tr>
<tr><td>每小时定额</td><td>金额</td><td>每小时定额</td><td>金额</td></tr>
<tr><td>1 203</td><td>2.30</td><td>289.80</td><td>5.20</td><td>655.20</td><td>2 148</td></tr>
</table>

(二)脱离定额差异的计算

脱离定额成本的差异,是指生产过程中各项生产费用的实际支出脱离现行定额或预算的数额。它标志着各项费用支出的合理程度,反应现行定额的执行情况。要加强生产耗费的日常控制,企业必须进行脱离定额差异的计算,及时分析差异产生的原因,确定差异产生的责任,及时采取有效的措施进行处理。为此,企业在发生生产费用时,应分别核算符合定额的费用和脱离定额的差异,并在有关费用分配表和基本生产明细账(产品成本计算单)中分别予以登记。产品定额成本应当按照企业规定的成本项目制定,脱离定额的差异也应当按照成本项目分别核算。

在定额法下,脱离定额的差异按成本项目包括直接材料费用脱离定额的差异、直接人工费用脱离定额的差异和制造费用脱离定额的差异。

1.直接材料费用脱离定额差异的核算

在各成本项目中,直接材料费用(包括自制半成品费用),一般占有较大比重,属于直接计入费用。在定额法下,要求必须将定额内的材料费与脱离定额的差异分别核算,以加强控制。

直接材料费用脱离定额的差异是指产品耗用原材料的实际成本与定额成本的差异。其公式如下:

直接材料费用脱离定额的差异=原材料实际成本-原材料定额成本

原材料实际成本=原材料实际耗用量×实际单价

原材料定额成本=原材料定额耗用量×计划单价

直接材料费用脱离定额差异的核算方法,一般有限额法、切割核算法和盘存法三种。

(1)限额法

限额法也称差异凭证法,在这种方法法下,原材料的领用采用限额领料制度。凡限额范围内需用的材料,根据限额领料单领用,由于产量增加而发生的超限额领料,在追加限额手续后,也可以根据限额领料单领用。由于其他原因发生的超额用料或代用材料的领用，应填制专设的超额领料单、代用材料领料单等差异凭证，经过一定的审批手续后领发。在差异凭证中，应填写差异的数量、数额以及发生差异的原因。如果采用代用材料和废料利用，还应在有关的限额领料单中注明，从原来的限额中扣除。

在每批任务完成后，根据车间余料编制退料手续，限额领料单中尚未领用的余额，在扣除代用领料单中的金额后，再加上退料单上的金额，即为材料的节约差异。超限额领料单上的为超支差异。

【例 9-3】ABC 工厂限额领料单规定的产品数量为 2 000 件，每件产品的原材料消耗定额为 5 千克，则领料限额为 10 000 千克；本月实际领料 9 500 千克。

①若本月投产产品数量符合限额领料单规定的产品数量，即 2 000 件，且期初期末均无余料，则少领 500 千克的领料差异就是用料脱离定额的节约差异。

②若本期投产产品的数量为 2 000 件，但车间期初余料为 100 千克，期末余料为 110 千克。则：

原材料实际消耗量＝9 500＋100－110＝9 490（千克）

原材料脱离定额差异＝9 490－10 000＝－510（千克）（节约）

③若本月投产产品数量为 1800 件，车间期初余料为 100 千克，期末余料为 110 千克。则：

原材料脱离定额差异＝（9 500＋100－110）－1 800×5＝490（千克）（超支）

只有在产品投产数量等于规定的产品数量，而且车间没有余料或者期初、期末余料数量相等的情况下，领料的差异才是用料脱离定额差异。因此，要控制用料不超支，不仅要控制领料不超过限额，而且还要控制产品的投产量不少于计划规定的产品数量；此外，还要注意车间有无余料和余料的数量。

（2）切割核算法

切割核算法是指对于需要经过切割后才能进一步进行加工的材料，如板材、棒材等，通过“材料切割核算单”，核算材料的实际消耗量和脱离定额的差异，以控制用料的方法。

“材料切割核算单”应按切割材料的批别开立，在核算单中要填列切割材料的种类、数量、消耗定额和应切割成的毛坯数量；切割完成后，再填写实际切割成的毛坯数量和材料的实际消耗量；然后根据实际切割成的毛坯数量和消耗定额，计算出材料的定额消耗量；最后，将定额消耗量和实际耗用量相比较，就可以确定材料脱离定额的差异。

采用切割核算法，能及时反映材料的使用情况和发生差异的具体原因，加强对材料耗用的控制和监督。

（3）盘存法

盘存法是根据定期盘点车间的在产品数量和结余材料数量，计算出本期产品生产所耗用材料的实际消耗量和脱离定额的差异，以控制用料的方法。

对于大量生产又不能分批核算原材料脱离定额差异时，可以采用盘存法来核算差异。即根据完工产品数量和在产品定期盘存（实地盘存或账面结存）数量计算出投产产品数量，再乘以原材料消耗定额，计算出原材料定额消耗量；其次，根据本期限额领料单、超额领料单、退料单等凭证及车间余料的盘存资料，计算原材料的实际消耗量；最后，将原材料实际消耗量与定额消耗量进行比较，确定原材料脱离定额的差异。即：

本期投产产品数量＝本期完工产品数量＋期末在产品数量（约当产量）－起初在产品数量（约当产量）

原材料定额耗用量＝本期投产产品数量×原材料消耗定额

原材料实际耗用量＝期初余料＋本期领料－期末余料

原材料脱离定额差异＝原材料实际耗用量－原材料定额耗用量

需要注意的是，用于计算原材料定额耗用量的是本期投产产品数量，而不是本期完工产品数量。另外在计算本期投产数量时，还应注意原材料的投料程度。

【例 9-4】ABC 企业生产甲产品耗用 A 材料，材料系生产开始时一次投入。期初在产品为 100 件，本期完工产品为 1 000 件，期末在产品为 200 年。甲产品的原材料消耗定额为每件 5 千克，原材料的计划单价为每千克 8 元。限额领料单中载明的本期已实际领料数量为 5 000 千克。车间期初余料为 50 千克，期末余料为 30 千克。

原材料脱离定额差异计算如下：

原材料定额消耗量＝(1 000＋200－100)×5＝5 500（千克）

原材料实际消耗量＝5 000＋50－30＝5 020（千克）

原材料脱离定额差异＝(5 020－5 500)×8＝－3 840（元）（节约）

需要指出：不论采用哪一种方法，核算原材料定额消耗量和脱离定额差异，都应分批或定期地将这些核算资料按照成本计算对象汇总，编制原材料定额费用和脱离定额差异汇总表。

在月末计算产品的实际原材料费用时，还必须考虑所耗原材料应负担的成本差异问题，即材料成本差异。

其计算公式为：

某产品应分配的原材料成本差异＝（该产品的原材料定额费用＋原材料脱离定额差异）×材料成本差异率

【例 9-5】ABC 企业 202×年 6 月份甲产品所耗原材料定额费用为 150 000 元，脱离定额差异为节约 5 000 元，原材料成本差异率为超支 2%，则：

该产品应分配的材料成本差异＝(150 000－5 000)×(＋2%)＝2 900（元）

为了简化核算，各种产品应分配的材料成本差异，一般均由各该产品的完工产品成本负担，月末在产品不再负担。

2.直接人工费用脱离定额差异的核算

由于企业采用工资制度不同，直接人工费用脱离定额差异的核算也存在差别。

在计件工资形式下，生产工资属于直接计入费用，直接人工费用脱离定额的差异是指工资以外的其他工资支出。符合定额的工资应该反映在产量记录中，脱离定额的差异反映在“工资补付单”等差异凭证中，同时说明差异的原因并需经过一定的审批手续，差异凭证中登记的工资数额就是直接人工费脱离定额的差异数。即：

$$计件单价=\frac{计划单位工时工人工资}{每工时产量定额}$$

直接人工定额费用＝约当产量×计件单价

在计时工资形式下，由于实际工资总额要到月中才能确定，因此，直接人工费用脱离定额的差异不能在平时按照产品直接计算，应在月末实际生产工人工资总额确定之后，再计算核定工资率差异。

$$\text{某产品生产工资脱离定额的差异}=\text{该产品实际生产工资费用}-\text{该产品实际产量}\times\text{该产品生产工资费用定额}$$

如果生产工人工资属于间接计入费用，则：

$$\text{计划小时工资率}=\frac{\text{某车间计划产量的定额生产工人工资总额}}{\text{该车间计划产量的定额生产总工时}}$$

$$\text{实际小时工资率}=\frac{\text{某车间实际生产工人工资总额}}{\text{该车间实际生产总工时}}$$

某产品定额生产工资＝该产品实际完成的定额生产工时×计划小时工资率

某产品实际生产工资＝该产品实际生产工时×实际小时工资率

某产品生产工人工资脱离定额的差异＝该产品实际生产工资－该产品定额生产工资

在定额法下，无论采用哪一种工资形式，都应根据上述核算资料，按照成本计算对象汇总编制定额生产工资和脱离定额差异汇总表。在表中，汇总反映产品的定额工资、实际工资、工资脱离定额的差异及其产生的原因（在计时工资形式下，还应汇总反映各种产品工时脱离定额的情况）等资料，以考核和分析各种产品工资定额的执行情况，据以计算产品的工资费用等及有关的产品成本计算单。

3.制造费用脱离定额差异的核算

制造费用属于间接计入费用，在日常核算中不能按照产品直接确定费用脱离定额的差异，只能按照本期的制造费用计划，分项目核算脱离定额的差异。各种产品应负担的制造费用脱离定额的差异，只有等到月末实际费用分配给各产品以后，才能以其实际费用与定额费用相比较加以确定。其计算确定方法与计时工资脱离定额差异的计算确定方法类似。其计算公式为：

$$\text{计划每小时制造费用}=\frac{\text{计划产量的计划制造费用总额}}{\text{计划产量的定额生产总工时}}$$

$$\text{实际每小时制造费用}=\frac{\text{实际制造费用总额}}{\text{实际生产工时总数}}$$

某产品的定额制造费用＝该产品实际产量的定额生产工时×计划每小时制造费用

某产品的实际制造费用＝该产品实际产量的实际生产工时×实际每小时制造费用

某产品制造费用脱离定额的差异＝该产品的实际制造费用－该产品的定额制造费用

脱离定额的差异，月末应在完工产品与月末在产品之间进行分配，分配方法一般采用定额比例法进行。如果脱离定额的差异很小，也可以将全部差异计入完工产品成本，月末在产品不负担差异。

（三）材料成本差异的计算

采用定额法计算产品成本，企业的材料核算应当按照计划成本进行。因此，日常所发生的原材料费用，包括原材料的定额费用和定额差异，都是按照计划单位成本进行计算的。

原材料定额成本是以定额消耗量乘以计划单位成本计算的，原材料脱离定额的差异是以消耗量差异乘以计划单位成本计算的，即按计划单位成本反映的数量差异，简称量差。二者之和就是实际消耗量乘以计划单位成本，即原材料的计划价格费用。因此，月末要计算完工产品的实际直接材料成本，还必须对材料成本差异进行计算。其计算公式如下：

某产品应分配的直接材料成本差异＝(该产品的直接材料定额成本±材料脱离定额差异)×材料成本差异率

(四)定额变动差异的计算

定额变动差异是指企业因经济的发展、生产技术条件的变化、劳动生产率的提高等原因，促使企业修订消耗定额或生产耗费的计划价格而产生的新旧定额之间的差异。与脱离定额差异不同，定额变动差异是定额本身变动的结果，与生产费用支出的节约或超支无关。

一般来说，消耗定额和定额成本的修订在每个会计期间的初期进行，如月初、季初或年初修订。若在定额修订的月份，月初在产品的定额成本并未调整变化，那么它的构成基础就只能还是原有的定额。因此，为了使月初和本月定额成本在定额计算的口径上保持一致，产品成本的计算更科学合理，采用定额法计算成本时，还需计算月初在产品的定额变动差异。

月初在产品定额变动差异＝月初在产品按原定额计算的定额成本－月初在产品按调整后的定额计算的定额成本

月初在产品定额变动差异，可以根据定额发生变动的在产品盘存数量或在产品账面结存数量及修订前后的消耗定额，计算出月初在产品消耗定额修订前和修订后的定额消耗量，进而确定定额变动差异。但若构成产品的零部件种类较多，计算定额变动差异的工作量会很大。因此，为了减少成本核算的工作量，定额变动差异的计算也可以采用计算单位产品费用折算系数的方法进行。计算公式为：

$$\text{系数}=\frac{\text{按新定额计算的单位产品费用}}{\text{按现行定额计算的单位产品费用}}$$

月初在产品定额变动差异＝按现行定额计算的月初在产品成本×(1－系数)

采用系数法来计算月初在产品定额变动差异虽然较为简便，但由于系数是按照单位产品计算，而不是按照产品的零部件计算的，因而它只适用于在零部件成套生产或零部件成套性较大的情况下采用。在零部件不成套或成套性交差的情况下采用系数法，会影响计算结果的正确性。

定额变动差异一般采用定额比例法在完工产品和月末在产品之间进行分配，如果定额变动差异不大，或者月初在产品在本月全部完工，也可以将定额变动差异全部由完工产品负担，月末在产品不负担定额变动差异。

(五)产品实际成本的计算

在定额法下，成本的日常核算是将定额成本与各种成本差异分别核算的，因而完工产品与月末在产品的费用分配，应按定额成本和各种成本差异分别进行：先计算完工产品和月末在产品的定额成本，然后分配计算完工产品和月末在产品的各种成本差异。

完工产品各项目定额成本＝完工产品数量×各项目定额成本

期末在产品各项目定额成本＝本月生产费用各项目定额成本合计－完工产品定额成本

$$某差异分配率=\frac{某差异月初数+某差异本月发生数}{完工产品定额成本+期末在产品定额成本}$$

完工产品应分配差异＝完工产品定额成本×某差异分配率

在分配差异时，应按脱离定额差异、材料成本差异、定额变动差异分别进行。如果差异额较小或差异额虽大但各月在产品数量变动较小时，可以全部由完工产品负担；如果差异额比较大且各月在产品的数量变动也较大时，应在完工产品和月末在产品之间按定额成本比例进行分配。但其中的月初在产品定额变动差异，如果产品的生产周期较短（小于一个月），即使差异额较大且各月在产品数量变动也较大时，也应将定额变动差异全部由完工产品负担。

综上所述，定额法下产品的实际成本计算公式为：

产品实际成本＝产品定额成本±脱离定额差异±材料成本差异±定额变动差异

三、定额法的优缺点

定额法的优点在于：能够在各项耗费和费用发生当时反映和监督脱离定额（或计划）的差异，加强企业成本控制，及时、有效的促进节约生产耗费，从而降低产品成本。有利于进行产品成本的定期分析，挖掘企业降低成本的潜力，提高成本的定额管理和计划管理工作水平。能够比较合理和简便的解决完工产品和月末在产品之间的费用分配（即分配各种差异）问题。

定额法的缺点是由于要制定定额成本，单独计算脱离定额的差异，在定额变动时还要修订定格成本并计算定额变动差异，计算工作量较大。

四、定额法的应用

【例 9-6】 ABC 工厂大批生产甲产品，采用定额法计算产品成本。该产品在一个封闭式车间进行加工，为了简化核算手续，该产品的定额变动差异和材料成本差异全部由完工产品成本负担，脱离定额差异按定额比例在完工产品与月末在产品之间进行分配。该企业 202×年 3 月份生产甲产品的有关成本核算资料如下：

1.甲产品单位定额成本为 376 元，其中：原材料 266 元，工资及福利费 60 元，制造费用 50 元。

2.本月甲产品完工 1 000 件，月初在产品 100 件，月末在产品 200 件，完工程度 50%。

3.甲产品成本核算资料见表 9-8 所示。

表 9-8　甲产品成本核算资料

产品名称:甲产品　　202×年 3 月　　单位:元

成本项目	月初在产品成本		本月生产费用	
	定额成本	脱离定额差异	定额成本	脱离定额差异
原材料	28 000	+1 268	292 600	+11 500
工资及福利费	3 000	−120	63 000	+2 100
制造费用	2 500	+100	52 500	+1 000
合计	33 500	+1 248	408 100	+14 600

4.该产品原材料在生产开始时一次投入,从 202×年 3 月 1 日起实行新的原材料消耗定额。甲产品原单位产品材料费用定额为 280 元,新的材料费用定额为 266 元。甲产品月初在产品按旧定额计算的材料费用为 28 000 元。

5.甲产品 202×年 3 月份材料成本差异为节约 6 600 元。

要求采用定额法计算甲产品成本,并登记产品成本明细账。

具体核算如表 9-9 所示。

表 9-9　产品成本计算单

产品名称:甲产品　　202×年 3 月　　单位:元

成本项目	栏　次	直接材料	直接人工	制造费用	合　计
月初在产品	定额成本	28 000	3 000	2 500	33 500
	定额差异	+1 268	−120	+100	+1 248
月初在产品定额变动	定额成本调整	−1 400			−1 400
	定额变动差异	+1 400			+1 400
本月费用	定额成本	292 600	63 000	52 500	408 100
	定额差异	+11 500	+2 100	+1 100	+14 600
	材料成本差异	−6 600			−6 600
生产费用合计	定额成本	319 200	66 000	55 000	440 200
	定额差异	+12 768	+1 980	+1200	+15 948
	定额变动差异	+1 400			+1 400
	材料成本差异	−6 600			−6 600
差异分配率		0.04	0.03	0.02	
产成品成本	定额成本	266 000	60 000	50 000	376 000
	定额差异	+10 640	+1 800	+1 000	+13 440
	定额变动差异	+1 400			+1 400
	材料成本差异	−6 600			−6 600
	实际成本	271 440	61 800	51 000	384 240
月末在产品	定额成本	53 200	6 000	5 000	64 200
	定额差异	+2 128	+180	100	2 408

第四节　联产品、副产品成本的计算

在许多企业里，使用同一原材料、经过同一生产工艺过程，可以同时生产出两种或两种以上的产品，这些产品可以根据各自不同的特点，分为联产品和副产品。例如，奶制品厂可同时生产出牛奶和奶油，炼油厂以原油为原料可同时生产出汽油、柴油、煤油和机油等多种联产品，还会产生一些渣油、石油焦等副产品。

一、联产品成本计算

联产品是指经过同一生产过程，使用同种原材料，同时生产出几种不同用途的主要产品。这些产品的性质和用途不同，但在经济上具有重要意义，都是企业生产的主要目的。例如，炼焦厂在炼焦过程中，会同时生产出焦炭和煤气等。联产品的生产过程称为联产过程，它是同一原料在同一生产过程中的投入，分离出两种或两种以上的主要产品，其中一种主要产品的产出，必然伴随其他产品的同时产出。

联产品分离时的点称为"分离点"，分离后的联产品，有的可以直接进入市场销售，有的需经过进一步加工成为另一种用途的产品。在分离前发生的加工成本称为联合成本；在分离后发生的加工成本，由于可以分辨其承担主体，所以称为可归属成本。

联产品的成本计算经过两个步骤。第一步，对联合成本进行归集和分配。联产品在分离前可合并成一类产品，根据联产品的生产特点，采用适当的成本计算方法，汇集计算联合成本。产品分离时，将联合成本采用一定的分配标准在联产品之间进行分配，求出各联产品应负担的联合成本。第二步，对需经过进一步加工才能出售的各种联产品，采用适当的方法计算归集分离后的可归属成本。

联产品的成本构成如图 9-1 所示。

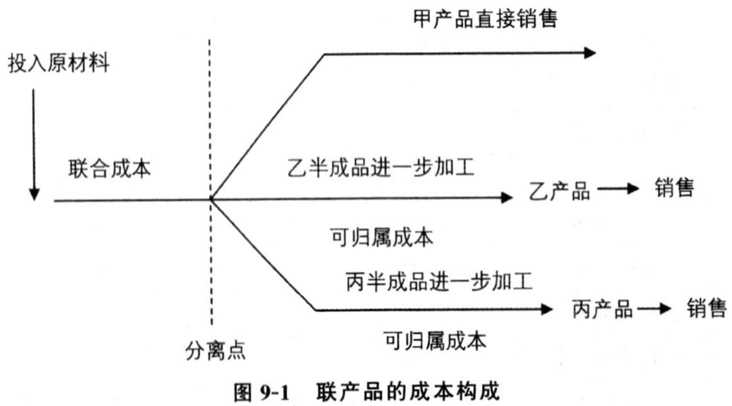

图 9-1　联产品的成本构成

联产品的成本计算的关键是联合成本的分配。联合成本的分配方法常用的有售价法、实物法等。

(一)售价法

在售价法下,联合成本按分离点时每种产品的销售价格比例进行分配。

采用售价法,要求每种产品在分离点时的销售价格有可靠的计量基础。

如果联产品在分离点上可以销售,则采用市场价格进行分摊;如果这些产品尚需进一步加工后才能销售。则需要对分离点上的产品的销售价格进行估计,如果估计销售价格有一定困难,企业可采用可变现净值进行分摊。

该方法考虑到售价较高的联产品应负担较多联合成本,具有合理性,但影响产品价格的因素不仅是成本,因此该方法只适用于分离后直接对外销售且价格波动不大的联产品的成本计算。

(二)实物法

实物法是将产品的联合成本按各联产品的实物数量比例进行分配。

$$联产品成本分配率=\frac{联合成本}{各种联产品实物量之和}$$

$$某产品应分配成本=该联产品实物量\times联产品成本分配率$$

这种方法简便易行,但也存在一定的缺陷:一是没有考虑各联产品的含量和特性,没有考虑其销售价值;二是并不是所有的成本都与实物量有直接关系。

这种方法适用于所生产的产品价格很不稳定,分离后的联产品价格无法确定且需要经过大量的加工才能销售的联合成本的分配。

【例 9-7】 ABC 工厂为一化工厂,经过同一生产过程,同时生产出 A、B 两种联产品。202×年 4 月份共生产出 A 产品 20 000 千克,B 产品 40 000 千克,期初、期末无在产品。本月联合成本为 144 000 元,其中直接材料 72 000 元,直接人工 48 000 元,制造费用 24 000元。A 产品每千克售价 60 元,B 产品每千克售价 45 元,分别采用售价法、实物法计算 A、B 产品成本。

1.售价法

售价法计算过程如表 9-10 所示。

表 9-10 联产品成本计算表(售价法)

单位:元

产品名称	产量	单价	总售价	分配比例(%)	应负担的成本			
					直接材料	直接人工	制造费用	合计
A	20 000	60	1 200 000	40	28 800	19 200	9 600	57 600
B	40 000	45	1 800 000	60	43 200	28 800	14 400	86 400
合计	60 000	—	3 000 000	100	72 000	48 000	24 000	144 000

2.实物法

实物法计算过程如表 9-11 所示。

表 9-11　联产品成本计算表(实物法)

单位:元

项　目	数　量	直接材料	直接人工	制造费用	合　计
联合成本	—	72 000	48 000	24 000	144 000
费用项目比重	—	50%	33%	17%	100%
分配率	—	—	—	—	2.4
A	20 000	24 000	15 840	8 160	48 000
B	40 000	48 000	31 680	16 320	96 000

二、副产品成本计算

副产品是指经过同一生产过程,使用同种原材料,在生产出主要产品的同时,附带生产出来的一些非主要产品,或利用生产中的废料加工而成的产品。如在生产肥皂的同时,会附带生产出甘油;在生产焦炭的同时,会附带生产出焦油。

副产品不是企业的主要产品,一般价值较低,具有一定的经济价值,因其在生产过程中也发生了耗费,为了保证主要产品成本计算的准确性,也需要采用一定的方法计算副产品的成本。

副产品与主产品是在同一生产过程中形成的,很难划分两者的生产费用,为了简化计算工作,可以不单独计算成本,将副产品与主产品合为一类产品,采用分类法计算成本,然后将副产品按照一定的方法计价从总成本中扣除。因此,副产品成本计算的关键是副产品的计价。副产品的计价应视具体情况分别对待:对于分离后不再加工的副产品,如果价值很小,可不负担联合成本,销售后作为其他业务收入处理;如果价值较大,按照售价减去销售费用、销售税金后,作为副产品应负担的成本从联合成本中扣除。对于分离后需进一步加工才能出售的副产品,如果价值很小,可以只计算可归属成本;如果价值较大,应一并计算联合成本和可归属成本。

【例 9-8】 ABC 工厂从同一生产过程中分离出甲、乙、丙三种产品,其中甲、乙两种产品为主要产品,丙为副产品。本期联合成本为 18 680 元,各产品的产量和销售如表 9-12 所示。

表 9-12　主、副产品成本

202×年 7 月

产　品	产量/千克	单位售价/元	总售价/元
甲	400	19	7 600
乙	1 000	15	15 000
丙	600	1	600
合　计	2 000		23 200

第一步,将副产品的售价从联合成本中扣除:

联合成本	18 680
减:副产品收入	600
应归属于主要产品的成本	18 080

第二步,将应归属于主要产品的成本分配于甲、乙两种产品,计算过程如表 9-13 所示。

表 9-13　甲、乙主要产品成本分配表

产量	产量（千克）	单位售价（元）	总售价（元）	占总售价百分比(%)	联合成本的分配(元)	单位成本（元）
	①	②	③=①×②	④	⑤=④×18080	⑥=⑤/①
甲	400	19	7 600	33.6	6 074.88	15.19
乙	1 000	15	15 000	66.4	12 005.12	12
合计	1 400		22 600		18 080	

○ 思政德育课堂

私设"小金库"结"恶果"

1.案例资料

2012 年上半年,时任沙田镇动物防疫站站长郭某以沙田镇离桂东县城较远,若按要求先将站内收入存入县畜牧兽医水产局财务账户,再通过报账的方式使用资金既费时又费力为由,私自示意当时站内工作人员罗某,将镇动物防疫站的经费进行自行管理,由罗某担任会计,站内另一工作人员担任出纳。2016 年,郭某任沙田镇动物防疫站副站长,罗某接任沙田镇动物防疫站站长,继续沿用此方式对站内收入和支出进行管理。2012 年至 2017 年,沙田镇动物防疫站场地租金、沙田镇人民政府下拨的工作经费、各村防疫费和其他收入等共计 156 813.49 元全部归入私设的"小金库",列入了账外账。

"小金库"的经费除了用于站内办公费、水电费、接待费、下乡燃油补贴等开支外,竟还被用于违规发放津补贴、外出旅游等。

经查,2012 年至 2015 年,沙田镇动物防疫站从站内收入款项中陆续违规发放值班补助、燃油补助、岗位补助等津补贴共计 26 540 元。2018 年 2 月 8 日,经桂东县纪委主要领导同意,县纪委第六纪检监察室对县委巡察办第二巡察组移交的桂东县沙田镇动物防疫站私设"小金库"的问题线索进行了初步核实。2018 年 3 月 8 日,经县纪委常委会研究,决定对沙田镇动物防疫站有关人员的违纪问题立案审查。2018 年 5 月 18 日,郭某受到党内严重警告处分,罗某受到党内警告处分。

违规发放津补贴 21920 元(沙田镇动物防疫站工作人员黄某已去世,其违纪所得 4 620元未予以追缴)、公款旅游费用 1 728 元和"小金库"结余资金 1 645.16 元共计 25 293.16元已全部追缴。

(资料来源:湘乡纪检监察网,http://jw.xiangxiang.gov.cn/jingzhongchangming/2018-07-17/6244.html)

2.研讨问题

(1)私设"小金库"违反了什么法律规定？有什么严重后果？

(2)为什么"小金库"会屡禁不止？

3.案例启示

《会计法》第十六条：各单位发生的各项经济业务事项应当在依法设置的会计账簿上统一登记、核算，不得违反本法和国家统一的会计制度的规定私设会计账簿登记、核算。

"小金库"大行其道，不但扰乱市场经济秩序，影响社会经济健康发展，还为非正常公务消费推波助澜，败坏党风政风和社会风气，更容易滋生腐败现象，损坏党和政府威信与形象。

违规私设"小金库"性质严重，危害巨大。既损害群众利益，又会影响党群干群关系，危及社会和谐稳定。任何一个党员、干部都应严格遵守党的纪律和规矩，违法的事情坚决不能干。切莫自作聪明把"小金库"当成"香饽饽"，如果在这方面动歪脑筋、耍小聪明，早晚会栽大跟头。

○ 本章小结

分类法是产品成本计算的辅助方法，是以产品的类别为成本计算对象，按月归集生产费用，计算产品成本的方法。主要适用于产品品种、规格繁多且可以按一定标准分类的工业企业采用，是建立在成本计算方法基础上的一种非独立的计算方法，实务中，将费用在类内各种产品之间分配时，通常采用系数法。

定额法是以产品定额成本为基础，加上(或减去)脱离定额的差异、材料成本差异和定额变动差异，来计算产品实际成本的方法。该方法也不是一种独立的成本计算方法，须与前述基本成本计算方法结合使用，其实质是成本控制方法在成本计算中的体现。主要适用于定额管理基础比较好，并且产品的生产已经定型，消耗定额比较准确、稳定的各种类型的生产企业。

联产品是指经过同一生产过程，使用同种原材料，同时生产出几种不同用途的主要产品。联产品的联合加工过程中所发生的费用称为联合成本，分离后因进一步加工的产品而发生的费用称为可归属成本，联合成本的分配方法有实物法、售价法。副产品是指经过同一生产过程，使用同种原材料，在生产出主要产品的同时，附带生产出来的一些非主要产品，或利用生产中的废料加工而成的产品。副产品一般价值较低，因其在生产过程中也发生了耗费，为了保证主要产品成本计算的准确性，也需要采用一定的方法计算副产品的成本。

○ 关键概念

分类法(classification)　　系数法(coefficient method)

定额法(rating method)　　联产品(joint product)

副产品(by-product)

○ 习　题

一、单项选择题

1.分类法是以(　　)作为成本计算对象。

A.产品品种　　B.产品类别　　C.产品生产步骤　　D.产品批别

2.采用分类法的目的,在于(　　)。

A.准确计算各种产品成本　　B.简化成本计算工作

C.分类计算产品成本　　D.加强成本控制

3.采用系数法时,作为标准产品的应是(　　)。

A.生产量最大的产品

B.获利最多的产品

C.品种、规格繁多的产品

D.产量较大、生产稳定或规格适中的产品

4.分类法适用于(　　)企业

A.小批单件多步骤生产

B.大量大批多步骤生产

C.大量大批单步骤生产

D.品种、规格繁多,可以按一定标准进行分类

5.定额法的特点是将事前制定的产品消耗定额、费用定额和(　　)作为降低成本的目标。

A.定额成本　　B.计划成本　　C.定额差异　　D.目标成本

6.(　　)不仅是一种成本计算方法,而且是一种对产品成本进行事前、事中、事后控制和管理的方法。

A.分类法　　B.定额法　　C.分步法　　D.分批法

7.分类法的缺点主要是(　　)。

A.不能简化成本计算工作

B.不能提供各类产品的成本水平信息

C.不便于对各类产品成本进行考核和分析

D.分配结果具有一定的假定性

8.按照产品的类别归集生产费用,再按一定标准在类别内部各种产品之间分配费用的成本计算方法是(　　)。

A.分批法　　B.定额法　　C.分步法　　D.分类法

9.在分类法中,按照系数分配同类产品内各种产品成本的方法叫做(　　)。

A.分批法　　B.定额法　　C.分步法　　D.系数法

10.某企业 202×年 6 月份甲产品所耗原材料定额费用为 150 000 元,脱离定额差异为节约 5 000 元,原材料成本差异率为超支 2%,则该产品应分配的材料成本差异为(　　)元。

A.3 200　　B.3 000　　C.2800　　D.2 900

二、多项选择题

1.在分类法下，应选择合理的分配标准，在每类产品的各种产品之间分配费用，这些分配标准主要有（　　）。

A.产品的重量　　B.售价　　C.定额消耗量　　D.定额费用

2.分类法适用于（　　）。

A.品种、规格繁多，可以按规定标准分类的产品

B.联产品

C.等级产品

D.品种、规格繁多，且数量较少，费用比重小的零星产品

3.分类法适用于（　　）。

A.鞋厂　　B.服装厂　　C.造船　　D.重型机械制造

4.定额法的特点有（　　）。

A.事前制定产品的各项定额，对产品成本进行事前控制

B.是一种对产品成本进行直接控制、管理的方法

C.月末计算产品的实际成本，为成本的定期考核和分析提供数据

D.定额法可以独立使用计算产品成本

5.原材料脱离定额差异的计算方法，一般有（　　）。

A.系数法　　B.限额法　　C.切割核算法　　D.盘存法

6.联产品的成本计算关键是联合成本的分配，联合成本的分配方法主要有（　　）

A.售价法　　B.实物法　　C.切割核算法　　D.盘存法

7.产生等级产品的原因有（　　）。

A.企业经营管理不善造成的

B.生产工人技术原因操作不慎造成的

C.材料质量等原因造成的

D.目前生产技术或生产工艺水平等原因造成的

8.分类法的优点主要有（　　）。

A.可以简化成本计算工作

B.可以分类掌握产品成本信息

C.便于对各类产品成本进行考核和分析

D.分配结果具有一定的假定性

9.分类法下对于类内产品成本的计算，一般可以采用（　　）。

A.系数法　　B.按定额成本计价法

C.定额比例法　　D.分批法

10.定额法的主要优点是（　　）。

A.有利于加强成本控制

B.有利于提高成本的定额管理和计划管理水平

C.能够较合理、简便地解决完工产品和月末在产品之间的费用分配问题

D.较其他成本计算方法核算工作量小

三、思考题

1.简述分类法的特点和适用范围。

2.简述定额法的主要特点。

3.简述分类法的计算程序。

4.什么是联产品？什么是副产品？二者有何区别？

本章实验

实验一　分类法的应用

实验目的：掌握分类法的应用。

实验资料：某企业大量生产 A、B、C 三种产品，这三种产品所用原材料和生产工艺过程相近，归为甲类产品按分类法计算成本。类内各种不同产品的成本采用系数法分配确定。该企业 202×年 10 月份甲类产品有关产量、定额及成本资料如下：

产量及定额资料

产品	产量(件)	材料费用定额(元)	工时定额(小时)	备注
A	1 800	86.40	36	
B	4 320	72	18	标准产品
C	1 440	108	9	

生产成本资料

单位：元

项　目	直接材料	直接人工	制造费用	合计
月初在产品定额成本	475 200	56 700	40 500	572 400
本月发生费用	1 861 380	468 000	540 000	2 869 380
合计	2 336 580	524 700	580 500	3 441 780
月末在产品定额成本	214 380	33 660	34 020	282 060

实验要求：

1.按系数法计算甲类产品的三种产品成本；

2.编制相应的产品成本计算单。

案例分析

1.某灯泡厂的产品有 15W、20W、30W、40W、60W、100W 的日光灯，6W、9W、15W、20W、25W 的节能灯，15W、25W、40W、60W、100W、200W 的白炽灯。

会计小王和小李认为，该厂成本核算可以采用分类法与品种法相结合的方法。首先，将所有产品看作一种产品——灯泡，设置生产成本明细账，将各项生产费用分别按成本项目记入明细账中；然后以原材料定额消耗量、工时定额为分配标准计算灯泡的完工成本；最后按日光灯、节能灯、白炽灯中不同瓦数产品的售价，分配计算出各种灯泡的完工成本。

要求：

(1)分析该灯泡厂这样建账合适吗？

(2)若不合适，应怎样处理？

2.中兴公司生产和销售甲、乙两种产品。两种产品的生产都属于大量、大批的多步骤生产，其中乙产品的半成品种类较多。两种产品的生产已经定型，针对这两种产品的计划和定额管理工作的基础都很扎实，各项消耗定额比较准确、稳定；甲产品的各月末在产品数量稳定，乙产品的各月末在产品数量变动较大。

甲产品的半成品除供本企业加工甲产品所用外，还对外销售，需要计算半成品成本；乙产品则不需要计算半成品成本。

另外，从企业内部管理的要求看，均要求两种产品分步骤归集费用，计算成本。其中，甲产品不仅需要从整个企业角度考核和分析其成本构成情况，而且需要严格进行分步骤的成本管理，即要求各步骤成本核算所提供的资料能够较为清晰地反映各步骤的工作业绩和经济责任。乙产品则主要要求从整个企业角度考核和分析其成本构成情况。

要求：根据该公司的上述情况讨论以下问题：

(1)从既满足管理的需要又要加速和简化成本计算工作的要求出发，这两种产品最适合采用什么样的成本计算方法？

(2)如果你选择了某种成本计算方法，请详细说明在该种方法下成本计算都包括哪些方面的工作。

(3)这两种产品的完工产品与月末在产品之间的费用分配适合采用什么样的方法？

第十章　其他主要行业成本核算方法

学习目标

通过本章学习，掌握商品流通企业、交通运输企业、建筑施工企业、房地产开发企业和旅游饮食服务企业成本计算的对象、成本费用归集的方法和所应设置的账户，熟悉各行业成本项目的构成，了解有关行业成本核算的异同点。

引导案例

万科的成本动态管理

买一块土地动辄几个亿，但万科成立20年，在大部分时间里，资产负债率一直控制在60%左右。在60%的压力面前，万科总结出一套讯速有效的土地评估流程和测算模型。万科集团的财务部会在每年年初计划当年购买土地的估计量。集团对当年项目开发成本就要有一个准确的预估，以三年为一个周期，到每年年初的时候，万科要求一线公司对每一个开发项目做明晰的预算，第二年和第三年的也要算。但地产行业的成本管理涉及置地、设计、施工、销售等很多环节，从投入到回款，单个项目的开发周期可能需持续两三年的时间，成本核算必须动态管理，而且，万科的跨地域开发和开发规模的扩张也使得成本构成更加复杂。万科为此与金蝶合作开发了"目标成本管理系统"。开发成本预估和动态跟踪管理等创新管理思路，为万科提高了"资源利用效率"。

（资料来源：朱盈旭.万科资金温度计[J].21世纪商业评论，2005(3)）

第一节　商品流通企业成本核算

一、商品流通企业的特点

商品流通企业是指从事商品流通或以商品流通为主营业务的独立核算的基本经济单位。它包括商业、外贸、烟草、供销合作社等企业单位。与工业企业相比，没有生产过程，其经营业务主要包括购进和销售两个过程。所以,商品流通企业的成本由商品购进成本和销售成本组成。根据2006年财政部制定的《企业会计准则应用指南》中的规定,商品流通企业在采购商品过程中发生的运输费、装卸费、保险费以及其他可归属于存货(商品)采购成本的费用等进货费用,应当计入存货(商品)采购成本,从而改变了以往将商品进货费用直接计入当期损益的做法。但同时指出也可以将其先进行归集,期末根据所采购商品的存销情况进行分摊,对于已销售商品的进货费用,计入当期损益(主营业务成本);对于未销售商品的进货费用,计入期末存货成本;对于商品的流通企业采购商品的进货费用金额较小的,也可以在发生时直接计入当期损益(销售费用)。

二、商品流通企业成本核算的内容

商品流通企业在从事商品买卖的过程中必然要发生一定的费用支出,从而形成商品流通企业的经营成本。商品流通企业的经营成本主要包括商品的采购成本和商品的销售成本,商品的采购成本指购进商品的实际进价,又称商品进价成本,商品进价成本包括商品购进价金额以及应归属于商品采购成本的进货费用;商品销售成本是指已销售商品的采购成本,其金额可根据企业采用的存货计价方法确认。商品流通企业在经营过程中发生的销售费用、管理费用、财务费用作为期间费用计入当期损益。

三、批发企业和零售企业的成本核算

在商品流通企业中,库存商品可以采用进价核算,也可以采用售价进行核算。一般来说,批发销售的商品应该按商品进价成本记账,零售商品则应按商品的销售价格记账。与此相适应,在结转商品的销售成本时,批发商品与零售商品所采取的成本计算方法也存在较大差异。

(一)批发企业的成本核算

1.批发企业商品采购成本核算

批发企业的主要任务是从生产企业或其他企业购进商品,再销售给其他企业继续流通或者销售给其他生产企业进一步加工,其服务的主要对象是生产单位和商品零售企业。批发企业通常经营大宗商品买卖,交易额大,但交易次数没有零售企业频繁;批发企业的商品购销量大,企业规模也较大,为了保证市场供应,一般都具有一定数量的商品储备。因而,库存商品数量较多。为了保证企业资产的安全,批发企业对库存商品严格管理,内部分工较细,有明确的经济责任制度和健全的业务收发手续制度,批发企业的业务特点决定了其商品流转核算的方法,即按照购进商品的进货原价,采用“数量进价金额核算法”,对库存商品从数量和进价金额上严加控制。

数量进价金额核算法,是进价核算方法的一种,其具体内容是指在库存商品的明细分类核算中,按库存商品的品名、规格分户,同时运用实物数量和进价金额两种计量标准反映库存商品的收付存情况,库存商品总分类账则按商品的进价金额记账。对于经营品种较多的批发企业,可在库存商品总账和明细账之间,按照商品的类别,设置库存商品类目账，该类目账一般只记金额，不计数量，反映大类商品的收发、结存情况。

批发企业的商品入账价格按商品进价成本计价，商品进价成本包括商品购进价金额以及应归属于商品采购成本的进货费用。批发企业购进商品是企业为销售商品或加工后销售，通过款项结算而购进商品的一种交易行为。在会计核算上，一般应以支付货款和收到商品的时间作为核算商品购进的入账时间。

为反映批发企业商品的采购成本，应设置“在途物资”（或商品采购）账户，该账户的借方登记按进价计算的商品采购成本，贷方登记按进价计算的验收入库的商品采购成本，期末余额在借方，反映企业已采购但尚未验收入库的在途商品的采购成本。

批发企业还应设置“库存商品”账户，反映库存商品的收入、发出和结存情况。该账户的借方登记商品的购进、调入和盘盈等，贷方登记商品的销售、调出和盘亏等，月末借方余额表示库存商品的进价金额。

【例 10-1】 202×年 8 月 9 日，某批发企业从外地某企业购进甲产品一批，收到的增值税专用发票上注明的价款总额为 30 000 元，增值税税额为 5 100 元，运输部门开具的运费发票为 500 元，可抵扣增值税 35 元。企业开出商业承兑汇票一张。其会计分录如下：

借：在途物资	30 465	
应交税费——应交增值税（进项税额）	5 135	
贷：应付票据		35 600

12 日，该批商品验收入库，根据商品收货单等凭证，作会计分录如下：

借：库存商品	35 600	
贷：在途物资		35 600

2.批发企业商品销售成本核算

在库存商品按进价核算的情况下，商品销售成本是指已销售的进价成本。

但由于同种商品的时间地点不同，各批进价也往往不同。因此，在商品销售数量一定时，商品成本单价的确定是计算商品销售成本的关键。按照现行规定，确定已销商品成本的单价有先进先出法、全月一次加权平均法、移动加权平均法、个别计价法和毛利率法 5 种方法。采用不同的计价方法，商品销售成本的计算结果会有所不同。企业可自行选择一种方法。但是方法一经确定，为了保证可比性，不能随意变更。先进先出法、全月一次加权平均法、移动加权平均法、个别计价法的计算原理和方法与财务会计中原材料存货核算采用的上述方法相同，在此不再赘述。这里仅简单介绍毛利率计算法。

毛利率计算法是以上季度全部商品或大类商品实际毛利率或本季度计划毛利率为根据计算毛利，再计算商品销售成本的计算方法。计算公式如下：

本期商品销售毛利＝本期商品销售收入×上季或本期计划毛利率

本期商品销售成本＝本期商品销售收入－本期商品销售毛利

也可以采用下列公式直接计算：

本期商品销售成本＝本期商品销售收入×(1－上季实际或本期计划毛利率)

【例 10-2】 某商品流通企业上季度末商品实际销售毛利率为 20%，本季度 4 月份销售商品 2 000 000 元，5 月份销售商品 2 500 000 元。则：

4 月份销售商品成本＝2 000 000×(1－20%)＝1 600 000(元)

5 月份销售商品成本＝2 500 000×(1－20%)＝2 000 000(元)

会计分录如下：

4 月份：

借：主营业务成本　　1 600 000

　贷：库存商品　　1 600 000

5 月份：

借：主营业务成本　　2 000 000

　贷：库存商品　　2 000 000

这种方法计算简便，但由于各季度的商品结构不完全相同，其毛利率也不完全相同，因而按上季度毛利率计算本期商品销售成本造成计算的结果不够准确，所以，只能在每个季度的前两个月采用该方法，最后一个月采用前述的加权平均计算方法或最后一批商品进货单价进行调整。

【例 10-3】 仍以上例，假定 6 月份销售成本按最后进价法计算，该企业商品有 A、B 两种，季初结存商品金额 260 000 元，本季购进总额 3 740 000 元，6 月结存 A 商品数量 200 件，最后一次进货单价 1 000 元，结存 B 商品 100 件，最后一次进货单价 2 500 元。则 6 月份销售成本计算如下：

A 商品结存金额＝200×1 000＝200 000(元)

B 商品结存金额＝100×2 500＝250 000(元)

6 月份商品销售成本＝260 000＋3 740 000－200 000－250 000＝3 550 000(元)

会计分录如下：

借：主营业务成本　　3 550 000

　贷：库存商品　　3 550 000

毛利率计算法主要是用于经营品种较多，月度计算销售成本有困难的企业。

(二)零售企业的成本核算

1.零售企业商品采购成本核算

商品零售企业的主要任务是从批发企业或生产单位购进商品，然后销售给个人或集体消费者，是商品流通的主要环节。零售企业的业务经营特点是：网点设置比较分散；一般实行综合经营，经营的商品品种多，规模复杂，进货次数频繁；其销售对象主要是个人消费，销售数量零星，交易次数多；零售企业在业务经营上实行勤进快销，经营商品的库存数量少，商品的销售和保管可有业务柜组直接进行，能够随时掌握库存商品的数量。

零售企业商品采购过程的核算与批发企业基本相同，商品采购成本包括商品购进价金额以及归属于商品采购成本的进货费用。在购进过程需要设立“在途物资”(商品采购)和“库存商品”账户。但是，由于零售企业经营上的特点，很难像批发企业那样实行数量进价金额核算，而对库存商品一般采用售价金额核算法。

售价金额核算法，也称“售价记账、实物负责制”核算法，指不计算商品收发结存的数量，而以售价金额反映商品收发结存情况的一种商品核算方法。其具体内容是指按经营商品的类别、形态或用途及存放地点，划分若干实物负责小组，建立实物负责制；对库存商品总账按照售价金额登记，总括反映库存商品的增减变化及其结果，同时按实物负责人（营业柜组）设置库存商品明细账，用售价金额反映各实物负责人所经营商品的收付存情况，并通过定期实地盘存确定商品实存售价金额。由于“库存商品”账户是按售价金额登记的，库存商品的金额中不但含有商品的实际采购成本，还包括未实现的进销差价。

零售企业对库存商品采用售价核算，为反映库存商品实际进价成本与销售价格之间的差额，零售企业还应设置“商品进销差价”账户，在购进商品入库时一方面按零售价在“库存商品”账户借方登记，另一方面按购销差价记入“商品进销差价”账户的贷方。“商品进销差价”账户贷方登记售价大于进价的差额，借方登记售价小于进价的差额及已销售商品实现的差价等，期末余额在贷方，表示“库存商品”的进销差价。“库存商品”账户与“商品进销差价”账户相抵后即为商品的实际采购成本。

【例 10-4】 202×年 6 月 3 日，某零售企业从本地供货单位购进乙商品 100 件，金价每件 300 元，货款总额为 30 000 元，增值税税额为 5 100 元，款项已用转账支票支付。该批商品的每件零售价为 520 元，其售价总额为 52 000 元，该批商品进销差价为 22 000 元。根据有关凭证作会计分录如下：

借：在途物资	30 000	
应交税费——应交增值税（进项税额）	5 100	
贷：银行存款		35 100
借：库存商品	52 000	
贷：在途物资		30 000
商品进销差价		22 000

售价金额核算法下，商品的购进成本就是库存商品售价与商品进销差价的差额，如上例，商品购进成本为 30 000（52 000－22 000）。

2.零售企业商品销售成本核算

实行售价核算的商品，库存商品是按售价记账，平时商品销售成本也按售

价结转，这样商品销售成本就包含了已经实现的商品进销差价即毛利。月末为了正确计算已销商品实际成本，就必须采用一定的方法计算已经实现的商品进销差价金额，并将其从售价成本中结转出来。

为了简化核算工作，平时不随商品的销售随时计算和结转已销商品进销差价。每月月末，将全部商品的进销差价在已销商品与结存商品之间分配，计算出已销商品的进销差价，再将商品销售成本由售价调整为进价成本。所以，库存商品采用售价核算企业销售成本，实际上就是计算结转已销商品进销差价。

商品销售实际成本、商品销售收入和已销商品实现的进销差价的关系可用以下公式表示：

商品销售实际成本＝商品销售收入－已销商品实现的进销差价

由于在售价核算下，平时商品销售成本是按售价反映，实际上就是商品销售收入，所以，上述公式可改为：

商品销售实际成本＝商品销售售价成本－已销商品实现的进销差价

从以上公式可知，要求得商品实际销售成本，关键是计算已销商品实现的进销差价。

已销商品应分摊的进销差价计算方法有以下三种：

(1)综合差价率计算法

综合差价率计算法按以下公式计算：

本期已销商品应分摊的进销差价＝本期“主营业务收”账户贷方发生额×综合差价率

$$\text{综合差价率}=\frac{\text{期末分摊前“商品进销差价”账户余额}}{\text{期末“库存商品”账户余额}+\text{“委托代销商品”账户期末余额}+\text{“发出商品”账户期末余额}+\text{本期“主营业务收入”账户贷方发生额}}\times 100\%$$

【例 10-5】红宝商场 202×年 6 月 30 日有关账户记录情况如下：“库存商品”账户余额为 120 000 元，“主营业务收入”账户贷方发生额 480 000 元，期末分摊前“商品进销差价”账户余额 210 000 元。则：

$$\text{综合差价率}=\frac{210\ 000}{120\ 000+480\ 000}\times 100\%=35\%$$

本期已销售商品应分摊的进销差价＝480 000×35%＝168 000(元)

根据计算结果作如下会计分录：

借：商品进销差价　　168 000

　贷：主营业务成本　　168 000

(2)分类(柜组)差价率计算法

分类(柜组)差价率计算公式和方法与综合差价率计算法相同。

【例 10-6】黄鹤商场 202×年 6 月 30 日“库存商品”“主营业务收入”“商品进销差价”账户资料见表 10-1。

表 10-1　黄鹤商场有关账户资料

产品名称：甲产品　　202×年 6 月　　单位：元

柜　组	结转前“商品进销差价”账户余额	“库存商品”账户余额	“主营业务收入”账户本月贷方发生额
服装柜	12 000	25 000	68 000
食品柜	35 000	45 000	180 000
鞋帽柜	10 000	18 000	48 000
合计	57 000	88 000	296 000

根据上述资料，计算各柜组差价率及各柜组已销商品应分摊的进销差价见表 10-2 所示。

表 10-2　商品进销差价计算表

202×年 6 月 30 日　　单位：元

项　目	服装柜	食品柜	鞋帽柜	合计
月末分摊前“商品进销差价”账户余额	12 000	35 000	10 000	57 000
月末“库存商品”账户余额	25 000	45 000	18 000	88 000
“主营业务收入”账户本月贷方发生额	68 000	180 000	48 000	296 000
差价率	12.90%	15.56%	15.15%	
已销商品进销差价	8 772	28 008	7 272	44 052
库存商品结存进销差价	3 228	6 992	2 728	12 948

根据表10-2计算结果，编制会计分录如下：

借：商品进销差价——服装柜　　8 772
　　　　　　　　——食品柜　　28 008
　　　　　　　　——鞋帽柜　　7 272
　贷：主营业务成本——服装柜　　8 772
　　　　　　　　　——食品柜　　28 008
　　　　　　　　　——鞋帽柜　　7 272

按进价反映的主营业务成本＝主营业务收入－已销商品进销差价＝296 000－44 052＝251 948(元)

(3)实际进销差价计算法

该法也称盘存商品进销差价计算法，是指先计算期末库存的进销差价，进而逆算已销商品的进销差价的一种方法。

按照规定，至少每年年终，企业应将各商品的进销差价进行一次核实调整，其目的是为了消除采用前述两种方法计算成本与损益所产生的偏差。

此种方法具体的做法是：期末对商品进行实地盘点，将各种商品的实存数量，分别乘以销售单价和购进单价，汇总计算出全部库存商品的售价总金额和进价总金额，然后再计算出期末库存商品进销价和已销商品进销差价。计算公式如下：

$$\text{期末库存商品进价总额} = \sum(\text{期末各种商品数量} \times \text{各种商品进货单价})$$

$$\text{期末库存商品售价总额} = \sum(\text{期末各种商品数量} \times \text{各种商品销售单价})$$

库存商品应保留进销差价＝期末库存商品售价总额－期末库存商品进价总额

已销商品进销差价＝月末商品进销差价账户余额－库存商品应保留进销差价

若“已销商品进销差价”是负数，则借记“主营业务成本”账户，贷记“商品进销差价”账户；如果是正数，则做相反会计分录。

【例10-7】黄鹤商场男装专柜在202×年6月30日对其库存商品进行了实地盘点，其结果如“商品盘存及进销价格计算表”所示(表10-3)。该柜组年末“商品进销差价”账户余额为415 000元。

表10-3　商品盘存及进销价格计算表

柜组：男装　　202×年06月30日　　单位：元

商品品种	单位	盘存	购进价		零售价	
			单价	金额	单价	金额
男装(001)	件	800	80	64 000	120	96 000
男装(002)	件	600	100	60 000	150	90 000
男装(003)	件	400	120	48 000	180	72 000
男装(004)	件	750	200	150 000	360	270 000
男装(005)	件	500	300	150 000	500	250 000
合计	—	—	—	472 000	—	778 000

可根据表 10-3 资料计算有关指标：

库存商品应保留进销差价＝778 000－472 000＝306 000(元)
已销商品应分摊的进销差价＝415 000－306 000＝109 000(元)

会计分录为：

借：商品进销差价——男装　　109 000
　贷：商品销售成本——男装　　109 000

这种方法比以上两种方法计算结果都准确，但它由于要结合盘点进行，同时又要计算每一种商品进价总额，因而计算工作量大，平时一般不便采用。按现行会计制度规定，一般只在年度终了时进行核实调整商品进销差价。

第二节　交通运输企业成本核算

一、交通运输企业概述

交通运输业是运用交通运输工具及设备等劳动工具，从事旅游和货物运输的生产组织，包括公路运输、铁路运输、水上运输、航空运输和管道运输等企业。这些运输方式各有其特点，但同为运输行业，又有其共性。与其他行业相比，具有明显的特点：

(1)在生产过程中不会生产出新的产品，只是使旅客和货物发生空间的位移。

(2)生产过程中和消费过程是同时进行的，在生产过程和消费过程没有劳动对象的耗费，即人和货物的耗费，其运输产品不能储存，也不能调拨。

(3)生产过程和销售过程同时进行，没有在产品，也没有产品的销售过程，而且收入在前，生产消费在后。

由于各种运输方式在生产经营过程上基本相同，因此，本节主要围绕公路运输这一典型的经济业务核算进行阐述。

二、交通运输企业成本核算的特点

交通运输企业的特点决定了其成本核算的特点，主要表现在以下几个方面。

(一)成本计算的多样性

成本计算对象不是产品，而是游客和货物的运输项目，或者以运输线路、运输航次等为成本计算对象。旅客和货物的位置转移不但与数量(人次、吨)有关，还与距离(公里、海里)有关，因此，采用运输数量与运输距离相结合的人公里(吨海里)、吨公里(吨海里)作为运输成本计算单位。

(二)成本构成与成本计算相对简单

交通运输企业的生产过程和销售过程是结合的，交通运输成本即为销售成本。所以，不需要将运输过程发生的费用在完工产品与在产品之间分配，也不必区分生产成本和销售成本,在运输过程中发生的可计入成本对象的各种耗费直接构成了交通运输业的营运成本。

(三)运输生产周期较短,成本计算一般定期按月进行

运输生产周期与制造生产相比要短得多(除远洋运输),在成本计算期(一般按月)末没有或很少有未完成运输工作量,一般不存在将运营费用划分为当期运营成本和下期运营成本的问题,也没有在产品成本。一个运营过程完成即可计算其营运成本。但是远洋运输企业的航行距离、时间较长,一般应以航次时间为成本计算期。

三、交通运输企业营运成本的内容及账户设置

(一)交通运输企业营运成本的内容

交通运输企业的营运过程中发生的各种耗费可划分为营运成本和期间费用两部分。在计算营运成本时,只汇集和分配与营运生产直接相关的各项支出,而将管理费用、财务费用等作为期间费用直接计入当期损益。交通运输企业营运成本的组成内容包括以下几个方面。

1.材料费,指交通运输企业在营运生产过程中实际消耗的各种材料、燃料、备品配件、周转件、轮胎、专用工具、低值易耗品等支出。

2.人工费,指交通运输企业直接从事营运生产活动人员的薪酬费用。

3.其他费用,指交通运输企业在营运过程中实际发生的固定资产折旧费、修理费、租赁费、水电费、办公费、差旅费、保险费、设计制图费、实验检验费、劳动保护费、季节性开支和事故净损失等。

除上述费用,不同类型的运输企业还分别包括下列费用:

1.铁路运输企业,包括铁路线路灾害防治费(每处不超过 5 000 元)、铁路线路绿化费、铁路护路拆桥费和乘客紧急救护费等营运支出。

2.公路运输企业,包括车辆牌照检查费、车辆清洗费、车辆冬季预热费、公路养路费、过隧道费、公路运输管理费、司机中途住宿费和行车杂费等营运支出。

3.水路运输企业,包括港口费、集装箱费、转口费、倒载费、破冰费、旅客接送费、航道保护费、水路运输管理费、船舶检查费、灯塔费、速遣费及航行在国外及港澳的船舶发生的吨税、过境税和过河费等营运性支出。

4.航空运输企业,包括熟练飞行训练费、国内外起降服务费、旅客餐宿供应品费、客舱服务费和乘客紧急救护费等营运性支出。

(二)交通运输企业营运成本核算的账户设置

为了反映和监督在营运过程中发生的资金耗费,计算各种营运成本,在成本核算中需设置以下账户:

1."运输成本"账户

该账户核算沿海、内河、远洋、铁路和汽车运输企业经营旅客和货物运输所发生的各项费用成本。企业在营运过程中发生的各项费用,应按成本核算对象和规定的成本项目进行归集:能直接计入各成本项目的费用,借记本账户,贷记"燃料""材料""应付职工薪酬"等账户;不能直接计入的,应先在"船舶固定费用""船舶维护费用""营运间接费用"等账户核算,月末,按一定标准分配计入账户。

该账户应按运输工具类型或单车和单船设立明细账，并按规定的成本项目设置专栏。远洋航运计算航次成本时，还应按航次设立明细账。

航空运输企业可相应设置“运输成本”或“通用航空成本”账户，以核算企业在执行航空运输业务或通用航空业务过程中所发生的各项费用。

2.“装卸支出”账户

该账户核算海、河港口企业和汽车运输企业因经营装卸业务所发生的费用。企业经营装卸业务所发生的各项费用，应按成本核算对象和规定的成本项目进行归集：能直接计入成本项目的费用，借记本账户，贷记各有关账户；不能直接计入的费用可先在“营运间接费用”等账户核算，月末，按一定标准分配计入本账户。期末，将该账户余额转入“本年利润”账户，结账后该账户无余额。

该账户可按专业作业区或货物种类和规定的成本项目进行明细核算。

3.“堆存支出”账户

该账户核算企业因经营仓库堆场业务所发生的费用。企业经营装卸业务所发生的各项费用，应按成本核算对象和规定的成本项目进行归集：能直接计入成本项目的费用，借记本账户；不能直接计入的费用可先在“营运间接费用”等账户核算，月末，再将这些费用按照规定的标准分配计入本账户。期末，应将该账户余额转入“本年利润”账户，结转后该账户无余额。

该账户可以按专业作业区、仓库、堆场设备种类和规定的成本项目进行明细核算。

4.“代理业务支出”账户

该账户核算企业经营各种代理业务所发生的各种费用，包括工资、职工福利费、材料、低值易耗品摊销、折旧费、水电费、修理费、租赁费、差旅费、业务票据费、取暖费、劳动保护费等。企业经营代理所发生的各项费用，应按成本核算对象和规定的成本项目进行归集：能直接计入成本项目的费用，借记该账户，贷记各有关账户；不能直接计入的，先在“营运间接费用”等账户核算，月末，将这些费用分配计入本账户。期末，将该账户余额转入“本年利润”账户，结转后该账户无余额。

该账户应按代理业务种类和规定的成本项目进行明细核算。

5.“港务管理支出”账户

该账户核算海、河港口所发生的各项港务管理支出。发生各种港务管理支出时，借记账户，贷记有关账户。期末，应将该账户余额转入“本年利润”账户，结转后该账户无余额。

该账户按其他业务种类和规定的成本项目进行明细核算。

6.“其他业务成本”账户

该账户核算企业除营运业务以外的其他业务所发生的各项支出，包括相关的成本、费用、营业税金及附加等。企业经营其他业务所发生的各项支出，应按成本核算对象和规定的成本项目进行归集：能直接计入的支出，借记该账户；不能直接计入的，可先在“营运间接费用”“辅助营运费用”等账户核算，然后分配计入本账户。期末，将该账户余额转入“本年利润”账户，结转后该账户无余额。

该账户按其他业务种类和规定的成本项目进行明细核算。

7.“辅助营运费用”账户

该账户核算运输、港口企业发生的辅助船舶费用和企业辅助生产部门生产产品和供应劳务所发生的辅助生产费用。发生的辅助营运费用，借记该账户；月末按规定的分配标准由各业务负担时，贷记该账户。

该账户按单船和辅助生产部门及成本核算对象进行明细核算。

8.“营运间接费用”账户

该账户核算企业营运过程中发生的不能直接计入成本核算对象的各种间接费用。借方登记发生的营运间接费用，贷方登记月末按一定标准分配转出的间接费用，期末应无余额。

三、交通运输企业的成本核算举例

在不同的交通运输工具上，其成本核算的基本原理基本相同，不同之处主要是在成本核算的构成内容上。下面仅就公路运输企业的成本核算进行举例说明。

(一)职工薪酬费用的分配

【例 10-8】乙汽车运输公司(下简称乙公司)202×年 5 月的“职工薪酬费用分配表”如表 10-4 所示。

表 10-4　职工薪酬费用分配表

单位：元

借方科目		工资总额	职工福利费	合　计
总账科目	明细科目			
运输成本	客　车	20 000	2 800	22 800
	货　车	10 000	1 400	11 400
辅助营运费用	修理车间	4 000	560	4 560
营运间接费用	车　站	1 500	210	1 710
	车　队	800	112	912
管理费用		500	70	570
合　计		36 800	5 152	41 952

根据“职工薪酬费用分配表”，编制会计分录如下：

借：运输成本——客车　22 800
　　　　　　——货车　11 400
　辅助营运费用——修理车间　4 560
　营运间接费用——车站　1 710
　　　　　　　——车队　912
　管理费用　570
　贷：应付职工薪酬——工资　36 800
　　　　　　　　——职工福利费　5 152

(二)燃料费用的分配

根据当月发料凭证汇总表、库存燃料消耗表编制“燃料消耗情况汇总表”，并据以编制会计分录，分配燃料费用。

【例 10-9】乙公司 202×年 5 月的“燃料消耗情况汇总表”如表 10-5 所示。

表 10-5　燃料消耗情况汇总表

202×年 5 月　　　　单位:元

项　目	期初油箱存油	本月领用	期末油箱存油	本月耗用
客车领用	700	12 000	500	12 200
货车领用	1 000	14 000	900	14 100
车站领用		600		600
车队领用		200		200
管理部门领用		180		180
合　计	1 700	26 980	1 400	27 280

根据"燃料消耗情况汇总表",编制会计分录如下:

借:运输成本——客车　　12 200
　　　　　——货车　　14 100
　运营间接费用——车站　　600
　　　　　　——车队　　200
　管理费用　　180
贷:原材料　　27 280

(三)材料费用的分配

营运车辆、装卸机械、配电车间和管理部门等领用的材料,包括轮胎内胎、垫带、修理用配件及各种消耗性材料。月末,汽车运输企业应根据"材料发出汇总表"编制"材料费用分配表",据以将有关资料费用计入各有关分类成本中。

【例 10-10】乙公司 202×年 5 月的"材料费用分配表"如表 10-6 所示。

表 10-6　材料费用分配表

202×年 5 月　　　　单位:元

借方科目		领用材料			合　计
总账科目	明细科目	内胎、垫带	修理用备件	消耗性材料	
运输成本	客　车	1 000			1 000
	货　车	2 000			2 000
辅助营运费用	修理车间		3 000	500	3 500
营运间接费用	车　站	800			800
	车　队	600			600
管理费用		500			500
合　计		4 900	3 000	500	8 400

根据"材料费用分配表",编制会计分录如下:

借:运输成本——客车　　　　1 000
　　　　　——货车　　　　2 000
　辅助营运费用——修理车间　　　　3 500
　营运间接费用——车站　　　　800
　　　　　　　——车队　　　　600
　管理费用　　　　500
　贷:原材料　　　　8 400

(四)折旧费用的分配

根据固定资产折旧计算表编制"固定资产折旧费用分配表",然后据以分配计入各有关分类成本。

【例 10-11】乙公司 202×年 5 月的"折旧费用分配表"如表 10-7 所示。

表 10-7　折旧费用分配表

202×年 5 月　　　　单位:元

借方科目		客车	货车	非营运车	机械设备	合　计
总账科目	明细科目					
运输成本	客　车	25 000				25 000
	货　车		40 000			40 000
营运间接费用	修理车间				5 000	5 000
	车　站			3 000		3 000
	车　队			2 000		2 000
管理费用				4 000		4 000
合　计		25 000	40 000	9 000	5 000	79 000

根据"折旧费用分配表",编制会计分录如下:

借:运输成本——客车　　　　25 000
　　　　　——货车　　　　40 000
　营运间接费用——修理车间　　　　5 000
　　　　　　　——车站　　　　3 000
　　　　　　　——车队　　　　2 000
　管理费用　　　　4 000
　贷:累计折旧　　　　79 000

(五)养路费的分配

公路运输企业缴纳的养路费是由企业按客货收入的一定比例计算的。在客车、货车分别进行客、货运输的情况下,可直接按照客运、货运收入的一定比例分别计算养路费;如有客车带货或货车带客的情况,则需要客运、货运收入换算为客车收入、货车收入,从而将养路费分配计入各分类成本中。换算公式是:

客车收入=(客运平均单位收入×客车旅客周转量)+(货运平均单位收入×客车货物周转量)

货车收入=(货运平均单位收入×货车旅客周转量)+(客运平均单位收入×货车货物周转量)

【例 10-12】乙公司 202×年 5 月的营运车辆养路费计算表如表 10-8 所示。

表 10-8　营运车辆养路费计算

编制单位：乙公司　　　　202×年 5 月　　　　单位：元

项　目	客　车	货　车	合　计
旅客周转量(千人公里)	1 000		1 000
客运收入(平均单位收入 60 元)	60 000		60 000
货物周转量(千吨公里)	100	2 000	2 100
货运收入(平均单位收入 500 元)	50 000	1 000 000	1 050 000
客货收入合计(元)	110 000	1 000 000	1 110 000
养路费率(%)	20	20	20
应纳养路费(元)	22 000	200 000	222 000

根据“营运车辆养路费计算表”，编制会计分录如下：

借：运输成本——客车　　22 000

　　　　　——货车　　200 000

　贷：其他应付款——应付养路费　　222 000

(六)辅助营运费用的归集和分配

公路运输业的辅助营运费用主要是指企业内修理、保养和供应等辅助生产车间、部门所发生的相关费用，具体包括直接材料、直接人工、辅助管理费用等三项内容。辅助生产部门耗费的直接材料和直接人工，可由会计部门根据有关的原始凭证和费用分配表，直接计入“辅助营运费用”账户；而辅助生产部门耗费的辅助管理费用则是先在“营运间接费用”账户中归集，月末再分配计入各辅助车间“辅助营运费用”账户中去。

【例 10-13】假设乙公司的辅助生产车间只有一个修理车间，根据以上各项费用分配表，将该公司有关辅助管理费用(折旧费)分配计入“辅助营运费用”的会计分录为：

借：辅助营运费用——修理车间　　5 000

　贷：营运间接费用——修理车间　　5 000

月末，“辅助营运费用”账户归集的费用，应在各受益对象之间按所耗数量或其他比例进行分配，借记“运输成本——客车”或“运输成本——货车”账户，贷记“辅助营运费用”账户。

1.辅助营运费用的归集

根据各种费用分配表，登记辅助营运费用明细账，如表 10-9 所示。

表 10-9　辅助营运费用明细账

辅助单位：修理车间　　　　202×年 5 月　　　　单位：元

摘　要	工资	职工福利费	修理用备件	消耗性材料	折旧费	合　计
职工薪酬分配表	4 000	560				4 560
材料费用分配表			3 000	500		3 500
营运间接费用分配					5 000	5 000
合　计	4 000	560	3 000	500	5 000	13 060
分配转出	4 000	560	3 000	500	5 000	13 060

2.辅助营运费用的分配

乙公司当月修理车间的修理工时共计 500 小时，其中，客车修理耗用 300 工时，货车修理耗用 200 工时。编制辅助营运费用分配表如表 10-10 所示。

表 10-10　辅助营运费用分配表

辅助单位：修理车间　　　　202×年 5 月　　　　单位：元

借方科目		单位工时费用分配表	耗用修理工时（小时）	辅助运费用分配额（元）
总账科目	明细科目	26.12		
运输成本	客　车		300	7 836
	货　车		200	5 224
合　计			500	13 060

根据“辅助营运费用分配表”，编制会计分录如下：

借：运输成本——客车　　7 836

　　　　　　——货车　　5 224

　贷：辅助营运费用——修理车间　　13 060

(七)营运间接成本的分配

【例 10-14】 乙公司 202×年 5 月发生的车站、车队费用除以上各分配表列出的费用，还有以银行存款支付的车站水电费 3 000 元和车队水电费 2 000 元，编制会计分录如下：

借：营运间接费用——车站　　3 000

　　　　　　　　——车队　　2 000

　贷：银行存款　　5 000

1.营运间接成本的归集

根据各种费用分配表，登记营运间接成本明细账，如表 10-11 和表 10-12 所示。

表 10-11　营运间接成本明细账

单位：车站　　　　202×年 5 月　　　　单位：元

摘　要	工资	福利费	燃料费	内胎、垫带	折旧费	水电费	合　计
职工薪酬分配表	1 500	210					1 710
燃料消耗汇总表			600				600
材料费用分配表				800			800
折旧费用分配表					3 000		3 000
付款凭证汇总表						3 000	3 000
合　计	1 500	210	600	800	3 000	3 000	9 110
分配转出	1 500	210	600	800	3 000	3 000	9 110

表 10-12　营运间接成本明细账

单位：车队　　　　202×年 5 月　　　　单位：元

摘　要	工资	福利费	燃料费	内胎、垫带	折旧费	水电费	合　计
职工薪酬分配表	800	112					912
燃料消耗汇总表			200				200
材料费用分配表				600			600
折旧费用分配表					2 000		2 000
付款凭证汇总表						2 000	2 000
合　计	800	112	200	600	2 000	2 000	5 712
分配转出	800	112	200	600	2 000	2 000	5 712

2.营运间接成本的分配

乙公司按客车、货车的营运车日比例分摊车站、车队费用。设该公司当月客车的营运车日为 30 000 车日，货车的营运车日为 20 000 车日。当月归集的车站费用为 9 110 元，分配计算如下：

$$客车应承担的车站费用=\frac{9\ 110}{30\ 000+20\ 000}\times 30\ 000=5\ 466(元)$$

$$货车应承担的车站费用=\frac{9\ 110}{30\ 000+20\ 000}\times 20\ 000=3\ 644(元)$$

编制会计分录如下：

借：运输成本——客车　　5 284

　　　　　　——货车　　7 926

　贷：营运间接费用——车站　　9 110

车队营运间接成本的分配方法同上，计算机明细账略，会计分录为：

借：运输成本——客车　　3 427.20

　　　　　　——货车　　2 284.80

　贷：营运间接费用——车队　　5 712

(八)成本计算

企业根据有关的原始凭证和费用分配表，将客车、货车运输成本在“运输成本”的明细账中进行归集。归集得到的客车、货车运输成本分别除以客车、货车运输周转量，即可计算客车、货车的单位运输成本。公路运输企业月末应编制汽车运输成本计算表，反映运输总成本和单位成本。

【例 10-15】乙公司 202×年 5 月客车运输周转量为 16 000 千人公里，货车运输周转量为 6 000 千吨公里。根据上面的有关资料，该公司当月成本计算如表 10-13 所示。

表 10-13　汽车运输成本计算表

202×年 5 月　　　　单位:元

项　目	客　车	货　车	合　计
工　资	20 000	10 000	30 000
福利费	2 800	1 400	4 200
燃　料	12 200	14 100	26 300
材　料	1 000	2 000	3 000
折旧费	25 000	40 000	65 000
养路费	22 000	200 000	222 000
修理费用	7 836	5 224	13 060
车站费用	5 284	7 926	13 210
车队费用	3 427.20	2 284.80	5 712
运输总成本	99 547.20	282 934.80	382 482
运输周转量（千人公里、千吨公里、千换算吨公里）	16 000	6 000	
单位运输成本（元/千人公里、元/千吨公里、元/千换算吨公里）	6.22	47.16	

第三节　建筑施工企业成本核算

一、建筑施工企业生产的特点

施工企业是指建造房屋及建筑物和进行设备安装的生产单位，其任务主要是建造各种房屋、建筑物和构筑物，安装各种机械设备，以及对原有房屋、建筑物进行修理和改造。施工企业与工业企业相比，在产品生产过程中具有阶段性与连续性之分，但又具有其自身的特点，如产品的单件性、生产周期的长期性、生产的流动性以及产品使用地点的固定性等。

(一)成本核算对象

一般情况下是以每一独立编制施工图预算的单位工程为成本核算对象。规模大、工期长的单位工程，可以将工程化分为若干个分部工程，以各部分工程作为核算对象；同一建设项目、同一单位施工、同一施工地点、同一类型结构且开竣工时间相近的若干单位工程，也可以合并作为一个成本核算对象；改建、扩建的零星工程，可以将开竣工时间接近、同属于一个建设项目的各个单位工程合并为一个成本核算对象。

(二)成本核算期

只要完成预算定额规定的组成部分工程，就视为“已完工程”进行成本核算；当整个工程竣工时，再对竣工工程进行成本核算。

二、建筑施工企业成本核算的内容

建筑施工企业的工程成本可分为直接成本和间接成本。

(一)直接成本

直接成本指施工过程中耗费的构成工程实体或有助于工程实体形成的各项支出，包括人工费、材料费、机械使用费和与设计有关的技术援助费用、施工现场材料的二次搬运费、生产工具和用具使用费、检验试验费、工程定位复测费、场地清理费及其他直接费用。

(二)间接成本

间接成本指施工企业各施工队、工程处、工区等一级单位为组织管理施工生产活动而发生的支出，类似于工业企业车间所发生的制造费用，包括临时设施摊销费用和施工、生产单位管理人员工资、奖金、折旧费、修理费、物料消耗、低值易耗品摊销、取暖费、水电费、办公费、差旅费、财产保险费、检验试验费、工程保修费、劳动保护费、排污费及其他费用。

三、建筑施工企业成本核算账户体系

为反映施工企业在工程施工过程中发生的各项费用支出，需设置“工程施工”“机械作业”“辅助生产”等科目。

“工程施工”科目反映施工过程中发生的材料费、人工费、机械使用费、其他直接费用及间接费用等。该科目按成本核算对象和成本项目归集费用。

“机械作业”科目反映企业及其内部独立核算的施工单位、机械站和运输队使用自有施工机械和运输设备进行机械作业所发生的各项费用。月末，为本单位承包的工程进行机械化施工和运输作业的，转入“工程施工——机械使用费”科目；对外提供机械作业的成本，转入“其他业务成本”科目；从外单位或本企业其他内部独立核算的机械站租入施工机械、按规定的台班费定额支付的机械租赁费，不计入该账户，而是记入“工程施工——机械使用费”科目。

“辅助生产”科目用来核算企业非独立核算的辅助生产部门为工程施工等提供服务(如设备维修、构建的现场制作、供应水电气等)所发生的费用，月末按受益对象进行分配。

四、建筑施工企业成本核算实务

(一)材料费用归集和分配

材料费用是工程成本的重要组成部分，因其耗用量大，用途不一，月末应根据不同情况进行归集和分配。

1.凡领用时能够点清数量，分清用料对象的，直接计入各工程成本。

2.领用时虽然能点清数量，但属于集中配料或统一下料的材料，如油漆、玻璃、木材等，分配计入各工程成本。

3.既不易点清数量，有难分清受益对象的大堆材料，如砂、石、砖、瓦等可采用以存计耗来倒挤和确定本月的实际耗用量。其计算公式为：

本期耗用实际数量＝期初结存数量＋本期收入数量－期末盘存实际数量

根据上述公式计算所得的本期耗用实际数量按工程的定额耗用量比例进行分配，计入各工程成本。

4.对于周转使用的材料,可分别不同情况采用不同方法计入工程成本。对于租入的周转材料,按实际支付的租赁费用直接计入各工程成本;对自用周转材料,可采用一次摊销法、分期摊销法计入各工程成本。

(二)人工费用归集和分配

人工费用的归集和分配应根据企业具体的工资制度而定。采用计件工资制度的,应根据“工程任务单”核算,并直接计入有关的成本核算对象。

(三)机械使用费用的归集和分配

机械使用费用的归集和分配应根据不同情况进行归集和分配。

1.自有机械作业

自有机械作业所发生的各项费用,首先应通过“机械作业”账户按机械类别或每台机械分别归集,月末再根据各个工程实际使用施工机械的台班数核算应分摊的施工机械使用费。机械作业费用的分配方法主要有:

(1)台班分配法

即按照各个工程使用施工机械的台班数进行分配,其计算的公式为:

$$某工程应负担的机械使用费=该种机械台班实际成本\times某工程实际使用台班数$$

$$某种机械台班实际成本=\frac{该种机械实际发生费用总数}{该种机械实际工作台班总数}$$

台班分配法适用于按单机或机组进行成本核算的施工机械。

(2)预算分配法

即按实际发生的机械作业费用占预算定额规定的机械使用费的比率进行分配的方法。其计算公式为:

$$实际机械作业费用占预算机械使用费的比率=\frac{实际发生的机械作业费用总额}{全部工程预算机械使用费用总额}$$

$$某工程成本应负担机械使用费=该工程预算机械使用费\times\begin{matrix}实际机械作业费用占\\预算机械使用费的比率\end{matrix}$$

预算分配法适用于不便于计算机械使用台班、无机械台班和台班单价预算定额的中小型施工机械。

(3)作业量法

即以各种机械所完成的作业量为基础进行分配的方法。其计算公式为:

$$某种机械单位作业量实际成本=\frac{该种机械实际发生费用总额}{该种机械实际完成作业量}$$

$$\begin{matrix}某工程应负担的\\某种机械使用费\end{matrix}=某种机械单位作业量实际成本\times某机械为工程提供的作业量$$

作业量法适用于能计算完成作业量的单台或某类机械。

2.租入施工机械

从外单位或本企业其他内部独立核算的机械站租入施工机械支付的租赁费,一般可以根据“机械租赁费结算账单”所列金额,直接计入有关工程成本。如果发生的租赁费应有两个或两个以上工程共同负担，应根据所支付的租赁总额和各个工程实际使用台班数分配计入有关工程成本，分配方法同上。

3.其他直接费

其他直接费一般在发生时可以分清受益对象，直接记入对应工程成本。对于所属辅助生产单位供应的的水电气等，应先在“辅助生产”中归集，然后按受益对象分配转入。

4.间接成本

间接成本的归集和分配类似于工业企业的制造费用的归集和分配，可以选用各工程人工费用、间接费用为标准进行分配。

5.工程成本

建设工程款的结算方式有按月结算、分段结算、竣工后一次结算，或者按双方约定的其他结算方式。采用按月结算工程款的工程、企业按月结转已完工工程成本。

采用竣工后一次结算或分段结算价款的工程，应按合同规定的工程价款期，结转已完工工程成本。已完工工程成本可以根据以下公式计算：

已完工工程成本＝期初未完工程成本＋本期发生的施工生产费用－期末未完工程成本

在上述公式中，期初未完工工程成本是已知的，本期发生的施工生产费用经过归集分配之后可以确定下来，只要计算出期末未完工工程的成本就可以确定本期完工工程成本。

期末未完工程成本＝期末未完工程折合已完部分项工程量×该分部分项工程预算单

或

期末未完工程成本＝未完工程某工序完成量×分部分项工程单价×某工序耗用直接费用占预算单价的百分比

施工企业工程成本核算是在“工程施工”明细账内进行的，“工程施工”明细账的格式见表 10-14 所示。

表 10-14　工程施工成本明细账

工程名称：　　　　202×年 10 月　　　　单位：万元

摘要	工程实际成本						本月未完工程成本	已完工程	
	材料费	人工费	机械使用费	其他直接费	间接费用	合计		实际成本	预算成本
月初累计余额									
分配材料费									
分配人工费									
分配机械使用费									
分配其他直接费									
分配间接费用									
本月合计									
本月累计									

7.工程价款结算

为了总括的核算和监督施工企业工程价款收入的实现，以及与工程价款收入有关的成本的结转和税金的计算情况，施工企业可以按累计实际发生的合同成本占合同预计总成本的比例、已经完成的合同工作量占合同预计工作量的比例、实际测定的完工进度(完工百分比)等方法来确认和核算。

按比例或进度(完工百分比)确认和计量当期收入和费用的计算公式：

当期确认的合同收入＝合同总收入×完工进度－以前会计年度累计已确认的收入

当期确认的合同毛利＝(合同总收入－合同预计总成本)×完工进度－以前会计年度累计已确认的毛利

当期确认的合同费用＝当期确认的合同收入－当期确认的合同毛利－以前会计年度预计损失准备

【例 10-16】安达建筑公司签订了意向合同总金额为 3 000 万元的固定造价合同。合同规定的工期为三年。假定经计算第一年完工进度为 40%，第二年完工进度已达 80%，经测定，合同预计总成本为 2 400 万元。第三年工程全部完成，累计实际发生合同总成本 2 300 万元。

根据上述资料，计算各期确认的合同收入和费用及会计处理如下：

第一年确认的合同收入＝3 000×40%＝1 200(万元)

第一年确认的合同毛利＝(3 000－2 400)×40%＝240(万元)

第一年确认的合同费用＝1 200－240＝960(万元)

借：主营业务成本　　9 600 000

　　工程施工——毛利　　2 400 000

　贷：主营业务收入　　12 000 000

第二年确认的合同收入＝(3 000×80%)－1200＝1 200(万元)

第二年确认的合同毛利＝(3 000－2 400)×80%－240＝240(万元)

第二年确认的合同费用＝1 200－240＝960(万元)

借：主营业务成本　　9 600 000

　　工程施工——毛利　　2 400 000

　贷：主营业务收入　　12 000 000

第三年确认的合同收入＝3 000－(1 200＋1 200)＝600(万元)

第三年确认的合同毛利＝(3 000－2 300)－(240＋240)＝220(万元)

第三年确认的合同费用＝600－220＝380(万元)

借：主营业务成本　　3 800 000

　　工程施工——毛利　　2 200 000

　贷：主营业务收入　　6 000 000

期末，应将“主营业务收入”科目余额全部转入“本年利润”贷方，同时将“主营业务成本”科目余额全部转入“本年利润”借方，结转后，以上科目应无余额。

第四节　房地产开发企业成本核算

一、房地产开发企业概述

房地产是房产与地产的总称。房地产开发企业就是从事房地产开发与经营的企业，它即是房地产产品的生产者，也是房地产商品的经营者。它的主要业务由土地的开发与经营、房屋的开发与经营、城市基础设施开发、公共配套设施开发和代建工程开发等。房地产开发企业的经营有如下特点：

(一)开发经营的计划性

房地产开发企业的经营业务严格控制在国家计划之内，按照规划要求进行征地、设计、施工、配套、管理和开发经营。

(二)开发商品的商品性

房地产开发企业的产品全部作为商品进入市场销售。

(三)开发经营业务的复杂性

房地产开发企业的经营内容复杂，涉及面广，经济往来对象多。

(四)开发建设周期长，投资数额大

房地产开发企业的开发产品的周期少则一年，多则数年才能完成。每一个阶段都需要投入大量资金。

(五)经营风险大

房地产开发企业的开发产品单价高，建设周期长，负债经营程度高，不确定因素多，一旦决策失败，将造成大量开发产品积压，使企业资金周转不灵并陷入困境。

二、房地产开发企业的成本构成和账户设置

(一)房地产开发企业的成本构成

房地产开发企业的基本经济活动是开发、经营商品房等建筑产品，建筑产品的开发建设过程是房地产开发企业经营活动的中心环节。房地产开发企业成本、费用的核算，就是对这些产品成本的形成和费用支出的核算。

房地产开发企业的开发产品成本，按其开发项目种类可分为：土地开发成本、房屋开发成本、配套设施开发成本和代建工程开发成本四大类。对于这四类开发产品成本，在核算上将其分为如下六个成本项目：土地征用及拆迁补偿费、前期工程费、建筑安装工程费、基础设施费、公共配套设施费和开发间接费。

(二)房地产开发企业成本核算账户设置

1.“开发成本”账户

该账户核算房地产开发企业的开发成本，根据开发项目的类别可以设置“开发成

本——土地开发”“开发成本——房屋开发”“开发成本——配套设施开发”和“开发成本——代建工程开发”等明细账。发生开发直接成本时，借记本账户，贷记“银行存款”“原材料”“应付职工薪酬”等相关账户；分配开发间接费用时，借记本账户，贷记“开发间接费用”账户；开发项目完工时，结转开发成本，借记“开发产品”账户，贷记本账户。余额在借方，表示正在开发尚未完工的开发项目的开发成本。

2.“开发间接费用”账户

该账户核算房地产开发企业进行项目开发时发生的间接费用。发生间接费用时，借记本账户，贷记“银行存款”等相关账户；分配间接费用时，借记“开发成本”账户，贷记本账户。该账户月末一般没有余额。

3.“开发产品”账户

该账户核算房地产开发企业开发项目完工的实际成本。当房地产开发企业项目开发完工时，借记本账户，贷记“开发成本”账户。该账户根据开发项目的类别分别设置“开发产品——土地”“开发产品——房屋”“开发产品——配套设施”和“开发产品——代建工程”等明细账。

三、房地产开发企业的成本核算

(一)土地开发成本的核算

土地开发是房地产企业的主要业务之一，其开发的产品为建设场地。城市用于建设的土地，由政府土地管理部门统一审批、统一征用和统一管理，由房地产开发企业进行土地开发。土地开发的目的与用途有两个：一是为销售或有偿转让而开发商品性建设场地；二是直接为本企业兴建商品房和其他经营性房屋而开发自用建设场地。

土地开发的直接费用，如土地征用及拆迁补偿费、前期工程费、基础设施费等，在费用发生时，根据有关凭证直接记入“开发成本——土地开发”账户的借方，发生的开发间接费用先记入“开发间接费用”账户，期末按一定标准分配结转应由土地开发成本负担的开发间接费用。

(二)配套设施开发成本的核算

房地产开发企业开发的配套设施，可以分为以下两类：一类是开发小区内不能有偿转让的公共配套设施，如居委会、派出所、幼儿园、消防设施、锅炉房、水塔、自行车棚、公厕等。另一类是开发能有偿转让的城市规划中规定的大型配套设施项目，包括：小区内营业性公共配套设施，如商店、银行、邮局等；小区内非营业性配套设施，如中小学、文化站、医院等；项目以外为居民服务的给排水、供电、供气的增容增压设施以及交通道路等。

属于配套设施开发成本核算的公共配套设施工程包括两部分：一是开发小区内不能有偿转让，应计入开发项目成本，但是由于不能同受益开发项目同步建设或虽可同步建设，但有两个或两个以上受益对象的公共配套设施工程；二是能有偿转让的公共配套设施工程。

配套设施工程费发生时，借记“开发成本——配套设施开发”账户，贷记有关账户。工程项目完工后，第一部分配套设施完工的开发成本，应按一定的标准进行分配结转，借记

“开发成本——房屋开发”账户，贷记“开发成本——配套设施开发”账户；第二部分配套设施工程的开发成本，应转入开发产品，借记“开发产品——配套设施”，贷记“开发成本——配套设施开发”账户。期末，“开发成本——配套设施开发”账户的余额，表示正在开发的配套设施的成本。

（三）房屋开发成本的核算

房地产开发企业的主要经济业务是房屋开发和建设。房屋开发的目的与用

途主要有以下几个方面：一是为对外销售而开发的商品房；二是为出租经营而开发的经营房；三是为安置拆迁居民周转使用而开发的周转房；四是受其他单位委托，代为开发建设的代建房。尽管开发的这些房屋用途不同，但其开发建设的特点和费用支出的内容及费用性质都大致相同，其开发的成本均应在“开发成本——房屋开发”明细账中核算。

企业在开发房屋过程中发生的土地征用及拆迁补偿费、前期工程费、基础设施费，能分清成本核算对象的，直接记入该房屋成本核算对象的“土地征用及拆迁补偿费”“前期工程费”“基础设施费”成本项目。如果费用发生时分不清成本核算对象或由两个或两个以上成本核算对象负担的，应先通过“开发成本——土地开发”账户进行归集，待土地开发完成用于房屋建设时，再采用一定的分配方法结转记入“开发成本——房屋开发”账户。

企业在房屋建设过程中进行的建筑安装工程，有的采用出包方式，有的采用自营方式。采用出包方式的企业，其建筑安装工程费用，应根据承包企业提出的“工程价款结算单”所列工程价款，结算出承包工程款，记入“开发成本——房屋开发”账户的“建筑安装工程费”成本项目。采用自营方式的企业，即房地产开发企业组织自有的工程队进行施工的工程，发生的建筑安装工程费，一般可直接记入“开发成本——房屋开发”账户，但应是实际发生数，不得按预算价格入账。如果企业自行施工的工程比较大，可以设置“工程施工”和“施工间接费用”两个账户，核算和归集发生的建筑安装工程费，定期结转到“开发成本——房屋开发”账户的“建筑安装工程费”成本项目。

房屋开发成本中的配套设施费用，是指建设不能有偿转让的小区内公共配套设施发生的支出。其会计处理方法如下。

1.配套设施与商品房同步建设，发生的公共配套设施费用能分清受益对象的，应直接记入“开发成本——房屋开发”账户的“公共配套设施”成本项目；如果发生的配套设施费用不能分清受益对象，应先在“开发成本——配套设施开发”账户的借方进行归集，待公共配套设施竣工时，再从其贷方分配结转记入“开发成本——房屋开发”账户的借方。

2.若公共配套设施与商品房没有同步建设，即商品房已建成出售，而配套设施还在建设之中，未全部完工，为及时结转已完工商品房成本，对应负担的配套设施费，按规定报批后可采用预提方法，预先计入商品房成本，待公共配套设施完工后，按配套设施施工的实际支出数，冲销已预提的配套设施费，并调整有关成本核算对象的成本。

房屋开发项目应负担的开发间接费用，平时通过“开发间接费用”账户进行归集，期末分配结转记入“开发成本——房屋开发”账户的“开发间接费用”成本项目。

结转开发完工商品房等开发产品成本时，借记“开发产品——商品房”，贷记“开发成本——房屋开发”。期末余额表示正在开发的房屋成本。

(四)代建工程开发成本的核算

代建工程开发成本是指开发企业接受有关单位的委托,代为开发建设的工程(或参加委托单位招标,经过投标中标后承建的开发项目)所发生的费用支出。其具体内容包括土地开发、房屋开发、市政工程开发(城市道路、基础设施、园林绿化、旅游风景区开发)等开发项目的支出。

开发企业接受委托代为开发的建设场地和房屋,其建设内容和特点与企业的土地开发和房屋开发基本相同,所以可比照土地开发和房屋开发的核算方法进行核算,其开发费用分别在“开发成本——土地开发”和“开发成本——房屋开发”两个明细账户核算,开发工程完工验收合格时,转入“开发产品——代建工程”账户。

其他代建工程开发项目应在“开发成本——代建工程开发”账户核算。发生各项开发直接费用时,记入该账户的借方和各有关账户的贷方;期末分配结转开发的间接费用时,直接记入该账户的借方和“开发间接费用”的贷方;代建开发工程竣工验收合格后,结转其开发成本,借记“开发产品——代建工程”账户,贷记“开发成本——代建工程开发”账户;期末“开发成本——代建工程开发”账户的余额,表示正在开发的代建工程的成本。

四、房地产开发企业成本核算举例

(一)土地开发成本核算

【例 10-17】振兴房地产开发公司开发黄海路建设用地 6 000 平方米,计划 30%作为商品性建设用地对外销售,70%作为本企业商品房开发用地。用银行存款支付征用土地的拆迁费、耕地占地税、劳动力安置费等 2 000 000 元。根据有关凭证,会计部门应作如下会计分录:

借:开发成本——土地开发　　2 000 000
　贷:银行存款　　2 000 000

【例 10-18】振兴房地产开发公司结算应付承包单位黄海路建设用地“三通一平”费用 80 000 元。根据有关凭证,会计部门应作如下会计分录:

借:开发成本——土地开发　　80 000
　贷:应付账款　　80 000

【例 10-19】期末分配结转开发间接费用,黄海路建设用地应负担 30 000 元,会计部门应作如下会计分录:

借:开发成本——土地开发　　30 000
　贷:开发间接费用　　30 000

【例 10-20】黄海路土地开发工程完工,并验收合格,其中,1 800 平方米直接对外销售,4 200 平方米用于企业开发商品房,结转其成本,会计部门应作如下会计分录:

(1)计算各成本核算对象应分摊的土地开发成本

土地总成本=2 000 000+80 000+30 000=2 110 000)(元)

对外销售土地应分摊额=2 110 000×30%=633 000(元)

自用土地应分摊额=2 110 000×70%=1 477 000(元)

(2)结算土地开发成本

借:开发产品——土地　　633 000

　　　　——房屋　　1 477 000

　贷:开发成本——土地开发　　2 110 000

(二)配套设施开发成本核算

【例 10-21】华茂房地产开发公司开发建设住宅小区配套的商店和自行车棚工程,用银行存款支付工程款 80 000 元,会计部门应作如下会计分录:

借:开发成本——配套设施开发　　80 000

　贷:银行存款　　80 000

【例 10-22】商店和自行车棚工程完工,实际成本为 200 000 元,用银行存款支付全部款项。自行车棚是为商品开发工程所建,占成本的 20%;商店则作为小区内第三产业经营用房,占成本的 80%。会计部门应作如下会计分录:

(1)用银行存款支付款项

借:开发成本——配套设施开发　　200 000

　贷:银行存款　　200 000

(2)分配配套设施开发成本

车棚应分摊配套设施开发成本=200 000×20%=40 000(元)

商店应分摊配套设施开发成本=200 000×80%=160 000(元)

借:开发产品——商店设施房　　160 000

　　　　——自行车棚　　40 000

　贷:开发成本——配套设施开发　　200 000

(三)房屋开发成本核算

【例 10-23】顺达房地产开发公司将桦林小区的一幢商品住宅工程出包给市建公司。工程已全部完工,市建公司提交"工程价款结算单",工程价款共计 9 000 000 元,预付 6 000 000元。经审查同意,支付余款。会计部门应作如下会计分录:

借:开发成本——房屋开发　　9 000 000

　贷:银行存款　　3 000 000

　　预付账款　　6 000 000

期末分配结转该商品住宅开发工程应负担的开发间接费用 16 000 元。根据费用分配凭证,会计部门应作如下会计分录:

借:开发成本——房屋开发　　16 000

　贷:开发间接费用　　16 000

期末分配结转该商品住宅过程中发生的土地征用及拆迁补偿费、前期工程费、基础设施费共 784 000 元。根据费用分配凭证,会计部门应作如下会计分录:

借:开发成本——房屋开发　　784 000

　贷:开发成本——土地开发　　784 000

结转完工商品住宅开发实际成本 9 080 000 元,会计部门应作如下会计分录:

借:开发产品——房屋　　9 080 000

　贷:开发成本——房屋开发　　9 080 000

(四)代建工程开发成本核算

【例10-24】 福顺房地产开发公司接受市政府建设指挥部委托,代为建设赤山风景区,发生了下列经济业务:用银行存款支付土地征用及拆迁补偿费 5 000 000 元,前期工程费 500 000 元,基础设施费 300 000 元,结算应付建筑安装工程费 9 600 000 元,应负担的开发间接费用 200 000 元。根据有关费用支出凭证,会计部门应作如下会计分录:

(1)用银行存款支付拆迁补偿费等

借:开发成本——代建工程开发　　5 800 000

　贷:银行存款　　5 800 000

(2)结转应付建筑安装工程费

借:开发成本——代建工程开发　　9 600 000

　贷:应付账款　　9 600 000

(3)分配间接开发费用

借:开发成本——代建工程开发　　200 000

　贷:开发间接费用　　200 000

福顺房地产开发公司开发建设的赤山风景区完工,验收合格,结转其实际成本 15 600 000 元,会计部门应作如下会计分录:

借:开发产品——代建工程　　15 600 000

　贷:开发成本——代建工程开发　　15 600 000

第五节　旅游饮食服务企业成本核算

一、旅游饮食服务企业成本核算的特点

旅游饮食服务企业是以提供劳务为主的产业,包括旅游业、饮食业和服务业,其劳动耗费主要是人工费用和经营过程中的物化劳动耗费。其主要经营特点是以提供服务为主,集生产、流通和服务三种职能与一体;同时,食、住、行、用及多种服务综合经营,项目比较复杂。因此,旅游饮食服务企业的成本核算具有其自身的特点:营业成本的构成呈多样化;服务产品的生产成本就是营业成本;营业成本一般只核算服务品种或项目的直接物耗支出,所发生的人工费用不计入营业成本,而将其直接计入营业费用;一般只核算综合营业成本,不核算具体服务品种或项目的单位成本。

二、旅游饮食服务企业成本核算

(一)旅游企业成本核算

1.旅游业营业成本的内容及分类

按旅游经营企业为旅游者提供服务所发生的支出项目的不同可以分为以下几大类:

(1)组团外联成本,指的是各组团社组织的外联团,按规定开支的住宿费、餐饮费、综

合服务费、国内城市间交通费等。

(2)综合服务成本,指的是接待由组团社组织的包价旅游团,按规定开支的住宿费、餐饮费、车费、组团费和接团费等。

(3)零星服务成本,指的是接待零星散客,委托代办事项等,按规定开支的委托费、手续费、导游接送费、车费、托运服务费及其他支出。

(4)劳务成本,指的是非组团旅行社为组团社派出的翻译导游人员参加全程陪同,按规定开支的各项费用。

(5)票务成本,指的是各地旅行社代办国际联运客票和国内客票等,按规定开支的各项手续费、退票费等。

(6)地游及加项成本,指的是各地旅行社接待的小包价旅游,或因游客要求增加游览项目而开支的综合服务费、超公里费、游江费等。

(7)其他服务成本,指的是不属于以上各项成本的支出。

2.旅游业营业成本的核算

(1)组团社营业成本的核算

接团社和组团社的费用和收入有着紧密的联系,组团社的拨付成本就是接团社的营业收入。组团社的营业成本由两部分构成:一部分是拨付支出,即拨付给接团社的综合服务费、住宿费、餐费、车费等支出,属于代收代付;另一部分是为组团而发生的外联费用和全陪人员的部分费用支出,属于组团社的服务性支出。

一般情况下,组团社实现收费后接待,接团费则是先接待,后向组团社收费,这样两者之间就形成了一个结算期。这种结算期经常是跨月份,就会对旅行社准确、及时的核算带来困难。为了实现营业收入能与营业成本相互配比,应按计划成本先行结转。

【例 10-25】202×年 6 月 30 日,组团社在规定的结算日没有收到胜利接团社发来的"旅行团费用拨款结算通知单",即按计划成本预提了各种费用,其中组团外联成本 50 000 元,综合服务成本 36 000 元,劳务成本 11 200 元,地游及加项成本 6 000 元,其他服务成本 3 000 元。作会计分录如下:

借:主营业务成本——组团外联成本	50 000	
——综合服务成本	36 000	
——劳务成本	11 200	
——地游及加项成本	6 000	
——其他服务成本	3 000	
贷:应付账款——胜利旅行社		106 200

(2)接团社营业成本的核算

接团社营业成本是为了给旅行团提供服务而由各饭店、餐饮、车队等接待单位发生的实际支出,这些支出是付给各种接待单位的。一家接待单位有可能为不同旅行社团提供相同服务。因此接团社在与各接待单位办理结算时,要按成本的核算对象加以归集,记入成本明细账。

【例 10-26】假日旅行社在接待中青旅行社组织的包价旅行团过程中,发生了下列费用:支付车费 5 500 元,组团费 20 000 元,游江费 1 500 元,风味小吃费 900 元。作会计分录如下：

借：主营业务成本——中青旅行社——综合服务成本　　25 500

——中青旅行社——地游及加项成本　　2 400

贷：银行存款　　27 900

同样，各接待单位是先提供服务，后与接团社办理结算，因此对于结算期较长的款项，接团社应按计划成本入账，具体核算方法与组团社相同。

旅游企业在一定时期所实现的各项营业支出，无论是组团社的成本，还是接团社的成本都要在会计核算上通过设置“主营业务成本”账户来总括反映。该账户属于损益类账户，借方登记企业确定的各项营业支出；贷方登记期末转入“本年利润”账户的净支出，结转后该账户无余额。“主营业务成本”账户可根据管理上的需要采用不同的方法设置二级明细账户。

(二)饮食服务企业成本核算

1.饮食制品的成本核算方法

饮食制品的成本包括所耗用的原材料，即组成饮食制品的主料、配料和调料三大类。

由于饮食制品品种繁多、数量零星、生产和销售紧密相连，一般不能按食品进行成本核算，所以，产品成本的计算方法应与生产的特点和管理要求相适应。实际中有两种方法来计算饮食制品的原材料消耗。

(1)永续盘存制

此法适用于实行领料制的餐饮企业，因为如果原材料的耗用实行领料制，则所领用的原材料月末不一定全部被耗用，还会有一些在制品和未出售的制成品；同样，月初还会有已领未用的原材料、在制品及尚未出售的制成品。若不考虑这些因素，则会影响成本计算的准确性。因此，应对未耗用的原材料、在制品和未售出的制成品进行盘点，并编制“厨房原材料、在制品、制成品盘存表”，并以此作为退料的依据来计算实际耗用额并结转成本。其计算公式如下：

耗用原材料成本＝厨房月初结存额＋本月领用额－厨房月末盘存额

厨房月初结存额和本月领用额，可以从“原材料”或“主营业务成本”账户的有关项目中求得；厨房月末盘存额按盘存表计算。对制成品，需要按配料定额和账面价值折合计算。

会计部门将“月末剩余原材料、半成品和待售产品盘存表”代替“退料单”，作假退料处理。

【例 10-27】万客来快餐厅厨房 201×年 6 月编制“月末剩余原材料、半成品和待售产品盘存表”见表 10-15。

表 10-15 月末剩余原材料、半成品和待售产成品盘存表

编制部门:××部门　　201×年 06 月 30 日　　单位:元

原材料名称	单位	单价	剩余数量	半成品及未售出的制成品						合计	
				A 半成品			B 半成品			材料数量	金额
				数量	消耗定额	定额消耗量	数量	消耗定额	定额消耗量		
		(1)	(2)	(3)	(4)	(3)×(4)	(5)	(6)	(5)×(6)	(7)	(7)×(1)
羊肉	千克	23	80	80							1 840
牛肉	千克	30					200	2	400	400	12 000
猪肉	千克	16		120	6	720				720	11 520
合计											25 360

根据“月末剩余原材料、半成品和待售产品盘存表”作会计分录如下:

借:原材料　　25 360

　贷:主营业务成本　　25 360

下月初根据“月末剩余原材料、半成品和待售产品盘存表”再填制领料单,作会计分录如下:

借:主营业务成本　　25 360

　贷:原材料　　25 360

(2)实地盘存制

此法适用于没有条件实行领料制的餐饮企业。在平时领用原材料时,不填写领料单,不进行账务处理,月末将厨房剩余材料、在制品、制成品的盘点金额上加上库存原材料的盘存金额,而后倒挤出耗用的原材料成本。计算公式如下:

本期耗用原材料成本=原材料期初仓库和厨房结存额+本期购进额-期末仓库和厨房盘存额

采用这种方法,虽然手续简便,但因平时材料出库无据可查,会将一些材料的丢失、浪费、贪污计入主营业务成本,不利于加强企业管理,降低成本和维护消费者利益。而采用“永续盘存制”计算产品成本,虽然手续繁琐,却因材料出库有据可查,对耗费材料的成本计算就能比较准确,从而有利于加强企业管理,降低产品成本和维护消费者的利益。

2.主配料的成本计算

(1)一料一档的计算方法

原材料经初加工后,只有一种半成品,即称为一料一档。一料一档的下脚料分为两种:一种是不可作价利用的;另一种则是可做价利用的。下脚料不可作价利用的半成品单位成本等于购进原材料的总成本除以加工后半成品的总重量。其计算公式如下:

$$单位半成品=\frac{购进原材料总成本}{加工后半成品总重量}$$

【例 10-28】万客来快餐厅购进活鸡 30 千克,每千克单价为 20 元,经加工后新鲜鸡肉

25 千克，鸡头、鸡毛等下脚料不计价，求新鲜鸡肉的单位成本。

$$单位成本=\frac{30\times 20}{25}=24(元/千克)$$

若有可做价利用的下脚料，则其半成品的单位成本计算公式如下：

$$未定价半成品单位成本=\frac{原材料购进总价值-其他半成品价值之和}{该项半成品重量}$$

【例 10-29】万客来快餐厅厨房购进腌制羊肉 150 千克，每千克购进价为 26 元，经加工后得净羊肉 112 千克，羊骨头 32 千克，耗损 6 千克。按羊骨头每千克 5 元计算。求净羊肉的单位成本。

$$净羊肉的单位成本=\frac{26\times 150-5\times 32}{112}=33.39(元/千克)$$

(2)一料多档的计算方法

原材料经初加工后，产生几种半成品，即称为一料多档，须分别计算各半成品的价格。各半成品价格之和应等于加工前原材料购进的总价。其中质量好的成本较高，质量差的成本略低，其计算公式如下：

$$成本毛利润率=\frac{毛利额}{成本价}\times 100\%$$

$$饮食制品单价=成本价\times(1+成本毛利率)$$

【例 10-30】猪大腿一只重 21 千克，每千克 46 元，经处理，猪脚 3 千克，每千克 10 元；上半部分 10 千克，每千克 30 元。求下半部分的单位成本。

$$下半部分单位成本=\frac{46\times 21-10\times 3-30\times 10}{21-3-10}=79.50(元)$$

3.饮食制品售价的制定

(1)销售毛利率法

销售毛利率法，也称内扣毛利率法。它是以售价为基数，先确定每种饮食制品的毛利率(毛利额占售价的百分比)，再用内扣方式确定饮食制品的售价。其计算公式如下：

$$售价=\frac{原材料成本}{1-销售毛利率}$$

【例 10-31】万客来快餐厅规定每盘鱼香肉丝配料价 8.40 元，规定毛利率为 30%。每盘鱼香肉丝价格如下：

$$每盘鱼香肉丝售价=\frac{8.40}{1-30\%}=12\ 元$$

(2)成本毛利率法

成本毛利率法，也称外加毛利率法。它是一种以饮食制品的成本价格为基数，按确定的成本毛利率加成计算出售价格的方法。其计算公式如下：

$$成本毛利率=\frac{毛利率}{成本价}\times 100\%$$

饮食制品单价＝成本价×(1＋成本毛利率)

【例 10-32】万客来快餐厅出售的红烧牛肉成本为 9 元，如其成本毛利率是 40%。那么每盘红烧牛肉的价格计算方法如下：

每盘红烧牛肉的价格＝9×(1＋40%)＝15(元)

销售毛利率法计算饮食制品的售价，有利于核算管理，但计算较为麻烦；采用成本毛利率法计算饮食制品的售价，其核算较为简便，但不能满足管理上的需要。为了既满足管理上的需要，又简化计算手续，可采用换算的方法将销售毛利率换算为成本毛利率，其计算公式如下：

$$成本毛利率=\frac{销售毛利率}{1-销售毛利率}\times 100\%$$

【例 10-33】条件同【例 10-31】，如果用成本毛利率法，则可以将销售毛利率换算为成本毛利率，再运用成本毛利率法公式进行计算：

$$成本毛利率=\frac{30\%}{1-30\%}=42.86\%$$

每盘鱼香肉丝售价＝8.4×(1＋42.86%)＝12(元)

为了便于分析比较，根据需要也可将成本毛利率换算为销售毛利率，其换算公式如下：

$$销售毛利率=\frac{成本毛利率}{1+成本毛利率}\times 100\%$$

○ 思政德育课堂

合谋利用管理漏洞盗取银行资金

1.案例资料

2013 年至 2016 年，某银行客户经理李某利用其负责营销、维护网点高价值客户的便利条件，从客户手中以 1.5%的利率吸收资金，并以 3%的利息放贷，进行非法集资。之后因为放贷资金未能收回，为弥补资金缺口，李某借用妻子叔叔的账户，挪用客户资金炒股来弥补缺口。2013 年至 2016 年间，李某分别向 7 人非法集资近 269 万元，李某共挪用客户资达 698.32 万元。因股市波动大，李某炒股亏损严重，资金缺口越来越大。最终该行发现一位客户与李某叔叔账户有频繁大额交易往来，经行领导与李某谈话，李某犯罪事实暴露。2016 年 10 月 25 日，李某投案自首。

经法院判决，李某因数罪并罚被判决有期徒刑 18 年，罚款 15 万元，同时追缴非法集资公众存款 269 万元，退赔挪用资金。

(资料来源：银行业典型案例警示教育，http://www.rhd361.com/special/news?id=92b695a60f3e47 53b1b4a1d3cd5bfecb)

2.研讨问题

(1)该银行在财务监管方面存在什么样的漏洞?

(2)财务工作者怎样才能筑牢职业道德防线?

3.案例启示

财务工作者一定要严格遵守政治纪律和政治规矩,不忘初心、牢记使命,增强“四个意识”、坚定“四个自信”、践行“两个维护,筑牢拒腐防变的心理长城;一定要严格遵守廉洁纪律,要有风险防控意识;一定要严格遵守财经纪律和法规,严格按照规章制度办事;一定要端正思想作风,提高思想境界,牢固树立“为人民服务”的思想,自觉抵制诱惑,清清白白做人。

○ 本章小结

商品流通企业分为批发与零售两种类型,成本核算内容包括商品流转的三个环节,核算方法分为进价与售价两种。批发企业的成本核算以数量进价金额核算为主,零售企业的成本核算一般采用售价金额核算方法,实行实物负责制,库存商品按含销项税的售价记账,同时设置“商品进销差价”账户,反映商品进价与售价之间的差额。零售企业商品流转的核算方法与批发企业相比,在于需要通过月末对商品销售收入和商品销售成本的调整,才能计算出当月的经营利润。

交通运输企业营运过程中所发生的各种耗费可以划分为营运成本和期间费用两部分。在计算营运成本时,只需汇集和分配与营运业务直接相关的各项支出,而将管理费用、财务费用等作为期间费用直接计入当期损益。根据财务制度规定,营运成本一般包括:材料费、人工费、其他费用等。

建筑施工企业工程成本由直接成本和间接成本组成,一般应当设置材料费、人工费、机械使用费和其他费用等成本项目。企业必须按照规定的成本计算期计算未完施工、已完工程和竣工工程的实际成本。本期已完工程实际成本可根据期初未完施工成本、本期实际发生的生产费用和期末未完施工成本进行计算。

房地产开发企业由于其自身行业的特殊性与其他行业成本核算存在较大区别,其成本核算主要体现在在开发过程中所发生的各项费用支出,主要包括土地开发成本、房屋开发成本、配套设施开发成本和代建工程开发成本等。

旅游经营企业所发生的成本支出项目可以分为:组团外联成本、综合服务成本、零星服务成本、劳务成本、票务成本、地游及加项成本和其他服务成本等。饮食服务企业成本核算主要是以饮食制品的成本核算为主,包括所耗用饮食制品的主料、配料和调料等成本费用的归集与分配等。

○ 关键概念

毛利率(gross margin)　　进销差价(purchase price)

营运费用(operating expenses)　　营业成本(cost of sales)

开发成本(development cost)　　工程成本(engineering cost)
工程施工(engineering construction)
实地盘存制(physical inventory system)
永续盘存制(perpetual inventory system)

○ 习　题

一、单项选择题

1.施工企业为反映企业在工程施工中发生的各项费用支出,应设置的科目是(　　)。

A.工程施工　　B.机械费用　　C.待摊费用　　D.预提费用

2.施工企业为核算企业非独立核算的辅助生产部门为工程施工等提供服务所发生的费用,应设置(　　)科目。

A.基本生产成本——辅助生产　　B.辅助生产成本

C.生产成本　　D.施工成本

3.房地产开发企业的成本核算期为(　　)。

A.开发产品的周期　B.一个月　　C.一年　　D.二年

4.交通运输企业用来核算因经营仓库堆场业务所发生的成本,应设置的科目为(　　)。

A.运输支出　　B.港务管理支出　　C.堆存支出　　D.管理费用

5.商业批发企业的毛利率法,适用于计算(　　)已销商品的进价成本。

A.各个月份　　B.季末月份

C.1－11 月份　　D.每季度前两个月份

6.交通运输业的成本计算对象是(　　)。

A.产品品种或批别

B.运输的游客和货物

C.运输的距离和时间

D.客货运输业务的周转量及专项作业的完成量

7.房地产开发企业进行项目开发时发生的间接费用计入(　　)账户。

A.制造费用　　B.开发成本　　C.施工成本　　D.开发间接费用

8.为反映批发企业商品的采购成本,应设置(　　)账户。

A.开发成本　　B.堆存支出　　C.在途物资　　D.机械费用

9.经营品种较多,月度计算销售成本有困难的批发企业主要采用(　　)计算销售成本。

A.毛利率　　B.售价金额法　　C.综合差价率法　　D.实际进销差价法

10.先计算期末库存的进销差价,进而逆算已销商品的进销差价的方法是(　　)。

A.毛利率　　B.实际进销差价法　C.综合差价率法　　D.售价金额法

二、多项选择题

1.房地产开发企业成本核算的账户有(　　)。

A.开发成本　B.开发间接费用　C.银行存款　D.现金

2.施工企业的工程成本分为(　　)。

A.直接成本　B.间接成本　C.直接材料　D.间接费用

3.零售企业采用售价金额核算法核算时,其库存商品明细账(　　)。

A.不记数量,只记金额　B.按柜组设置

C.按售价登记购进金额和销售金额　D.月末调整登记进销差价

7.商品进销差价率可以按(　　)计算。

A.商品品种、规格　B.全部商品　C.柜组　D.商品类别

4.汽车运输企业外胎费用核算可能涉及的账户有(　　)。

A."材料"　B."轮胎"　C."预提费用"　D."待摊费用"

5.施工企业下属项目管理部门自管固定资产的折旧费,最终应计入"工程施工"的(　　)成本项目。

A.机械使用费　B.间接费用　C.其他直接费用　D.折旧及修理费

6.商品流通企业的经营成本主要包括(　　)。

A.采购成本　B.销售成本　C.销售费用　D.管理费用

7.零售企业的业务经营特点是(　　)。

A.网点设置比较集中　B.经营的商品品种多

C.进货次数频繁　D.销售数量零星,交易次数多

8.下列属于交通运输企业营运成本内容的是(　　)。

A.各种材料、燃料的支出材料费　B.营运人员的薪酬费用

C.实验检验费　D.劳动保护费

9.施工企业产品生产过程的特点是(　　)。

A.产品使用地点的固定性　B.产品的单件性及多样性

C.产品生产周期长　D.生产的流动程度较大、

10.施工企业机械作业费用的分配方法主要有(　　)。

A.约当量法　B.台班分配法　C.预算分配法　D.作业量法

三、思考题

1.商品流通企业成本核算的主要特点是什么?

2.批发企业和零售企业在成本核算上有什么不同?

3.交通运输业的经营特点是什么?其成本核算的特点是什么?

4.结合施工企业的生产经营特点说明施工企业的成本计算对象及成本核算的特点。

5.施工企业的工程成本如何核算?房地产开发企业的房屋开发成本如何核算。

6.旅游业的营业成本包括哪些内容?如何核算?

○ 本章实验

实验一　销售成本计算

实验目的:掌握库存商品采用售价金额核算下的销售成本计算。

实验资料：东百零售企业服装组20×7年11月末结账前“商品进销差价”科目贷方余额为30 000元，11月末“库存商品”科目借方余额为48 000元，本月“主营业务成本”科目借方发生额合计为229 800元。

实验要求：

1.根据以上资料计算服装组已销商品进销差价；

2.编制结转已销商品进销差价的会计分录(差价率保留两位小数)。

实验二　建筑施工企业期末未完工程成本的确定

实验目的：掌握建筑施工企业期末未完工程成本的确定

实验资料：天璐公司签订了意向合同总金额为8 000万元的固定造价合同。合同规定的工期为三年。假定经计算第一年完工进度为60%，第二年完工进度已达80%，经测定，合同预计总成本为6 800万元。第三年工程全部完成，累计实际发生合同总成本7 100万元。

实验要求：

1.根据上述资料，计算各期确认的合同收入和费用；

2.编制有关会计分录。

○　案例分析

沃尔玛降低物流运输成本的主要方法

沃尔玛公司是世界上最大的商业零售企业，在物流运营过程中，尽可能地降低成本是其经营哲学。

沃尔玛有时采用空运，有时采用海运，还有一些货物采用卡车公路运输。在中国，沃尔玛百分之百地采用公路运输，所以，如何降低卡车运输成本一，是沃尔玛物流管理面临的一个重要问题，为此，他们主要采取了以下措施：

(1)沃尔玛使用一种尽可能大的卡车，大约有16米加长的货柜，比集装箱运输卡车更长或更高。沃尔玛把卡车装得非常满，产品从车厢的底部一直装到最高，这样非常有助于节约成本。

(2)沃尔玛的车辆都是自有的，司机也是公司的员工。沃尔玛的车队大约有5 000名非司机员工，还有3 700多名司机，车队每周每一次运输可以达7 000～8 000公里。

沃尔玛知道，卡车运输是比较危险的，有可能会出交通事故。因此，对于运输车队来说，保证安全是节约成本最重要的环节。沃尔玛的口号是“安全第一，礼貌第一”，而不是“速度第一”。在运输过程中，卡车司机们都非常遵守交通规则。沃尔玛定期在公路上对运输车队进行调查，卡车上面都带有公司的号码，如果看到司机违章驾驶，调查人员就可以根据车上的号码报告，以便于进行惩处。沃尔玛认为，卡车不出事故，就是节省公司的费用，就是最大限度地降低物流成本。由于狠抓了安全驾驶，运输车队已经创造了300万公里无事故的纪录。

(3)沃尔玛采用全球定位系统对车辆进行定位。因此，在任何时候，调度中心都可以知道这些车辆在什么地方，离商店有多远，还需要多长时间才能运到商店，这种估算可以精确到小时。沃尔玛知道卡车在哪里，产品在哪里，就可以提高整个物流系统的效率，有助于降低成本。

(4)沃尔玛的连锁商场的物流部门，24小时工作，无论白天或晚上，都能为卡车及时卸货。另外，沃尔玛的运输车队利用夜间进行从出发地到目的地的运输，从而做到了当日下午进行集货，夜间进行异地运输，翌日上午即可送货上门，保证在15～18个小时内完成整个运输过程，这是沃尔玛在速度上取得优势的重要措施。

(5)沃尔玛的卡车把产品运到商场后，商场可以把它整个地卸下来，而不用对每个产品逐个检查，这样就可以节省很多时间和精力，加快了沃尔玛物流的循环过程，从而降低了成本。这里有一个非常重要的先决条件，就是沃尔玛的物流系统能够确保商场所得到的产品是与发货单完全一致的产品。

(6)沃尔玛的运输成本比供货厂商自己运输产品要低，所以，厂商也使用沃尔玛的卡车来运输货物，从而做到了把产品从工厂直接运送到商场，大大节省了产品流通过程中的仓储成本和转运成本。

沃尔玛的集中配送中心把上述措施有机地组合在一起，做出了一个最经济合理的安排，从而沃尔玛的运输车队能以最低的成本高效率地运行。

要求：

1.商品流通业成本费用的构成项目与产品加工业成本费用构成项目有哪些异同？

2.沃尔玛采用了哪些降低运输成本的方法？

3.通过该案例分析，如何从综合物流系统的角度降低运输成本？

4.简评“尽可能实现大批量运输，避免小批量多批次运输就是提高物流运输效率，节约物流成本”这句话的合理性。

第四篇

成本报表与成本分析

第十一章　成本报表

学习目标

通过本章学习，理解成本报表的概念，了解成本报表的分类、作用与编制要求，掌握常见成本报表的编制方法及应用。

引导案例

道化学公司的实践

道(Dow)化学公司的主计长怀疑，他们为经理们提供了过量内容的会计信息，经理们无法有效地使用信息，每一层次的经理都会收到一套完整的月度会计报表。主计长意识到经理们把"过多"的时间用在了分析数据上，进而对过量分析产生了疑问：信息流动加快是否有助于更好地制定决策？信息流转是否有效？

带着这个疑问，主计长与其下属对全公司经理进行了调查，以决定哪些信息是真正需要的。他们向经理们提出这样的问题："谁需要信息？"和"怎样利用信息？"主计长的调查显示，他们提供了过多的报告使经理们使用大量的时间分析报告。因此主计长决定使用季度报告。月度报告的消除使公司获得了更大的信息和管理分析上的成本节约，而经理们也可以通过季度报告来更好地进行工作。

（资料来源：Dennis Dankoski.Dow opts for less-and gains[J].Management Accounting，2015(12)）

第一节　成本报表概述

一、成本报表的概念

成本报表是指为了满足企业内部管理的需要，根据日常成本核算资料及其他有关资料编制的，反映企业一定时期内产品成本水平和费用支出情况，据以分析企业成本计划执行情况和结果的一种内部报告文件。正确、及时地编制成本报表是成本会计的一项重要内容。

二、成本报表的分类

(一)成本报表按其反映的内容分类

成本报表按其反映的内容分为反映产品成本水平的报表、反映期间费用水平的报表和反映成本管理的报表。

反映产品成本水平的报表是指反映企业在一定时期内,为生产一定种类和一定数量的产品而发生的生产耗费水平和构成情况的报表。主要有产品生产成本表、主要产品单位成本表、制造费用明细表等。

反映期间费用水平的报表是指反映企业在一定时期内期间费用的总额、构成情况、变化趋势的报表。主要有管理费用明细表、销售费用明细表和财务费用明细表。

反映成本管理的报表是指企业为了满足成本管理的特殊需要而编报的报表。该类报表中包括了大量非财务指标信息,格式和报送时间都较为灵活。主要有产品成本和销售成本预测表、部门成本分析表、产品成本控制表、部门业绩评价表等。

(二)成本报表按其编制的时间分类

成本报表按其编制的时间分为定期成本报表和不定期成本报表。

定期成本报表是指按照日常管理规范而报送的经常性报表。主要有年度报表、半年度报表、季度报表、月报、旬报、周报、日报和班报等。具体每类成本报表的编制时间由企业自行确定。

不定期成本报表是指应对管理的特殊需要和异常情况而临时按要求报送的报表。如:异常成本差异报表、生产事故成本报表等。

三、成本报表的作用

成本报表所反映的成本信息是成本报表分析的主要依据,对于有计划地领导和管理企业,提高经济效益具有十分重要的作用。具体地讲,主要表现在以下几个方面:

(一)反映企业成本管理的现状和发展趋势

企业管理者可以依据成本报表分析企业产品成本及期间费用的形成过程和构成,为企业结合自身生产流程和经营特点,挖掘关键工序成本潜力,控制期间费用与经营规模的合理配比提供依据。

(二)为企业计划和预算的制定和执行提供载体

成本报表提供的历史成本信息为制定相关产品成本计划和期间费用预算提供参考,而即期成本信息为成本计划和期间费用预算在执行过程中明确主体经济责任、考核完成情况、发现差异和原因、及时调整管理方案提供管理载体。

(三)为企业所有者、职工及利益相关者提供决策依据

企业所有者可以依据成本报表及时了解生产成本和期间费用情况,企业职工可以据此适时修正自我工作管理,利益相关者可以依据成本报表做出符合实际的合理决策。

四、成本报表的特点

(一)服务于企业内部管理

成本报表是不对外报送和公布的内部报告文件。其报表的内容、格式、编制时间、报送程序及报送范围由企业自行确定,具有较大的灵活性和多样性。

(二)与企业生产及费用管理特点紧密相连

每个行业、每个企业,其生产经营都有明显的差异。在长期的管理中,企业管理者将会计核算工作与企业的生产技术和工艺流程的变化、期间费用的管理控制制度相结合,形成一套企业特有的成本核算和成本信息报送制度。这就意味着,成本报表带有强烈的行业特点和企业特色。

(三)指标具有多样性

成本报表的指标设计直接针对企业管理需要,不再拘泥于各种规范的形式,它所提供的财务指标和非财务指标信息具有灵活多样的特点。

此外,由于先进管理信息化技术手段的应用,生产数据信息已实现即时更新和实时查询,企业成本报表的编报,早已摆脱了传统意义上手工、纸质的工作方式,编报更加及时。

第二节 成本报表的编制方法

一、成本报表的编制要求

为了保证成本信息的质量,充分发挥成本报表的作用,成本报表的编制应当符合以下基本要求:

(一)数字真实

数字真实是编制成本报表的基本要求。成本报表的各项数字要能够如实在反映企业实际发生的各项成本费用,如果数字失真,成本报表的作用就无法发挥。因此,成本报表的编制,可以通过账证、账账、账实、账表、上下期数字等内容相互核对来保证数字的真实。并且不得随意使用估计数字、推算数字来代替实际数字。

(二)计算准确

成本报表的各项数字要计算准确,因此需要做好以下基础工作:首先,应将该确认入账的各项成本费用及时登记入账,不得提前或延后;其次,选择适当的方法确认各项资产的转移价值,选择适当的成本计算方法计算产品成本;最后,应用适当数学方法验证计算结果。

(三)内容完整

成本报表的内定要求完整,主要指两个方面:一方面,一个企业的成本报表是由诸多报表构成的完整体系,各类报表的搭配要完整;另一方面,一张报表内部,正表与副表、表内项目与补充资料等内容搭配要完整。

(四)报送及时

成本报表无论是定期还是不定期编报，都应在规定时间内尽快报出，及时向有关部门和人员反馈成本费用信息，以便及时检查计划和预算执行情况，及时采取措施减少费用，降低成本。否则，成本报表将失去意义。

总之，企业只有及时提供内部管理必需的、真实的、准确的、完整的、具有实用性和针对性的成本信息，才能充分发挥成本报表的作用。

二、常见成本报表的编制

(一)按产品种类反映的产品生产成本报表的编制

按产品种类反映的产品生产成本报表是按产品种类汇总反映报告期内生产的全部产品的单位成本和总成本信息的报表。该表将全部产品分为可比产品和不可比产品，列示各种产品的实际产量、单位成本、本月总成本、本年累计成本。其中：可比产品是指以前年度正式生产过，具有较完备的成本资料的产品；不可比产品是指以前年度没有正式生产过，因而没有完备的成本资料的产品，以及上年试制成功今年正式投产的产品。其格式见表 11-1 所示。

表 11-1　产品生产成本表(按产品种类反映)

编制单位:BBD企业　　　　202×年12月　　　　单位:元

产品名称		计量单位	实际产量		单位成本				本月总成本			本年累计成本		
			本月实际	本年累计	按上年实际平均	本年计划	本月实际	本年累计实际平均	按上年实际平均单位成本计算	按本年计划单位成本计算	本月实际	按上年实际平均单位成本计算	按本年计划单位成本计算	按本年累计实际平均成本计算
			(1)	(2)	(3)	(4)	(5)	(6)	(7)=(1)×(3)	(8)=(1)×(4)	(9)=(1)×(5)	(10)=(2)×(3)	(11)=(2)×(4)	(12)=(2)×(6)
可比产品	甲产品	件	1 240	15 010	109	95	93	94	135 160	117 800	115 320	1 636 090	1 425 950	1 410 940
	乙产品	件	1 470	190 400	180	170	175	169	264 600	249 900	257 250	34 272 000	32 368 000	32 177 600
	小计								399 760	367 700	372 570	35 908 090	33 793 950	33 588 540
不可比产品	A产品	件	1 100	12 000	—	210	220	209	—	231 000	242 000	—	2 520 000	2 508 000
	B产品	件	800	6 200	—	350	367	365	—	280 000	293 600	—	2 170 000	2 263 000
	小计									511 000	535 600		4 690 000	4 771 000
合计									399 760	878 700	908 170	35 908 090	38 483 950	38 359 540

补充资料(本年累计实际数)：

1.可比产品与上年实际相比成本降低额 2 319 550 元(可比产品与计划成本相比降低额 205 410 元)

2.可比产品与上年实际相比成本降低率 0.65％(本年可比产品与计划成本相比降低率 0.61％)

编制按产品种类反映的产品生产成本报表，主要依据有关产品的“产品成本明细账”“年度成本计划”“上年产品生产成本表”等资料填列。表中项目填列方法如下：

(1)“产品名称”项目：根据主要“可比产品”与“不可比产品”的品种名称填列。

(2)“实际产量”项目：根据“产品成本明细账”记录所计算的报告期实际产品生产量填列。

(3)“单位成本”项目：

“按上年实际平均单位成本”项目：根据上年度本表所列对应可比产品的全年累计实际平均单位成本填列。

“本年计划单位成本”项目：根据本年度成本计划的有关数据填列。

“本月实际单位成本”项目：根据有关产品成本明细账资料，按下述公式计算填列：

$$某产品本月实际单位成本=\frac{该产品本月实际总成本}{该产品本月实际产量}$$

“本年累计实际平均单位成本”项目，根据有关产品成本明细账资料，按下述公式计算填列：

$$某产品本年累计实际平均单位成本=\frac{该产品本年累计实际总成本}{该产品本年累计实际产量}$$

(4)“本月总成本”项目：

“按上年实际平均单位成本计算”项目：根据表内可比产品本月实际产量与上年实际平均单位成本之乘积填列。

“按本年计划单位成本计算”项目：根据表内本月实际产量与本年计划单位成本之乘积填列。

“本月实际”项目：根据表内本月实际产量与本月实际单位成本之乘积填列，并与本月有关产品成本明细账的记录相核对。

(5)“本年累计成本”各项目：

“按上年实际平均单位成本计算”项目：根据表内本年累计实际产量与按上年实际平均单位成本之乘积填列。

“按本年计划单位成本计算”项目：根据表内本年累计实际产量与本年计划单位成本之乘积填列。

“按本年累计实际平均成本计算”项目：根据表内本年累计实际产量和本年累计实际平均单位成本之乘积填列，并与有关产品成本明细账资料相核对。

(二)按成本项目反映的产品生产成本报表的编制

按本项目反映的产品生产成本表是按成本项目汇总反映企业在报告期内生产环节产品生产成本的形成过程及相关采购环节和销售环节成本项目变化的报表。该表一般每月编制一次。其格式见表 11-2 所示。

表 11-2　产品生产成本表(按成本项目反映)

编制单位:BBD 企业　　　　202×年 12 月　　　　单位:元

成本项目	行次	上月实际	本月实际	上年实际	本年计划	本年累计实际
在产品、自制半成品期初余额	(1)	34 361	582 928	9 732 319	10 405 182	11 205 742
其中:直接材料	(2)	28 060	521 638	9 665 826	10 256 418	11 139 249
直接人工	(3)	4 780	23 100	23 344	85 469	23 344
制造费用	(4)	1 521	38 190	43 149	63 295	43 149
1.本期直接材料 (5)=(6)+(11)+(12)	(5)	333 475	294 477	24 987 138	26 806 541	25 775 981
其中:原材料 (6)=(7)+(8)+(9)-(10) (即:本期实际投入原材料)	(6)	311 507	272 254	24 775 282	26 586 777	25 556 509
期初原材料存货	(7)	213 522	211 217	213 592	300 000	244 217
加:本期外购原材料	(8)	39 345	43 924	24 344 545	25 963 843	24 987 734
加:本期自产原材料	(9)	78 293	35 545	236 798	342 934	342 990
减:期末原材料存货	(10)	19 653	18 432	19 653	20 000	18 432
主要辅助材料	(11)	12 098	13 247	144 212	154 343	148 908
本期其他材料	(12)	9 870	8 976	67 644	65 421	70 564
2.本期直接人工*	(13)	19 144	18 676	914 420	956 353	1 067 054
3.本期其他直接费用	(14)	9 546	8 955	123 430	159 030	152 087
4.本期制造费用	(15)	3 234	3 134	150 783	156 844	158 676
本期生产费用小计 (16)=(5)+(13)+(14)+(15)	(16)	365 399	325 242	26 175 771	28 078 768	27 153 798
本期全部产品成本合计 (17)=(1)+(16)	(17)	399 760	908 170	35 908 090	38 483 950	38 359 540
减:完工入库产成品	(18)	380 293	590 283	29 898 199	31 989 290	31 946 856
其中:本期已销产品成本	(19)	378 292	489 213	28 899 212	30 432 144	30 932 133
期末在成品、自制半成品余额 (20)=(17)-(18)	(20)	19 467	317 887	6 009 891	6 494 660	6 412 684
其中:直接材料	(21)	13 568	289 514	5 198 321	6 190 333	5 424 321
直接人工	(22)	4 619	24 389	787 891	247 973	856 222
制造费用	(23)	1 280	3 984	23 679	56 354	132 141

*:根据《企业会计准则第 9 号——职工薪酬》,"直接人工"涵盖了凡是企业为获取员工(本处特指生产工人)提供的服务而给付的各种形式报酬,包括工资,福利费、保险、住房公积金、工会经费、职工教育经费等,不再是过去旧成本会计教材中的"职工工资""职工福利费"二者之和的简单对应。而职工工资和福利费以外的报酬不再计入管理费用。下同。

表中主要项目填列方法：

“在产品、自制半成品期初余额”项目：根据上期本表的“期末在产品、自制半成品余额”填列。

“直接材料”项目及子目：根据原材料明细账及原材料库存明细账，生产计划数及上年本表相关数据填列。

“直接人工”项目：根据应付职工薪酬明细账及职工薪酬计算、分摊明细表等数据填列。

“制造费用”项目：根据制造费用明细账及月末制造费用分配表数据填列。

“完工入库产成品”项目：根据产成品库存明细账数据填列。

“本期已销产品成本”项目：根据产品销售成本明细账及产成品库存明细账相关数据填列。

(三)主要产品单位成本表的编制

主要产品是企业根据产品价值或技术指标在所有产品类别中选择的重点产品。主要产品成本表是反映报告期内生产的主要产品单位成本的构成情况和各项主要技术经济指标执行情况的比较报表。其格式见表 11-3 所示。该表是对按产品种类反映的产品生产成本报表中重要产品成本信息的进一步补充说明，主要考核企业主要产品单位成本计划执行结果，消耗定额完成情况，成本构成的变化趋势等。

主要产品单位成本表分为上、下两部分。上半部分反映成本项目的行业先进水平、上年实际平均、本年计划平均、本月实际平均和本年累计实际平均的单位成本。下半部分反映主要技术经济指标的行业先进水平、上年实际平均、本年计划平均、本月实际平均和本年累计实际平均的单位用量。

表 11-3　主要产品单位成本表

编制单位：BBD 企业　　　　202×年 12 月　　　　金额单位：元

产品名称：甲产品　　　　本月计划产量：

规　　格：　　　　本月实际产量：

计量单位：件　　　　本年累计实际产量：

成本项目	行次	行业先进水平			上年实际平均			本年计划平均			本月实际平均			本年累计实际平均		
直接材料	(1)	62			72			65			63			63		
直接人工	(2)	21			29			23			22			23		
制造费用	(3)	6			8			7			8			8		
合计		89			109			95			93			94		
主要技术指标	单位	用量	单价	金额	用量	单价	金额	用量	单价	金额	用量	单价	金额	用量	单价	金额
(1)A 材料	千克	34.00	1.62	55	37.00	1.70	63	35.00	1.63	57	33.00	1.64	54	33.50	1.64	55
(2)辅助材料	千克	3.10	2.26	7	4.19	2.15	9	3.38	2.37	8	4.13	2.18	9	3.46	2.31	8
(3)工时	小时	5.25	4.00	21	6.44	4.50	29	5.11	4.50	23	4.78	4.60	22	5.05	4.55	23

注：本表金额栏中数字省略了小数位。

该表主要依据有关产品的“产品成本明细账”资料、成本计划、行业先进水平资料、上年度本表有关资料及产品产量、材料和工时等的消耗量等资料填列。表中各项目填列方法如下：

“本月计划产量”项目：根据本月和本年计划产量填列。

“本月实际产量”和“本年累计实际产量”项目：根据统计提供的实际产品产量资料或产品入库单填列。

“行业先进水平”项目：根据本行业内相关产品先进成本数据填列。

“上年实际平均”项目：根据上年实际平均单位成本和单位用量数据填列。

“本年计划平均”项目：根据本年计划单位成本和单位用量相关数据填列。

“本月实际平均”项目：根据本月产品成本明细账中本月实际单位成本和单位用量数据计算填列。

“本年累计实际平均”项目：根据本年年初至本月月末完工产品实际总成本除以本年年初至本月月末累计实际产量计算填列。

“主要技术经济指标”项目：根据主要产品每一单位产量消耗的主要材料、辅助材料、工时等数据填列。

本表中按成本项目反映的“上年实际平均”“本年计划”“本月实际”“本年累计实际平均”单位成本合计，应与产品生产成本表 11-1 中对应产品单位成本金额分别相等。

(四)制造费用明细表的编制

制造费用明细表是反映企业在报告期内发生的各项制造费用构成情况、计划完成情况及变化趋势的报表。根据制造费用明细表，可以了解报告期内制造费用的实际支出水平，考核制造费用计划的完成情况，判断制造费用的变化趋势，加强对制造费用的控制和管理等。其格式见表 11-4 所示。

表 11-4 制造费用明细表

编制单位：BBD 企业　　202×年 12 月　　单位：元

费用项目	行次	本月计划	本月实际	本年计划	上年实际	本年累计实际	本年实际与计划差额	上年同期实际/上年规模标准	本年累计实际/本年规模标准
职工薪酬	(1)	1 500	1 510	63 000	62 028	68 590	5 590	620	653
办公费	(2)	150	59	6 450	6 383	4 960	−1 490	64	47
折旧费	(3)	780	775	33 540	38 293	41 100	7 560	383	391
周转材料摊销	(4)	120	50	5 160	5 123	4 910	−250	51	47
差旅费	(5)	100	89	4 300	7 109	2 901	−1 399	71	28
设计制图费	(6)	100	31	4 300	1 398	1 990	−2 310	14	19
试验费	(7)	190	50	8 170	1 212	459	−7 711	12	4
运输费	(8)	65	53	2 795	1 623	2 359	−436	16	22

续表

费用项目	行次	本月计划	本月实际	本年计划	上年实际	本年累计实际	本年实际与计划差额	上年同期实际/上年规模标准	本年累计实际/本年规模标准
检验费	(9)	50	32	2 150	1 910	2 007	−143	19	19
保险费	(10)	100	89	4 300	3 901	4 289	−11	39	41
水电费	(11)	220	190	9 460	11 001	9 319	−141	110	89
劳动保护费	(12)	100	85	4 300	7 989	4 215	−85	80	40
机物料消耗	(13)	53	48	2 279	1 309	2 189	−90	13	21
废品损失[①]	(14)	150	35	6 450	1 310	8 919	2 469	13	85
其他	(15)	32	38	190	194	469	279	2	4
合计		3 710	3 134	156 844	150 783	158 676	1 832	1 508	1 511

注:第 8 列和第 9 列中“规模标准”指一个可以反映企业生产规模变化的指标,由企业根据生产特点自行确定。本书经对案例企业测算发现本年与上年规模比为 105∶100。下同。

表中各项目填列方法如下:

“本月计划”和“本年计划”项目:根据本年制造费用计划数据填列。

“本月实际”和“本年累计实际”项目:根据本年制造费用明细账中各费用项目累计数据填列。

“差额”项目:根据本年累计实际与本年计划之差计算填列。

“上年同期实际/上年规模标准”和“本年累计实际/本年规模标准”项目:根据上年同期和本期累计实际制制造费用总额除以反映企业不同年份生产规模变化的指标数值“规模标准”计算填列。

如果本表内所列费用项目与上年度费用项目的名称或内容不相一致,按本年度表内项目口径对上年度对应数字进行调整后填列。

(五)期间费用明细表的编制

期间费用明细表是反映企业在报告期内发生的各种期间费用构成情况、预算执行情况以及变化趋势的报表。包括管理费用明细表、财务费用明细表和销售费用明细表。其格式见表 11-5、表 11-6、表 11-7 所示。

① 根据《企业会计准则第 1 号——存货》第 9 条明确规定,非正常消耗的直接材料、直接人工和制造费用,不计入生产成本或制造费用,应当在发生时确认为当期损益。本处“废品损失”指生产中正常范围内产生的废品损失。

表 11-5 管理费用明细表

编制单位:BBD 企业　　202×年 12 月　　单位:元

费用项目	行次	本月预算	本月实际	本年预算	上年实际	本年累计实际	本年实际与预算差额	上年同期实际/上年规模标准	本年累计实际/本年规模标准
职工薪酬	(1)	79 205	81 397	950 455	850 455	1 284 535	334 080	8 505	12 234
固定资产修理费①	(2)	2 917	293	35 000	25 000	15 322	−19 678	250	146
办公费	(3)	10 487	38 303	125 844	235 040	113 635	−12 209	2 350	1 082
折旧费	(4)	40 833	40 800	490 000	502 033	493 454	3 454	5 020	4 700
咨询费	(5)	7 283	530	87 400	2 000	10 000	−77 400	20	95
诉讼费	(6)	2 062		24 743	195 632	24 553	−190	1 956	234
排污费	(7)	1 004	0	12 043	132 043	453 005	440 962	1 320	4 314
绿化费	(8)	2 713	3 432	3 555	3 412	34 344	1 789	34	327
研究开发费	(9)	82 362	3 423	988 340	709 833	235 494	−752 846	7 098	2 243
技术转让费	(10)	1 667	10 000	20 000	89 033	21 000	10 00	890	200
业务招待费	(11)	54 912	89 343	658 947	530 922	957 498	298 551	5 309	9 119
税金:	(12)						0	0	0
房产税	(13)	82 083	85 454	985 000	91 2009	984 600	−400	9 120	9 377
车船使用税	(14)	8 072	8 454	96 859	79 303	98 456	1 597	793	938
土地使用税	(15)	64 879	63 534	778 546	683 023	784 334	5 788	6 830	7 470
印花税	(16)	8 220	8 110	98 642	63 822	98 646	4	638	939
在产成品盘亏和毁损(减盘盈)②	(17)	4 083	47 233	49 000	48 720	49 768	768	487	474
租赁费	(18)	1 667	3 244	20 000	18 000	12 000	−8 000	180	114
保险费	(19)	12 116	11 033	14 5390	132 233	137 809	−7 581	1 322	1 312
水电费	(20)	2 869	4 322	34 423	23 111	34 489	66	231	328
差旅费	(21)	41 087	1 093	493 043	981 011	135 455	−357 588	9 810	1 290
机物料消耗	(22)	1 952	10 322	23 424	12 023	32 545	9 121	120	310
行政罚款	(23)					150 000	150 000	0	1 429
在产品存货跌价准备③	(24)	4 545	45 450	54 535	54 122	54 353	−182	541	518
生产用固定资产减值损失④	(25)	1 525	43 534	18 304	10 011	11 334	−6 970	100	108
其他	(26)	75 491	5 231	70 540	242	116 391	45 851	2	1 108
合计		594 032	604 535	6 293 033	6 293 033	6 343 020	49 987	62 930	60 410

① 根据新会计准则,固定资产修理费不符合资本化条件的,不再采用预提待摊的方式记入制造费用,发生时直接计入管理费用。

② 根据新准则应用指南,在产成品盘亏和毁损(减盘盈)在经管理部门批准后,扣除责任人赔偿和保险赔款后,计入管理费用,不再计入制造费用。

③ 根据新会计准则,在产品存货跌价准备,在计提时记入管理费用,不再计入制造费用。

④ 根据新会计准则,生产用固定资产减值损失,在计提时记入管理费用,不再计入制造费用。

表 11-6　销售费用明细表

编制单位:BBD 企业　　202×年 12 月　　单位:元

费用项目	行次	本月预算	本月实际	本年预算	上年实际	本年累计实际	本年实际与预算差额	上年同期实际/上年销售数量	本年累计实际/本年销售数量
职工薪酬	(1)	15 000	14 500	180 000	191 904	195 435	15 435	1 919	1 861
销售部门办公费	(2)	14 208	15 930	170 500	183 022	91 820	−78 680	1 830	874
差旅费	(3)	11 183	12 112	134 200	123 033	284 300	150 100	1 230	2 708
委托代销手续费	(4)	10 367	10 377	124 400	320 002	110 404	−13 996	3 200	1 051
业务费	(5)	2 695	2 658	32 344	56 312	45 445	13 101	563	433
质量检测费	(6)	31 380	50 000	376 565	398 332	457 466	80 901	3 983	4 357
广告费	(7)	12 121	10 232	145 450	137 484	284 434	138 984	1 375	2 709
展览费	(8)	35 000	24 990	420 000	422 401	244 320	−175 680	4 224	2 327
展品成本费	(9)	15 492	12 000	185 900	187 304	94 805	−91 095	1 873	903
进场费	(10)	7 542	8 979	90 500	101 022	100 344	9 844	1 010	956
理货费	(11)	2 858	2 139	34 300	49 203	43 390	9 090	492	413
摊位费	(12)	15 408	10 020	184 900	239 204	210 044	25 144	2 392	2 000
店面装修费	(13)	20 833	20 891	250 000	120 933	274 559	24 559	1 209	2 615
店面租赁费	(14)	1 917	1 879	23 005	3 2409	24 400	1 395	324	232
包装费	(15)	8 616	9 084	103 390	139 083	110 441	7 051	1 391	1 052
运输费	(16)	7 009	7 019	93 000	129 023	90 330	−2 670	1 290	860
装卸费	(17)	1 700	1 783	20 404	30 192	23 100	2 696	302	220
保险费	(18)	742	756	8 900	8 494	9 000	100	85	86
折旧费	(19)	7 584	8 089	91 003	90 021	80 033	−10 970	900	762
产品调换费	(20)	11 588	12 000	139 050	393 903	449 303	310 253	3 939	4 279
产品维修费	(21)	6 748	6 450	80 973	34 002	98 040	17 067	340	934
行政罚款	(22)					140 300	140 300		1 336
其他	(23)			11 260	3 732	52 721	41 461	37	502
合计		239 991	241 888	2 900 044	3 391 015	3 514 434	614 390	33 910	33 471

表 11-7 财务费用明细表

编制单位：BBD 企业　　202×年 12 月　　单位：元

费用项目	行次	本月预算	本月实际	本年预算	本年累计实际	本年实际与预算差额
利息支出(1)=(2)+(3)+(4)+(5)-(6)	(1)	56 254	41 980	675 052	506 996	-168 056
其中：短期借款利息	(2)	8 570	11 033	102 844	190 292	87 448
长期借款利息①	(3)	29 109	8 942	349 304	180 328	-168 976
未按期还款加收利息	(4)		10 293		54 003	54 003
非金融机构借款利息	(5)	25 245	30 292	302 934	192 802	-110 132
减：利息收入(6)=(7)+(8)+(9)	(6)	6 670	18 580	80 030	110 429	30 399
其中：定期存款利息	(7)	4 200	7 945	50 394	20 123	-30 271
活期存款利息	(8)	1 992	10 283	23 902	82 923	
其他	(9)	478	352	5 734	7 383	1 649
其他筹资费用	(10)	8 604	9 829	103 244	92 011	-11 233
汇兑损失	(11)	8 659	6 373	10 3910	32 944	-70 966
减：汇兑收益	(12)					
调剂外汇手续费	(13)	23 578	28 193	282 934	274 942	-7 992
金融机构手续费	(14)	6 920	6 930	83 044	58 922	-24 122
银行罚款	(15)		10 000		50 000	50 000
其他	(16)				382 934	382 934
合计(17)=(1)+(10)+(11)+(13)+(14)+(15)+(16)	(17)	104 015	103 305	1 248 184	1 398 749	150 565

期间费用明细表各项目的填列方法：

"本月预算"和"本年预算"项目：根据本年期间费用预算数据填列。

"本月实际"和"本年累计实际"项目：根据本年期间费用明细账及费用项目累计数填列。

"本年实际与预算差额"项目：根据本年累计实际减本年预算计算填列。

"上年同期实际/上年规模标准"和"本年累计实际/本年规模标准"项目：根据上年同期和本期累计实际期间费用总额除以反映企业不同年份生产规模变化的指标数值"规模标准"计算填列。

---

① 按照《新会计准则第 17 号——借款费用》："对于需要经过相当长时间生产经营活动才能达到预定可使用或销售状态的存货资产其借款费用可以资本化"。这部分借款费用可以根据情况直接归集到直接材料成本，不再计入财务费用。

如果本表内所列费用项目与上年度费用项目名称或内容不相一致,按本年度表内项目口径对上年度对应数字进行调整后填列。

思政德育课堂

汽车"变"生铁

1.案例资料

戴尔铸机厂是一家市属国有企业,会计专业学生路丹在该厂进行毕业实习。有一天,路丹在翻阅以往会计凭证时,发现该厂一张记账凭证上的会计分录为:

借:原材料——生铁　　198 600

　贷:应收账款——长城汽车有限公司　　198 600

但是,购进生铁没有发票,也没有收料单,只是在记账凭证下面附了一张由该厂开具给长城汽车有限公司的收款收据,而长城汽车有限公司并不对外经销生铁。后来,路丹从一位老会计那里了解到真实情况。原来是该厂以购生铁为名,行购车抵债之实。长城汽车有限公司以一台自产长城牌小轿车抵偿了欠该厂的货款。看到路丹一脸的疑惑,老会计并不以为然,认为这在企业都是正常的,没什么大不了的,并劝路丹多学点实际的东西。

2.研讨问题

(1)戴尔铸机厂的会计处理,违背了哪些会计核算原则?应怎样纠正发生的差错?

(2)谁应对戴尔铸机厂会计信息的真实性负责?

3.案例启示

实事求是是中华民族的传统美德,也是《会计法》与《企业会计准则》的基本要求。坚持会计核算的真实性原则,要以实际发生的经济事项为依据,经济业务必须符合实际情况。在处理会计事项时,一是要求内容真实,即按实际发生的经济业务事项核算;二是要求结果真实,即依据真实凭证入账并按照国家统一会计制度核算。

财务人员在实际业务中遇到问题要善于透过现象看本质,不要被表面的假象所迷惑,所误导;在工作和生活中都要坚持脚踏实地、实事求是的原则。

本章小结

成本报表是指为了满足企业内部管理的需要,根据日常成本核算资料及其他有关资料编制的,反映企业一定时期内产品成本水平和费用支出情况,据以分析企业成本计划执行情况和结果的一种内部报告文件。成本报表格式和编制时间一般由企业自行确定。

为了保证成本信息的质量,充分发挥成本报表的作用,成本报表的编制应当做到数字真实、计算准确、内容完整和报送及时等基本要求。

成本报表主要包括按产品种类反映的产品成本报表、按成本项目反映的产品成本报表、主要产品单位成本表,制造费用明细表及期间费用明细表等。

○ 关键概念

成本报表(cost report)
产品生产成本表(production cost table)
主要产品单位成本表(main product unit cost table)
制造费用明细表(Statement of manufacturing expenses)

○ 习　题

一、单项选择题

1.成本报表是一种(　　)。

A.内部管理会计报表　　B.对外财务会
C.静态报表　　D.汇总报表

2.成本报表的种类、格式和内容等,由(　　)。

A.政府有关部门规定　　B.国家制定的企业会计制度规定
C.银行等债权人规定　　D.企业自行决定

3.下列报表中,不包括在成本报表中的有(　　)。

A.产品生产成本表　　B.制造费用明细表
C.期间费用明细表　　D.资产负债表

4.下列报表中,属于内部报表的是(　　)。

A.资产负债表　　B.利润表
C.现金流量表　　D.全部产品生产成本表

5.全部产品生产成本报表反映企业在报告期内所生产的(　　)总成本的一种成本报表。

A.部分产品　　B.全部产品　　C.个别产品　　D.特殊产品

二、多项选择题

1.设置成本报表,应当(　　)。

A.符合国家统一会计制度规定的格式和内容
B.符合企业生产经营特点
C.满足企业成本管理的要求
D.报表指标具有实用性,报表内容具有针对性

2.按成本项目编制的产品生产成本表,一般包括(　　)等部分。

A.本期生产费用总额　　B.在产品和自制半成品期初余额
C.在产品和自制半成品期末余额　　D.本期产品生产成本总额。

3.下列报表中,属于成本报表的有(　　)。

A.产品生产成本表　　B.主要产品单位成本表
C.制造费用明细表　　D.期间费用明细表

4.成本报表的特点有(　　)。

A.反映企业成本管理的现状和发展趋势　B.服务于企业内部管理

C.与企业生产及费用管理特点紧密相连　D.指标具有多样性

5.成本报表按其编制时间可分为(　　)。

A.定期成本报表　B.不定期成本报表

C.年度成本报表　D.异常成本差异报表

三、思考题

1.什么是成本报表？与对外报表相比,成本报表作为内部报表具有哪些特点？

2.成本报表的编制要求有哪些？

3.成本报表的种类有哪些？

本章实验

实验一　编制全部产品成本表

实验目的:掌握全部产品成本表的编制方法。

实验资料:某企业有关产品产量、单位成本和总成本资料见下表:

某企业有关产品产量、单位成本和总成本资料

202×年 12 月

产品名称		实际产量(台)		单位成本(元)		总成本(元)	
		本月	本年累计	上年实际平均数	本年计划	本月实际	本年累计实际
可比产品	A 产品	150	840	872	780	68 000	795 200
	B 产品	42	460	514	540	15 600	364 000
	C 产品	69	1 200	700	690	73 200	698 300
不可比产品	D 产品	280	3 100		1 340	564 000	4 587 000
	E 产品	600	7 650		1 520	789 200	12 546 000

实验要求:根据上述资料编制“全部产品成本表”。

案例分析

1.甲企业为一家小型民营企业,生产两种主要产品。实习生小张到甲企业会计部门实习,负责编制成本报表,他注意到该企业的成本报表种类单一,只有下表所示的一种报表。于是他向部门主管提出建议,改进成本报表的编制。

全部产品生产成本(按成本项目反映)

甲企业　　　　202×年12月　　　　单位:元

项　目	本年累计实际数	本月实际数
直接材料	130 000	19 000
直接人工	60 000	20 000
制造费用	190 000	31 000
生产耗费合计	380 000	70 000
加:在产品期初余额	20 000	2 000
减:在产品期末余额	50 000	3 000
产品成本合计	350 000	69 000

要求:

(1)帮助小张分析甲企业改进成本报表编制的理由和途径。

(2)为了改进成本报表编制,需要在成本报表中增加哪些成本信息?

2.邯钢的战略成本管理经验

邯郸钢铁厂在20世纪90年代地方钢铁企业经济效益出现滑坡时,同样面临亏损,而且企业内外部环境都非常严峻。当时市场上原材料涨价、供过于求,原材料涨价使企业内部成本上升;国家治理整顿,抽紧银根,控制固定资产投资;西方工业化国家钢铁生产能力过剩,国际市场价格下滑,出口困难,这些都使钢材销售量大幅度下降。大批竞争对手又使竞争加剧。从企业内部看,厂内无节能降耗、增收节支的自觉性。随着产销比率的下降和价格的降低,仅有少量产品盈利,再加上企业债务负担沉重等各种困难,企业陷入困境。

邯钢面对内忧外患的局面,为了摆脱困难,进行了战略定位分析"推行模拟市场核算,实行成本否决,走集约化经营的道路"的管理机制,结果企业产品成本连年下降,并且保持了持久的低成本优势。

(1)竞争者分析

邯钢运用战略管理会计来进行环境审视和竞争者分析,用战略眼光而非纯营运眼光来看待信息。邯钢意识到本身产品质量(技术规范)标准化,市场弹性系数小,价格基本上有规可循,与其他竞争对手的产品在性能上没有大的差别,不易形成差别化竞争优势。另一方面,企业本身为地方国有企业,国家对其支持力度有限,获得较大投资的可能性小。于是,邯钢从实际出发,制定了低成本发展战略。并充分利用战略管理会计的外向性、整体性等特征进行战略规划,通过密切关注整个市场和竞争对手的动向来发现问题,适当调整和改变自己的战略战术。

(2)价值链分析

邯钢实施有效的价值链分析法。邯钢重视"知己知彼",利用丰富的行业信息资料,诸如上下游企业情报等改善自身的生产经营,以同行业和企业内部历史最好水平为依据,把从原材料供应商到最终产品消费者的各个环节的成本指标作为整体进行分析、比较,找出成本降低的环节和降低程度。邯钢在挖掘增效的过程中,广泛开展对企业内部和上、下游价值链的开发。该厂的“模拟市场核算”就是从产品市场上被承认的能接受的价格开始，一个工序一个工序地剖析其潜在效益，向前核定，直到原材料采购。其中“一个工序一个工序剖析”就是企业内部价值链上各项活动或作业的剖析，使企业成本管理深入到各基本作业层，挖掘各作业层的增值能力，对不必要的和完成质量不佳的作业进行改进或否决。

(3)成本动因控制

对战略成本动因的重视和控制使邯钢的“总成本领先”战略得以成功实施，具体体现在以下方面：a.在项目投资“规模”上，围绕节能降耗、降低成本的要求来选择，并根据量力而行和“先进、经济、实用”的原则进行控制，对不能控制进度和投资的项目坚决不上马。b.控制整合的“范围”。对自己能生产的备件坚决不外委原则，并比较其成本高低，择优选择。c.在“技术”选择上，围绕提高产量、质量和优化品种结构，对关键工序、薄弱环节进行技改，走“增效—技改—再增效—再技改”的良性循环发展之路。d.落实成本岗位责任制，提高企业的凝聚力。该厂推行成本否决制，是全体职工拥有为企业当家做主的权利和责任，将市场压力和风险变成企业内部各个环节和每个职工的压力和动力。全厂职工围绕降低成本、降低消耗，结成利益共同体。

(4)战略考核

邯钢选择了模拟市场核算统分结合的管理模式，引入市场风险，把风险分散到个人，实行成本否决制，完不成成本指标，否决奖金、工资晋升机会和职务升迁等。这样就将国有资产的管理、使用落实到每个人身上，把各级组织或个人进行目标成本的绩效与工资奖励等职工切身利益挂钩，突出实效，落实责任。邯钢建立定期考核制度，实行严格的奖惩办法，做到奖励分明，进而优化机构设置。

(资料来源：孙茂竹，王艳茹.成本管理会计[M].大连：东北财经大学出版社，2011)

要求：试从成本动因角度谈谈邯钢战略成本管理成功的关键原因。

第十二章　成本分析

学习目标

通过本章学习了解成本分析的含义、作用及常用的方法，掌握全部产品成本计划完成情况、可比产品成本计划完成情况、可比产品单位成本、制造费用和期间费用的分析方法，掌握成本效益分析的方法。

引导案例

五十铃汽车公司的“拆卸法”成本分析法

五十铃汽车公司对其竞争对手的汽车部件进行详细的比较研究，为其汽车部件制定出目标成本。为了更清楚地解释被普遍称之为“拆卸法”的成本分析法，五十铃的成本管理专家吉彦里有条不紊地拆卸了三种不同型号的铅笔，将其不同组成部分摆在一个茶几上，然后告诉来访者，“这就是我们用来研究竞争对手的产品的方法，……我们首先研究制造某种产品的原材料制作方法，然后分析组装工序，采用这种拆卸法，我们就能弄清这种产品的大致成本”。最后，五十铃就会采用竞争对手同类产品中的最低成本作为自己部件的目标成本。例如，五十铃的汽车驾驶装置的目标成本是以其对丰田的同类部件的成本分析为基础，而其挡泥板的目标成本则基于对日产的这类部件进行成本分析。

（资料来源：江希和.成本会计教程与案例[M].上海：立信会计出版社，2018）

第一节　成本分析概述

一、成本分析的含义

成本分析是利用成本核算资料及其他有关资料，运用一系列专门的方法揭示成本水平与构成的变动情况，系统研究影响成本升降的各因素及其变动的原因，寻找降低成本、节约费用的途径。成本分析是成本核算工作的继续，是成本会计的重要组成部分。

二、成本分析的作用

企业要降低产品成本就必须重视成本管理。在核算资料的基础上，通过深入分析，正确评价企业成本计划的执行和完成情况，明确成本管理的责任，可以提高企业和职工讲求经济效益的积极性。

成本分析，有利于查明成本计划和费用预算的完成情况，有利于挖掘内部增产节约的潜力。通过成本分析揭示成本升降的原因，正确地查明影响成本高低的各种因素及其原因，可以进一步提高企业管理水平。

成本分析还可以结合企业生产经营条件的变化，正确选定适应新情况的最合适的成本水平，寻求进一步降低成本的途径和方法。

三、成本分析的基本方法

在实际业务中，成本分析的方法很多。企业可以根据业务的特点、成本分析的目的、成本管理的要求来选择适合本企业的成本分析方法。成本分析常用的方法有以下几种：

(一)比较分析法

比较分析法是将两个或两个以上有关的同质可比数据进行对比，揭示客观存在的差异，分析矛盾的成因，寻找解决问题途径和方法的一种分析方法。企业在运用比较分析法时，通常有以下几种形式：

1.以成本的实际指标与成本的计划或定额指标对比，分析成本计划或定额的完成情况。

2.以本期实际成本指标与前期(上期、上年同期或历史最好水平)的实际成本指标对比，观察企业成本指标的变动情况和变动趋势，了解企业生产经营工作的改进情况。

3.以本企业实际成本指标(或某项技术经济指标)与国内外同行业先进指标对比，可以在更大范围内找出与先进水平差距，从而学习先进，推动企业改进经营管理。

比较分析法是经济分析中广泛应用的一种分析方法。对比的范围越大越能发现差距，越有利于企业挖掘成本潜力。但是需要注意的是，比较分析法只适用于同质指标的数量对比，应用这种分析方法时，应注意指标的可比性，必要时，可以将对比的指标作必要的调整换算。

(二)比率分析法

比率分析法是指通过计算和对比经济指标的比率进行数量分析的一种方法。采用这种方法先要把对比的数值变成相对数，求出比率，然后再进行对比分析。

1.相关指标比率分析

相关比率分析法是通过计算两个性质完全不相同而又相关的指标的比率，再以实际数与计划数(或前期实际数)进行对比分析的一种方法。成本分析中常见的相关指标比率分析主要是将成本指标与反映生产、销售等生产经营成果的产值、销售收入、利润指标进行对比，求出的产值成本率、销售成本率和成本费用利润率指标，可据以分析和比较生产耗费的经济效益。

主要相关比率的计算公式如下：

$$成本利润率=\frac{产品销售利润}{产品成本}\times 100\%$$

$$产值成本率=\frac{产品成本}{产品产值}\times 100\%$$

$$销售成本率=\frac{产品成本}{产品销售收入}\times 100\%$$

2.构成比率分析

构成比率是指某项经济指标的各个组成部分所占总体的比重。构成比率分析法就是计算某一经济指标各个组成部分的构成比率，然后与标准（或上年、预算）该指标的构成比率进行比较，发现成本项目构成的结构变化，寻找差异原因的一种比较分析方法。

3.趋势比率分析

趋势比率分析也称动态比率分析，是将几个时期同类指标的数值进行对比，求出比率，据以分析该项指标的增减速度和变动趋势，以判断企业某方面业务的发展趋势，从而发现企业在生产经营方面的成绩或不足。由于对比的标准不同，它又可分为基期指数和环比指数，具体计算公式如下：

$$基期指数=\frac{分析期指标数额}{固定期指标数额}$$

$$环比指数=\frac{分析期指标数额}{前一期指标数额}$$

(三)因素分析法

因素分析法是将某一综合指标分解为若干相互联系的原始因素，按照一定顺序分析各因素变动对综合指标影响程度的一种分析方法。

由于采用比较分析法可以揭示报告期实际数与比较标准数之间的差异，但却不能反映产生差异的因素和各因素的影响程度，但因素分析法可以实现这一目的，所以实践中应用比较广泛。

因素分析法一般采用连环替代法。它是在影响综合指标的许多相互联系的因素中，顺序地把其中一个因素当作可变因素，而暂时把其他因素当作不变因素进行替换，来测定各个因素对综合指标影响程度的一种分析方法。连环替代法计算程序如下：

第一步，确定分析指标与其影响因素之间的关系。

确定分析指标与其影响因素之间的关系，通常采用指标分解法，即将经济指标在计算公式的基础上进行分解或扩展，得出各影响因素与分析指标之间的关系式。如对于材料费用指标，其影响因素之间的关系可分解为：

$$\begin{aligned}材料费用&=产品产量\times 单位产品材料费用\\&=产品产量\times 单位产品材料单耗\times 材料单价\end{aligned}$$

分析指标与影响因素之间的关系式，既可说明哪些因素影响分析指标，又可说明这些因素与分析指标之间的关系及顺序。如上式中影响因素有产品产量、单位产品材料单耗和材料单价三个因素。它们都与材料费用成正比关系。它们的排列顺序是：首先是产品产量，其次是单位产品材料单耗，最后是材料单价。确定排列顺序的原则是：先数量指标后质量指标，先实物量指标后价值量指标，先分子后分母。

第二步，根据分析指标的报告期数值与基期数值列出关系式或指标体系，确定分析对象。如材料费用的指标体系是：

基期材料费用＝基期产品产量×基期材料单耗×基期材料单价

实际材料费用＝实际产品产量×实际材料单耗×实际材料单价

分析对象（材料费用差异额）＝实际材料费用－基期材料费用

第三步，严格按照排列顺序计算替代结果，在计算某一因素变动对综合指标的影响数额时，假设其他因素不变。

第四步，比较各因素的替代结果，确定各因素对分析指标的影响程度。

第五步，检验分析结果。即将各因素对分析指标的影响额相加，其代数和应等于分析对象。如果二者相等，说明分析结果可能是正确的；如果二者不相等，则说明分析结果一定是错误的。

需要指出：连环替代法的程序或步骤是紧密相连、缺一不可的，尤其是前四个步骤，任何一个步骤出现错误，都会出现错误结果。

连环替代法的程序用简单的数学公式可以表示为：设某一经济指标 N 是由相互联系的 A、B、C 三个因素组成（假定该经济指标是以组成因素的乘积的形态出现），其计划指标 N_0 是由 A_0、B_0、C_0 三个因素综合影响的结果，其实际指标 N_1 是由 A_1、B_1、C_1 三个因素综合影响的结果，即：

计划指标：$N_0 = A_0 \times B_0 \times C_0$

实际指标：$N1 = A_1 \times B_1 \times C_1$

差异数：$D = N - N_0$

该指标实际脱离计划差异 $D = N_1 - N_0$ 同时受 A、B、C 三个因素变动的影响。

现在要测定各因素变动对 N 的影响，顺序如下：

计划指标：$N_0 = A_0 \times B_0 \times C_0$　　(1)

第一次替代，假设 A 变，B、C 保持计划不变。

$N = A_1 \times B_0 \times C_0$　　(2)

第二次替代，假设 B 变，A 保持实际不变，C 保持计划不变。

$N = A_1 \times B_1 \times C_0$　　(3)

第三次替代，假设 C 变，A、B 保持实际不变。

$N = A_1 \times B_1 \times C_1$　　(4)

这样就可以计算各个因素的影响程度，计算结果是：

式(2)—式(1)＝$N_2 - N_0$，是由 $A_1 - A_0$ 产生的影响。

式(3)—式(2)$=N_3-N_2$，是由 B_1-B_0 产生的影响。

式(4)—式(3)$=N_1-N_3$，是由 C_1-C_0 产生的影响。

综合各因素的影响程度：

$$(N_2-N_0)+(N_3-N_2)+(N_1-N_3)=N_1-N_0=D$$

【例 12-1】 BBD 企业原材料费用相关资料如表 12-1 所示，材料费用的实际数和计划数存在差异。运用因素分析法，分析各因素变化对其差异的影响程度。

表 12-1　甲产品材料费用资料表

编制单位：BBD 企业　　202×年 12 月　　单位：元

费用项目	计划数	实际数
产品产量(件)	1 000	1 240
单位产品材料消耗量(千克/件)	35	33.50
材料单价(千克/元)	1.63	1.64
材料费用总额(元)	57 050	68 125.60

根据表中资料，材料费用的实际数超过计划数 11 075.60 元，形成差异的因素有产品产量、单位产品材料消耗量、材料单价，各因素变化对差异的影响程度计算如下：

计划指标＝1 000×35×1.63＝57 050(元)　　(1)

第一次替代＝1 240×35×1.63＝70 742(元)　　(2)

第二次替代＝1 240×33.50×1.63＝67 710.20(元)　　(3)

第三次替代＝1 240×33.50×1.64＝68 125.60(元)　　(4)

据此测定结果：

产量增加产生的影响＝(2)－(1)＝70 742－57 050＝13 692(元)

单位产品材料消耗量产生的影响＝(3)－(2)＝67 710.20－70 742＝－3 031.80(元)

材料单价增加产生的影响＝(4)－(3)＝68 125.60－67 710.20＝415.40(元)

综合各因素变动的综合影响为＝13 692＋(－3 031.80)＋415.40＝11 075.60(元)

第二节　产品成本分析

一、全部产品成本计划完成情况分析

生产成本计划完成情况的分析是一种综合分析。通过分析可以总体地考核成本计划的完成情况、全部产品总成本中各个成本项目的成本计划完成情况，找出成本超支或节约的产品成本项目，为进一步进行成本分析指明方向。

(一)按产品种类分析全部产品成本计划完成情况

工业企业全部产品可分为可比产品和不可比产品两大类。它们在考核和分析方法上是不同的。

对于可比产品的实际成本,不仅要与计划成本进行比较,考核成本计划的完成程度,还需要与上年的实际平均成本进行比较,以衡量报告期实际成本较上年成本降低的幅度和数额。对于不可比产品,因在以前年度未正式生产过,没有可比资料,只能用其实际成本与计划成本进行比较,以确定其实际成本较计划成本降低的幅度和数额。

按产品种类分析全部产品成本计划完成情况,既要从总体出发,分析全部商品产品成本计划完成的总括情况;也要分析每种产品成本计划的完成情况。

【例 12-2】 根据表 11-1 的资料编制产品成本计划完成情况分析表,如表 12-2 所示。

表 12-2　全部产品成本计划完成情况分析表(按产品种类)

编制单位:BBD 企业　　202×年 12 月　　单位:元

产品名称		计划总成本	实际总成本	实际比计划降低额	实际比计划降低
可比产品	甲产品	1 425 950	1 410 940	15 010	1.05%
	乙产品	32 368 000	32 177 600	190 400	0.59%
	小计	33 793 950	33 588 540	205 410	0.61%
不可比产品	A 产品	2 520 000	2 508 000	12 000	0.48%
	B 产品	2 170 000	2 263 000	−93 000	−4.29%
	小计	4 690 000	4 771 000	−81 000	−1.73%
合计		38 483 950	38 359 540	124 410	0.32%

表 12-2 中的数据计算如下:

$$
\begin{aligned}
\text{成本降低额} &= \text{计划总成本} - \text{实际总成本} \\
&= 38\ 483\ 950 - 38\ 359\ 540 \\
&= 124\ 410(\text{元})
\end{aligned}
$$

$$
\begin{aligned}
\text{成本降低率} &= \frac{\text{成本降低额}}{\text{全部产品计划总成本}} \times 100\% \\
&= \frac{124\ 410}{38\ 483\ 950} \times 100\% \\
&= 0.32\%
\end{aligned}
$$

以上分析表明,该企业全部产品完成了成本降低任务,实际成本比计划成本节约 124 410元,成本降低率为 0.32%。其中,可比产品总成本节约 205 410 元,降低率为 0.61%,不可比产品成本超支了 81 000 元,降低率为 −1.73%。在不可比产品成本中,B 产品成本较计划成本超支了 93 000 元,A 产品成本较计划成本降低了 12 000 元。显然,对产品成本进一步分析的重点应当是查明 B 产品超支的原因。

(二)按成本项目分析全部产品成本计划完成情况

在实际工作中,工业企业产品生产发生的费用支出是多种多样的,这些费用的节约或超支必然影响产品的生产成本。为了了解产品成本变动的原因，挖掘成本降低的潜力，还要根据企业编制的按成本项目反映的产品生产成本表和产品成本计划表，分析成本计划完成情况的差异及原因。

【例 12-3】 以表 11-2 中的数据为例，分析结果见表 12-3。

表 12-3　全部产品生产成本计划完成情况表(按成本项目类别)

编制单位：BBD 企业　　　　202×年 12 月　　　　单位：元

费用项目	全部产品生产成本		降低指标	
	计划	实际	降低额	降低率
直接材料	37 062 959	36 915 230	147 729	0.40%
直接人工	1 041 822	1 090 398	－48 576	－4.66%
其他直接费用	159 030	152 087	6 943	4.37%
制造费用	220 139	201 825	18 314	8.32%
生产成本	38 483 950	38 359 540	124 410	0.32%

通过分析可知，全部产品总成本比计划成本降低了 124410 元，主要是因为直接材料、其他直接费用和制造费用成本项目实际比计划降低，而直接人工成本项目超支造成的。所以，还应当收集更多信息，深入寻找各成本项目超支或降低的具体原因及对企业生产管理的影响。

二、可比产品成本降低计划完成情况分析

可比产品往往是企业的主要产品，在企业全部产品的产量、成本、收入、利润中占有很大的比重，是成本分析的主要内容。可比产品成本计划完成情况的分析，重点在于可比产品降低任务完成情况的分析。

要进行可比产品成本降低计划完成情况分析，就必须取得可比产品成本降低计划指标和计划完成情况的资料。前者反映在企业的成本计划之中，后者可以从前述的产品生产成本表(按产品种类反映)中取得。

(一)可比产品成本降低任务完成情况

【例 12-4】 承表 11-1 资料，BBD 企业本年可比产品成本降低计划如表 12-4 所示。其成本降低任务完成情况如表 12-5 所示。

表 12-4　可比产品成本降低任务表

编制单位:BBD 企业　　　　202×年　　　　单位:元

可比产品名称	计划产量	单位成本		总成本		降低指标	
		上年	计划	上年	计划	降低额	降低率
甲产品	15100	109	95	1 645 900	1 434 500	211 400	12.8440%
乙产品	190 000	180	170	34 200 000	32 300 000	1 900 000	5.5556%
合　计				35 845 900	33 734 500	2 111 400	5.8902%

表 12-5　可比产品成本降低任务完成情况分析表

编制单位:BBD 企业　　　　202×年　　　　单位:元

可比产品名称	实际产量	单位成本			总成本			降低情况	
		上年	计划	实际	上年	计划	实际	降低额	降低率
甲产品	15 010	109	95	94	1 636 090	1 425 950	1 410 940	225 150	13.7615%
乙产品	190 400	180	170	169	34 272 000	32 368 000	32 177 600	2 094 400	6.1111%
合计					35 908 090	33 793 950	33 588 540	2 319 550	6.4597%

从表 12-4 可以看出,BBD 企业可比产品成本计划降低额为 2 111 400 元,计划降低率为 5.8902%。通过表 12-5 的计算,该企业可比产品成本实际降低额为 2 319 550 元,降低率为 6.4597%,超额完成了预定计划。其中,甲产品计划成本降低额为 211 400 元,实际成本降低额为 225 150 元;计划成本降低率为 12.8440%,实际成本降低率为 13.7615%;乙产品计划成本降低额为 1900 000 元,实际成本降低额为 2 094 400 元;计划成本降低率为 5.5556%,实际成本降低率为 6.1111%;可比产品成本降低额和降低率均超额完成。

实际脱离计划的差异:

降低额=2 319 550－2 111 400=208 150 元

降低率=6.4597%－5.8902%=0.5695%

通过以上计算可以看出,可比产品成本降低计划完成,实际比计划多降低 208 150 元或 0.5695%。

(二)影响可比产品成本降低任务完成情况的因素分析

影响可比产品成本降低任务完成情况的因素概括起来有三个:

一是产品产量。产量的增减必然会影响可比产品成本降低计划的完成情况,产品产量的变动会使成本降低额发生变动,但不影响成本降低率的变动。

【例 12-5】假定例 11-1 中本期产品实际产量比计划提高 10%,而产品品种构成和单位成本不变,即假定甲乙产品的实际产量都比计划提高 10%,其成本降低额和降低率如表 12-6 所示。

表 12-6 单纯产量变动影响计算表

编制单位:BBD 企业　　202×年　　单位:元

可比产品名称	总成本		降低情况	
	上年	计划	降低额	降低率
甲产品	1 636 090×110%=1 810 490	1 425 950×110%=1 577 950	232 540	12.8440%
乙产品	34 272 000×110%=37 620 000	3 236 800×110%=35 530 000	2 090 000	5.5556%
合　计	39 430 490	37 107 950	2 322 540	5.8902%

表 12-6 表明,单纯产量变动使成本降低由计划的 2 111 400 元增加到 2 322 540 元,而降低率不变,仍是 5.8902%。反过来可以据此推算出单纯产量变动对成本降低额的影响,其计算公式如下:

按上年实际平均单位成本计算的总成本×计划降低率=单纯产量变动下的成本降低额

二是产品品种结构。由于各种产品的成本降低程度不同,因而当产品品种结构发生变动时,这种变动不仅影响降低额,也会影响降低率。

三是产品单位成本。可比产品成本计划降低额是本年度计划成本比上年度或以前年度实际成本的降低数,而实际成本降低额则是本年度实际成本比上年度或以前年度实际成本的降低数。当本年度可比产品实际单位成本比计划单位成本降低或升高时,必然会引起成本降低额和降低率的变动。

根据表 11-1 的资料,确定各因素变动的影响程度。按照连环替代法的计算程序,在确定各因素变动对成本降低计划完成情况的影响程度时,应以在计划产量、计划品种结构和计划单位成本情况下的成本降低计划为基础,然后用各个因素的实际数逐次替换计划数。

1.产品产量变动的影响

例 12-5 中已说明,在其他因素不变的情况下,单纯产品产量的变动会使成本降低额发生变动,但不影响成本降低率。所以,在实际产量、计划品种结构、计划单位成本不变的情况下降低率与计划降低率相同,为 5.89%。因此,以计划降低率乘以表 11-1 中按实际产量、上年实际平均单位成本计算的总成本,就可求得在实际产量、计划品种结构和计划单位成本下的成本降低额。其计算如下:

35 908 090×5.8902%=2 115 058.32(元)

以上述计算求得的 2 115 058.32 元和 5.8902%与计划降低额 2 111 400 元和计划降低率 5.8902%相比较,即可求得由于产量变动对成本降低计划完成情况的影响程度。

降低额=2 115 058.32-2 111 400=3 658.32(元)

降低率=5.89%-5.89%=0

2.产品品种结构变动的影响

要确定产品品种结构变动的影响,必须求得在实际产量、实际品种结构下,以本年计划单位成本计算的总成本和与按上年实际平均单位成本计算的总成本相比较的降低额和降低率。根据表 11-1 的资料计算如下：

$$降低额=35\ 908\ 090-33\ 793\ 950=2\ 114\ 140(元)$$

$$降低率=\frac{2\ 114\ 140}{35\ 908\ 090}\times 100\%=5.8876\%$$

以上述计算结果与在实际产量、计划品种结构和计划单位成本情况下的降低额和降低率相比较，即可求得由于产品品种结构变动对成本降低计划完成情况的影响程度。

$$降低额=2\ 114\ 140-2\ 114\ 986.50=-846.50(元)$$

$$降低率=5.8876\%-5.8902\%=-0.0026\%$$

由于成本降低率指标的小数点后两位系四舍五入，而且本例中产品品种结构变动不是太大，产品品种结构变动对成本降低额的影响只有－846.50 元，相对于 33 793 950 元的计划总成本来说，产品品种结构变动对成本降低率的影响几乎为 0。

3.产品单位成本变动的影响

为确定单位成本变动的影响，必须求得在实际产量、实际品种结构情况下，以本期实际总成本与按上年实际平均单位成本计算的总成本相比较的降低额和降低率。根据表 11-1 的资料计算如下：

$$降低额=35\ 908\ 090-33\ 588\ 540=2\ 319\ 550(元)$$

$$降低率=\frac{2\ 319\ 550}{35\ 908\ 090}\times 100\%=6.4597\%$$

以上述计算结果与在实际产量、实际品种结构和计划单位成本情况下的降低额和降低率相比较，即可求得由于产品单位成本变动对成本降低计划完成情况的影响程度。

$$降低额=2\ 319\ 550-2\ 114\ 140=205\ 410(元)$$

$$降低率=6.4597\%-5.8902\%=0.5695\%$$

根据以上分析结果，可以对可比产品成本降低计划完成情况作出总括评价。总体来看，BBD 企业超额完成成本降低计划，实际比计划多降低 208 150 元。原因主要是产品产量和甲乙产品单位成本同时降低，分别使成本多降低 3 658.32 元和 205 410 元；产品品种结构变化使成本实际比计划少降低 846.50 元。对于具体变动原因需还结合该企业生产、采购和销售分析查明原因，明确企业成本管理工作中的成绩和问题，为今后改进工作指明方向。

三、可比产品单位成本计划完成情况分析

可比产品单位成本计划完成情况的分析，重点分析两类产品：一是单位成本升降幅度较大的产品；二是在企业全部产品中所占比重较大的产品。在这两类产品中，又应重点分析升降幅度较大的和所占比重较大的成本项目。

(一)主要单位产品成本总额分析

根据表 11-1 中数据(第 3、4 行，第 5、6、7、8 列)可以发现，甲乙两种产品中，甲产品的

单位成本变化幅度最大，乙产品在全部产品中的比重最大，都应当深入分析。

【例 12-6】本例以表 11-3 中甲产品单位成本数据为例分析，甲产品单位成本本年实际与行业先进水平、本年计划、上年实际差异计算结果见表 12-7。

表 12-7 甲产品单位成本差异计算结果表

编制单位：BBD 企业　　202×年 12 月　　单位：元

成本项目	本年实际平均与行业先进水平差异额	差异率（%）	本年实际平均与上年实际差异额	差异率（%）	本年实际平均与本年计划差异额	差异率（%）
直接材料	1	1.61	−9	−12.50	−2	−3.08
直接人工	2	9.52	−6	−20.69	0	0
制造费用	2	33.33	0	0	1	14.29
合计	5	5.62	−15	−13.76	−1	−1.05

通过差异分析可知，甲产品本年实际平均与上年实际差异额合计数波动最大，应当进一步分析具体影响原因。本年实际平均与行业先进水平的制造费用差异率波动最大，也应进一步分析影响原因。

（二）主要单位产品成本项目分析

以表 11-3 中甲产品单位成本数据为基础，产品成本项目分析主要分为直接材料、直接人工、制造费用三个项目，三个项目的分析方法都是因素分析法。鉴于表 11-3 提供了直接材料中 A 材料、辅助材料、工时的相关明细信息，且直接材料在甲产品单位成本中所占比重最大，就以直接材料中 A 材料为例说明如下。

【例 12-7】应用表 11-3 中 A 材料相关资料整理成表 12-8，从表 12-7 主要产品单位成本差异分析可知，甲产品直接材料本年实际平均与上年实际差异最大，应当深入分析。A 材料作为直接材料中的最主要材料，影响最大，分析可知影响直接材料 A 材料的主要因素是用量和单价两个因素，应用差额计算法计算如下：

表 12-8 直接材料 A 材料分析资料

编制单位：BBD 企业　　202×年 12 月　　单位：元

项目	上年实际平均			本年累计实际平均		
	用量（千克）	单价（元/千克）	金额（元）	用量（千克）	单价（元/千克）	金额（元）
A 材料	37	1.70	62.90	33.50	1.64	54.94

注：本表数值与表 11-3 相同，为了减少计算误差，对"金额"数据做了微调。

分析计算过程如下：

分析对象＝54.94－62.90＝－7.96（元）

用量影响＝（本年累计实际平均用量－上年实际平均用量）×上年实际平均单价

A 材料平均单位产品用量变动影响额＝（33.50－37）×1.70＝－5.95（元）

单价影响＝本年累计实际平均用量×（本年累计实际平均单价－上年实际平均单价）

A 材料平均单价变动影响额＝33.50×(1.64－1.70)＝－2.01(元)

验证：

总的影响＝(－5.95)＋(－2.01)＝－7.96(元)

四、制造费用和期间费用的分析

制造费用和期间费用尽管在会计核算流程中差别较大，但费用管理的本质是一样的。对制造费用和期间费用的分析，首先应根据各费用明细表中资料以本年实际与本年计划相比较，确定实际脱离计划差异，然后分析差异产生的原因。重点分析费用预算的执行情况及费用发生额与生产经营规模的配比情况(费用不是控制到越低越好)是否适当，进一步发现费用控制和考核中存在的问题。

第三节　成本效益分析

成本费用与企业的经济效益密切相关，节约费用、降低成本是提高企业经济效益的重要途径。因此，要全面评价企业的成本管理工作，就不能仅限于对产品成本的分析，还应将成本费用指标与企业经营效益方面的指标联系起来进行成本效益分析。

反映成本效益的指标很多，产值成本率、主营业务成本费用率和成本费用利润率等指标是实际业务中最常用的。

一、产值成本率

产值就是生产总值，产值成本率是企业全部商品产品生产成本与商品产值的比率，用来检验生产的效率。其计算公式如下：

$$\text{产值成本率}=\frac{\text{全部商品产品生产成本}}{\text{商品产值}}\times 100\%$$

或：

$$\text{产值成本率(元/百元)}=\frac{\text{全部商品产品生产成本}}{\text{商品产值}}\times 100$$

产值成本率可以反映产品的劳动耗费与生产成本的关系；产值成本率越低，表明产品劳动耗费的经济效益越高，反之经济效益越低。

一般是先运用比较法，将本期实际数与计划、上期实际、上年实际平均或同类企业实际数进行对比，检查其计划完成情况，分析其发展变化趋势以及与同类企业的差距。

【例 12-8】某企业 202× 年度生产和销售甲、乙两种产品。该年度这两种产品的产量、成本、价格及每百元产值成本的资料如表 12-9 所示。

表 12-9　甲、乙产品产量、成本、价格及每百元产值成本资料表

单位：元

产品	产量(件)		单价		单位成本		产值		总成本		产值成本(%)	
	计划	实际	计划	实际	计划	实际	计划	实际	计划	实际	计划	实际
甲	100	120	300	320	200	190	30 000	384 00	20 000	22 800	66.67	59.38
乙	200	190	400	390	300	280	80 000	74 100	60 000	53 200	75	71.8
合计							110 000	112 500	80 000	76 000	72.73	67.56

通过对表 12-9 的资料进行比较可知，该企业 202×年度的产值成本率完成了计划，产值成本率实际 67.56%较计划 72.73%的差异率为－5.17%，且甲、乙两种产品均完成了计划。

影响产值成本率变动的因素有产品品种结构、产品单位成本，在商品产值按现行价格计算时，还有价格变动的影响。在总体分析的基础上，企业也可进一步研究影响产值成本率变动的各个因素，确定各因素的影响程度。

二、主营业务成本费用率

主营业务成本费用率是本期的主营业务成本及期间费用等与主营业务收入的比率。它也可以用每百元主营业务收入所耗用的成本费用来表示。其计算公式如下：

$$\text{主营业务成本费用率}=\frac{\text{主营业务成本}+\text{期间费用}}{\text{主营业务收入}}\times 100\%$$

$$\text{或主营业务成本费用率(元/百元)}=\frac{\text{主营业务成本}+\text{期间费用}}{\text{主营业务收入}}\times 100$$

主营业务成本费用率反映主营业务收入耗用成本费用的水平，可以较为全面的反映企业生产经营过程中的各种劳动耗费的经济效益。该指标越低，说明企业的经济效益越好。

一般是先运用比较法，将本期实际数与计划、上期实际、上年实际平均或同类企业实际数进行对比，检查其计划完成情况，分析其发展变化趋势以及与同类企业的差距。

【例 12-9】假定某企业生产和销售 A、B 两种产品，期初无库存商品，本期生产的产品全部售出。本期计划的期间费用为 437 500 元，实际期间费用为 580 800 元。本期的其他有关资料如表 12-10 所示。

表 12-10　A、B 产品产量、单价、成本、收入资料表

单位：元

产品	销售量		单价		单位成本		成本		收入	
	计划	实际	计划	实际	计划	实际	计划	实际	计划	实际
A	3 000	2 400	750	800	500	550	1 500 000	1 320 000	2 250 000	1 920 000
B	2 000	2 400	1 500	1 550	1 000	900	200 000	2 160 000	3 000 000	3 720 000
合计							3 500 000	3 480 000	5 250 000	5 640 000

根据以上资料，可计算出本期计划和实际的主营业务成本费用率：

$$计划主营业务成本费用率=\frac{3\ 500\ 000+437\ 500}{5\ 250\ 000}\times100\%=75\%$$

$$实际主营业务成本费用率=\frac{3\ 480\ 000+580\ 800}{5\ 640\ 000}\times100\%=72\%$$

由计算结果可以看出，该企业本期实际的主营业务成本费用率比计划的低，完成了计划，其差异为－3%。

为了进一步对主营业务成本费用率进行分析，可以将主营业务成本费用率分解为主营业务成本率和主营业务费用率。具体公式如下：

$$\begin{aligned}主营业务成本费用率&=\frac{主营业务成本+期间费用}{主营业务收入}\times100\%\\&=\frac{主营业务成本}{主营业务收入}\times100\%+\frac{期间费用}{主营业务收入}\times100\%\\&=主营业务成本率+主营业务费用率\end{aligned}$$

在对主营业务成本费用率指标分解分析的基础上，也可以对主营业务成本率指标和主营业务费用率指标分别进行进一步的因素分析。影响主营业务成本率变动的因素与影响产值成本率的因素类似，主要有：销售产品的品种结构、产品单位成本、销售单价，其分析方法与产值成本率的因素分析方法相同。

三、成本费用利润率

成本费用利润率是企业一定期间的利润总额与成本、费用总额的比率。其计算公式如下：

$$成本费用利润率=\frac{利润总额}{成本费用总额}\times100\%$$

该指标反映每一元成本费用可获得的利润，体现企业生产经营耗费与财务成本之间的关系，因此，是一个综合反映企业成本效益优劣的重要指标。该指标越高，说明企业经济效益越好。

一般是运用比较法，将本年实际数与本年计划数或上年实际数进行对比，按指标形成的各项因素，查明其变动原因及对指标升降的影响，为加强成本管理、制定控制成本费用的措施提供有用信息。

由于企业利润指标和成本费用有多种形式，不用利润值与相应的成本费用指标之间的比率，说明不同的问题，如计算成本费用营业利润率和主营业务成本毛利率。因此，对成本费用利润率的分析，应根据企业的实际情况和成本管理的实际需要来进行。在分析时，必须注意计算指标时所采用的有关“利润”和“成本费用”之间的相关性，以使分析的结果更具说服力。

【**例 12-10**】某企业 2019 年度和 2020 年度的有关资料如表 12-11 所示。

表 12-11　成本利润资料表

单位：元

项　　目	2019 年度	2020 年度
主营业务成本	300 000	400 000
期间费用	60 000	84 000
主营业务毛利	63 000	80 000
营业利润	75 600	96 800
利润总额	68 400	101 640

根据表 12-11 的资料，可计算出该企业 2019 年度与 2020 年度有关利润率指标，如表 12-12 所示。

表 12-12　成本费用利润率分析表

单位：元

指　标	2019 年度	2020 年度	差异
成本费用利润率	$\frac{68\ 400}{300\ 000+60\ 000}\times100\%=19\%$	$\frac{101\ 640}{400\ 000+84\ 000}\times100\%=21\%$	+2%
主营业务成本毛利润	$\frac{63\ 000}{300\ 000}\times100\%=21\%$	$\frac{80\ 000}{400\ 000}\times100\%=20\%$	−1%
成本费用营业利润率	$\frac{75\ 600}{300\ 000+60\ 000}\times100\%=21\%$	$\frac{96\ 800}{400\ 000+84\ 000}\times100\%=20\%$	−1%

由表 12-12 的计算结果可以看出，尽管 2020 年度比 2019 年度成本费用利润率有所提高，但主营业务成本毛利润和成本费用利润率均有所降低。因此，还应结合企业生产经营的其他相关资料进行深入分析。

第四节　经济技术指标变动对成本影响的分析

一、编报主要经济技术指标变动对产品成本分析的意义

技术经济指标是指那些与企业生产技术特点相联系的经济指标。技术经济指标可以反映生产经营活动的技术水平、管理水平和经济成果。

产品成本指标的完成是多种因素综合的结果，是反映企业生产经营活动成果的一项综合指标，产品成本的变动同产品生产过程中所发生的一系列技术经济指标的变动存在着一定的依存关系。因此，分析技术经济指标变动对产品成本影响的分析具有非常重要的意义。

1.可以把成本分析与企业的生产技术和经营管理工作结合起来，更好地发挥成本分析指导企业生产实践和改进经营管理的积极作用。

2.可以将成本分析延伸到生产技术领域，与技术分析相结合，进一步查明成本升降的真实原因。

3.可以将企业成本目标与生产工人技术水平结合起来，从提高经济效益的角度促进企业经济技术指标的完成。

技术经济指标变动对产品成本的影响主要表现在对产品单位成本的影响，主要有以下三种情况：

1.经济指标的变动直接影响产品成本中燃料及动力费用水平。如每吨电炉钢耗电量、造纸生产的每吨纸耗用标准煤量等。

2.经济指标的变动并不直接影响产品总成本，但却直接影响产品产量，并通过产量间接地影响产品单位成本。如机械生产的设备利用率指标等。

3.经济指标的变动不仅直接影响总成本中原材料和燃料消耗，而且通过影响产量变动间接影响产品单位成本。如铸造、轧钢生产的成品率指标。

二、各类技术经济指标变动对产品单位成本影响的分析方法

不同类别技术经济指标变动对产品成本影响的方式不同，其成本分析也应采用不同的方法。

(一)对直接影响产品单位成本的技术经济指标的分析

这类指标变动直接影响产品总成本中燃料及动力费用水平。以钢铁生产中的每吨电炉钢耗电量为例，每吨电炉钢耗电量是反映电消耗量与钢铁产量之间对比关系的技术经济指标，降低每吨电炉钢耗电量意味着炼制每吨钢铁所耗电量的减少，从而直接影响单位产品成本。在这种情况下，分析每吨电炉钢耗电量变动对钢铁单位成本的影响，就是根据电的实际消耗量同计划对比的节约或超支来确定的。

(二)对影响产量从而影响产品单位成本的经济技术指标的分析

有些技术经济指标的变动会直影响产品产量，从而通过产量变动间接影响产品单位成本。分析这类技术经济指标变动对产品单位成本的影响，首先必须了解如何确定产量变动对产品单位成本的影响，然后再分析其如何通过产量影响产品单位成本。

例如，在其他条件不变的情况下，设备利用率指标的变动将使产量同方向、同比例地变动。由于在产品全部成本中包括了一部分相对固定的费用。当产量在一定范围内变动时这部分固定费用相对不变，而变动费用总额与产量增减成正比例变动，因而单位产品所分摊的固定费用将随产量的增加或减少而相应地降低或提高。因此，设备利用率的变化，会通过产量的变化影响产品单位成本。在此基础上，可以进一步分析由于设备利用率指标变动导致的产量变动所引起的产品单位成本变动情况。

(三)对既影响产量又直接影响产品单位成本的经济指标的分析

这类指标既直接影响产品单位成本，而且还会影响产量从而间接影响产品单位成本，如成品率。成品率是反映原材料投入量与制成合格品数量之间比例关系的一项技术经济

指标。成品率提高意味着用同样数量的原材料可以生产出更多的合格产品，既降低了单位产品的原材料消耗，又增加了产量。而产量的增加反过来又会影响产品单位成本的降低。因此，分析成品率指标变动对产品单位成本的影响，应同时从原材料消耗变动和产量变动两个角度确定其对产品单位成本的影响程度。

【例 12-11】假定某企业有关产品成品率指标变动情况如表 12-13 所示。

表 12-13　成品率变动情况分析表

项　　目	单位	计划	实际	差异
原材料投入量	吨	5 000	5 000	—
产品产量	吨	4 000	4 500	+500
成品率	%	80	90	+10
单位产品耗用原材料数量	吨	1.25	1.11	−0.14
单位产品废料回收数量	吨	0.25	0.11	−0.14

其他费用项目支出如下：

(1)单位产品计件工资单价为 40 元。

(2)其他直接费用(原材料费用和生产工人工资以外的直接费用)与加工原材料数量成正比，每加工一吨原材料的其他直接费用为 50 元。

(3)制造费用计划数为 340 000 元。

(4)原材料价值为 800 元/吨，废料估价 100 元/吨

下面从直接和间接两个方面分析成品率指标变动对产品单位成本的影响。

一方面，成品率指标提高使单位产品原材料消耗降低，从而降低了产品单位成本。

计划单位产品原材料费用净值＝(1.25×800)－(0.25×100)＝975(元)

实际单位产品原材料费用净值＝(1.11×800)－(0.11×100)＝877(元)

实际比计划降低了 98 元(975 元－877 元)

其他直接费用：每加工 1 吨原材料的其他直接费用为 50 元。

计划：1.25×50＝62.5(元)

实际：1.11×50＝55.5(元)

实际比计划降低 7 元(62.5 元－55.5 元)

由以上计算可知，由于成品率提高使单位产品原材料消耗降低以及由于单位产品原材料消耗降低使单位产品的直接加工费用减少，共使产品单位成本降低了 115 元(98 元＋7 元)。

另一方面，由于成品率提高，使产量增加，从而降低了产品单位成本中的固定费用。

为了简化起见，假定制造费用全部为固定费用。由于产量增加，平均每吨产品应分摊的制造费用由每吨 85 元(340000/4000)下降到 75.56 元(340000/4500)，下降了 9.44 元。

综合以上计算，由于成品率的提高对产品单位成本的影响如表 12-14 所示。

表 12-14 产品单位成本分析表

单位:元

成本项目	计划	实际	差异	
			金额	差异率(%)
原材料价值	1 000	888	−112	
减:废料回收价值	25	11	−14	
原材料净值	975	877	−98	
直接人工费用	40	40	—	
其他直接费用	62.5	55.5	−7	
制造费用	85	75.56	−9.44	
产品单位成本	1 162.5	1 048.06	−114.44	9.84

○ 思政德育课堂

古代会计中的诚信思想

1.案例资料

据史料记载,从周朝开始,我国就设置了专门官吏为皇朝掌管财物赋税,进行"月计岁会",有所谓"零星算之为计,总合算之为会"的说法。之后,我国历史上不仅有从事财务核算职业的专业人员,而且为了确保会计核算和会计信息的准确性,还专门设立了官方管理机构和管理职位。

汉朝时期,我国设立了管理会计事务的官职。《汉书》中记载:汉初有个理财专家名叫桑弘羊。此人曾担任过"为大习农中丞管会计事"的官职。由此看来,我国古代会计这个专业不仅产生得早,而且十分为社会管理所重视。

据史料记载,20岁左右的孔子先后做过管理仓库账目和管理牛羊畜牧的小头目。孔子后来在谈论他做这些事的感受时说:做会计就要确保账目的精确,牧牛羊就要让牲口长得肥壮。《孟子》中就记载了孔子关于:"会计,当而已矣"的言论。儒家思想体系十分强调"诚""信"两字。孔子有言:人而无信,不知其可也。并将"信"与"恭、宽、敏、惠"一起并列,创建了人的品德修养伦理体系。

2.研讨问题

财务人员应如何坚守职业道德?怎样才能做到诚实守信?

3.案例启示

会计信息的真实性和会计职业道德操守乃是会计工作的灵魂所在。儒家圣贤的思想和理念对我们特别是从事会计工作的人来说,教益是十分深刻的。会计自古以来就是建立在诚实守信的原则基础之上的,诚信是人们立身处世、道德修养的必备要义,诚信是治国安民的基本准则。我们每一个人都应发扬中华传统文化,做一个讲诚信守原则的人,努力实现人生价值,勇于承担起对国家、对学校、对家庭、对自己的责任。

本章小结

成本分析是成本核算工作的继续，是成本管理的重要组成部分。成本分析的结果可以正确评价企业成本计划的执行情况，揭示成本变动的原因，为编制成本计划和制定经营决策提供依据。常用的成本分析方法有比较分析法、比率分析法和因素分析法。比较分析法是将两个或两个以上有关的同质可比数据进行对比，揭示客观存在的差异，分析矛盾的成因，寻找解决问题途径和方法的一种分析方法。比率分析法是指通过计算和对比经济指标的比率进行数量分析的一种方法。采用这种方法先要把对比的数值变成相对数，求出比率，然后再进行对比分析。因素分析法是将某一综合指标分解为若干相互联系的原始因素，按照一定顺序分析各因素变动对综合指标影响程度的一种分析方法。

产品成本分析分为全部产品成本计划完成情况分析、可比产品成本计划完成情况分析、可比产品单位成本分析和制造费用与期间费用的分析。

要全面评价企业的成本管理工作，不能仅限于对产品成本的分析，还应分析经济技术指标变动对成本影响，以及将成本费用指标与企业经营效益方面的指标联系起来进行成本效益分析。产值成本率、主营业务成本费用率和成本费用利润率等指标是实际业务中最常用的。

关键概念

成本分析(cost analysis)

比较分析法(comparative analysis)　　比率分析法(ratio analysis)

因素分析法(factor analysis)　　成本效益分析(cost-benefit analysis)

习　题

一、单项选择题

1.某产品本年计划单位成本与其本年实际平均单位成本的差异，除以其本年计划单位成本，等于该产品(　　)。

A.计划成本降低额　　B.实际成本降低额

C.与计划比较的成本降低率　　D.实际成本降低率

2.某产品上年实际平均单位成本与其本年实际平均单位成本的差额，除以其上年实际平均单位成本，等于该产品(　　)。

A.计划成本降低率　　B.与计划比较的成本降低率

C.实际成本降低率　　D.没有经济意义

3.生产的产品数量发生变动，(　　)。

A.只影响产品成本降低额

B.只影响产品成本降低率

C.不会影响产品成本降低额和降低率

D.会影响产品成本降低额和降低率

4.下列指标中,属于反映企业成本效益的指标是(　　)。

A.成本费用利润率　　B.设备利用率

C.制造费用率　　D.直接材料费用率

5.可比产品降低额与可比产品降低率之间的关系是(　　)。

A.成反比　　B.成正比　　C.同方向变动　　D.无直接关系

6.成本利润率属于(　　)。

A.因素分析法　　B.比率分析法　　C.比较分析法　　D.差额分析法

7.主营业务成本费用率是本期的主营业务成本及期间费用与(　　)的比率。

A.主营业务收入　　B.总产值

C.商品产值　　D.营业收入

8.在可比产品成本降低计划完成情况分析中,单位成本变动(　　)。

A.只影响产品成本降低额　　B.只影响产品成本降低率

C.不会影响产品成本降低额和降低率　　D.会影响产品成本降低额和降低率

9.产值成本率越低,表明产品劳动耗费的经济效益(　　)。

A.越低　　B.越高　　C.不变　　D.越少

10.成本费用利润率是企业一定时期的(　　)与成本费用总额的比率。

A.净利润　　B.毛利润　　C.利润总额　　D.营业利润

二、多项选择题

1.下列指标中,反映企业成本效益的有(　　)。

A.产值成本率　　B.主营业务成本费用率

C.成本费用利润率　　D.可比产品成本降低率

2.影响可比产品成本降低额的因素有(　　)。

A.产品产量　　B.产品单位成本　　C.产品品种结构　　D.产品价格

3.影响可比产品成本降低率的因素有(　　)。

A.产品产量　　B.产品单位成本　　C.产品品种结构　　D.产品价格

4.成本分析应根据(　　)等资料进行。

A.成本核算资料　　B.成本计划资料

C.成本明细账资料　　D.其他有关资料

5.采用因素分析法时确定各因素排列顺序的一般原则是(　　)。

A.先计算数量因素变动的影响,后计算质量因素变动的影响

B.先计算实物数量因素变动的影响,后计算价值数量因素变动的影响

C.先计算主要因素变动的影响,后计算次要因素变动的影响

D.先计算质量因素变动的影响,后计算数量因素变动的影响

6.产品单位成本计划完成情况的分析,重点分析的是(　　)。

A.单位成本升降幅度较大的产品

B.产量较多的产品

C.在企业全部产品中所占比重较大的产品

D.原材料成本比重大的产品

7.影响产品单位成本中直接材料费用变动的因素有(　　)。

A.产品生产总量　　B.材料总成本

C.单位产品材料消耗量　　D.单位材料的价格

8.影响产值成本率变动的因素有(　　)。

A.产品品种结构　　B.产品单位成本

C.产品产量　　D.商品产值按现行价格计算时价格的变动

9.连环替换分析法的特点是(　　)。

A.计算方法的简化性　　B.计算程序的连环性

C.因素替换的顺序性　　D.计算结果的准确性

10.比率分析法主要包括(　　)。

A.构成比率分析法　　B.连环替代分析法

C.差额计算法　　D.相关指标比率分析法

三、思考题

1.什么是成本分析？成本分析的方法有哪些？

2.影响可比产品成本降低任务完成情况的因素有哪些？

3.怎样对全部产品成本进行分析？分析时应注意什么问题？

4.成本效益分析常用的指标有哪些？

○ 本章实验

实验一　直接材料单位成本分析

实验目的:掌握直接材料单位成本的分析。

实验资料:某企业202×年12月份甲产品单位成本中的原材料费用见下表:

甲产品单位成本中的原材料费用资料

202×年12月

项目	材料消耗定额(千克)	材料单价(元)	原材料费用(元)
计划数额	20	56	1 120
实际数额	22	55	1 210

实验要求:

1.计算单位产品原材料费用脱离计划的差异额;

2.计算分析原材料消耗定额和单价变动对原材料费用的影响。

实验二　可比产品成本分析

实验目的:掌握可比产品的成本分析。

实验资料:某企业202×年12月份的成本资料如下:

产品生产成本表(按产品品种类别编制)

编制单位:××企业　　　　202×年 12 月　　　　单位:元

产品	计量单位	产量		单位成本			总成本		
		本年计划	本年实际	上年实际平均	本年计划	本年累计实际平均	按上年实际平均单位成本计算	按本年计划单位成本计算	本年实际
主要产品							2 000 000	1 945 000	1 938 500
甲产品	件	2 160	2 500	600	582	579	1 500 000	1 455 000	1 447 500
乙产品	件	1 008	1 000	500	490	491	500 000	490 000	491 000
非主要产品									
丙产品	件	960	1 000		555	530		555 000	530 000
合计								2 500 000	2 468 500

实验要求:对可比产品降低情况进行总括分析和因素分析。

○ 案例分析

邯钢成本控制:项目成本逆向分解

钢铁行业是多流程、大批量生产的行业,由于生产过程的高度计划性决定了必须对生产流程各个工艺环节实行高度集中的管理模式。为了严格成本管理,一般依据流程将整个生产线划分为不同的作业单元,在各个作业单元之间采用某此锁定转移价格的办法。而邯钢在成本管理方面率先引入市场竞争手段,依据市场竞争力为导向分解内部转移成本,再以此为控制指标,落实到人和设备上,将指标责任与奖罚挂钩,强制实现成本目标,碇以系统总合最优。

“倒”出来的利润。对邯钢而言,要挤出利润,首先需要确定合理先进、效益最佳化的单位产品目标成本。公司根据一定时期内市场上生铁、钢坯、能源及其他辅助材料的平均价格编制企业内部转移价格,并根据市场价格变化的情况每半年或一年做一次修订,各分厂根据原材料等的消耗量和“模拟市场价格”向下道工序“出售”自己的产品。获得的“销售收入”与本分厂的产品制造成本之间的差额,就是本分厂的销售毛利。销售毛利还需要做以下两项扣除:一是把公司管理费分配给分厂做销售毛利的扣除项,一般采用固定的数额(根据管理费年预算确定);二是财务费用由分厂负担,一般根据分厂实际占用的流动资金额参考国家同期同类利率确定。做这两项扣除后,就形成了本分厂的“内部利润”。

如三轧钢分厂生产的线材,当时每吨成本高达 1 649 元,而市场价只能卖到 1 600 元,每吨亏损 49 元。经过测算,这 49 元全部让三轧多分厂一个生产单元消化根本做不到。如果从原料采购到炼钢、轧钢开坯和成材,各道工序经济指标都优化达到历史最高水平。比如,邯钢三轧钢分厂发现,为使产品包装质量符合公司要求,修卷减去的线材头尾一个月达上百吨,由此造成的损失超过 6 万元,为了降低成本对卷线机进行了技术改造,在充分保证包装质量的前提下,轧用量降低了 40%,吨材成本下降 8 元。其他流程环节也纷纷采取不同手段降低成本，开坯的二轧钢分厂挖潜降低 5 元/吨坯，生产钢锭的二炼钢厂挖潜降低 24.12 元/吨钢，原料外购生铁每吨由 780 元降到 750 元以下，这样环环相扣即“8＋5＋24.12＋(780－750)＞49”就可扭亏为盈。

总厂分别对各生产单元下达了目标成本，其中对三轧钢分厂下达了吨材 1 329 元的不赔钱成本指标。面对这一似乎高不可攀的指标，分厂领导班子对这个指标既感到有压力，但又提不出完不成的理由。因为这既是从市场“倒推”出来的，又是由自己的历史水平和比照先进水平测算出来的，不下调就意味着邯钢都要出现亏损时，压力就变成了动力。面对新的成本目标，只能扎实工作，努力实现。

三轧钢分厂组成专门班子，也将工段进行层层分解，用总厂下达的新成本“倒推”的办法，测算出各项费用在吨钢成本中的最高限额。比如，各种原燃料消耗，各项费用指标等，大到 840 多元(时价)1 吨的铁水，小到仅 0.03 元的印刷费、邮寄费，横向分解落实到科室，纵向分解落实到工段、班组和个人，层层签订承包协议，并与奖惩挂钩，使责、权、利相统一，使每个单位、每个职工原工作都与市场挂起钩来，经受市场的考验，使全厂形成纵横交错的目标成本管理体系。

为促使模拟市场核算这一机制的高效运转，当然，需要严格的奖惩机制保驾护航。在考核方法上，公司通常给分厂下达一组目标成本和目标利润。分厂制造成本低于目标成本，即形成成本降低额或称贷差，作为计奖或不“否决”奖金的储存据；反之则“否决”奖金。实际内部利润大于目标利润的差额，通常也被当作计奖的依据。在现实中，有的公司以考核成本一降低额为主，有的公司以考核内部利润为主。由于成本降低本身就是增加内部利润的因素，有的增加内部利润的计奖基数。在保证基本收入前提下，加大奖金在整个收入中的比例，奖金约占工资的 40%～50%；设立模拟市场核算效益奖，按年度成本降低总额的 5%～10%和超创目标利润 3%～5%提取，仅 1994 年效益奖就发放了 3 800 万元。结果，三轧钢分厂拼搏一年，不仅圆满实现了目标，而且扭亏为盈，当年为总厂创利润82.67万元。

邯钢推行以项目成本分解制后，使它能够在 1993 年以来国内钢材价格每年降低的情况下保持利润基本不减，1994—1996 年实现利润在行业中连续三年排列第 3 名，1997—1999 年上升为第 2 名。1999 年邯钢钢产量只占全国钢产量的 2.43%，而实现的利润却占全行业利润总额的 13.67%。冶金行业通过推广邯钢经验，也促使钢材成本大幅度降低，1997 年以来全行业成本降低基本与钢材降价保持同步，1999 年成本降低还超过了钢材降价的幅度，不仅使全行业经济效益呈现恢复性提高，而且为国民经济提供了廉价的钢材，缩小了高于国际钢价的价格差，增强了中国钢铁工业的国际竞争能力。

事实上，不只在钢铁行业，其他有色金属业、机械行业、化学工业、制糖业、造纸业等都具有邯钢这种大批量多流程生产的特点，由于邯钢成功地实施“模拟市场核算、倒推单元成本、实行成本否决、全员成本管理”这一全新的企业经营机制，因此在全国掀起了学邯钢的一轮浪潮。

(资料来源：中国会计网，2018-10-10，http://www.canet.com.cn/cg/621724.html)

要求：

1.对传统意义上的成本指标进行逆向分解有何意义？

2.逆向成本分解的办法是否适用于任何行业？

附录　企业产品成本核算制度（试行）

财政部关于印发《企业产品成本核算制度(试行)》的通知

财会〔2013〕17号

国务院有关部委、有关直属机构，各省、自治区、直辖市、计划单列市财政厅（局），新疆生产建设兵团财务局，有关中央管理企业：

为加强企业产品成本核算，保证产品成本信息真实、完整，促进企业和经济社会的可持续发展，根据《中华人民共和国会计法》、企业会计准则等国家有关规定，我部制定了《企业产品成本核算制度（试行）》，现予印发，自2014年1月1日起在除金融保险业以外的大中型企业范围内施行，鼓励其他企业执行。执行本制度的企业不再执行《国营工业企业成本核算办法》。

执行中有何问题，请及时反馈我部。

财政部

2013年8月16日

企业产品成本核算制度

（试行）

第一章　总　则

第一条　为了加强企业产品成本核算工作，保证产品成本信息真实、完整，促进企业和经济社会的可持续发展，根据《中华人民共和国会计法》、企业会计准则等国家有关规定制定本制度。

第二条　本制度适用于大中型企业，包括制造业、农业、批发零售业、建筑业、房地产业、采矿业、交通运输业、信息传输业、软件及信息技术服务业、文化业以及其他行业的企业。其他未明确规定的行业比照以上类似行业的规定执行。

本制度不适用于金融保险业的企业。

第三条 本制度所称的产品，是指企业日常生产经营活动中持有以备出售的产成品、商品、提供的劳务或服务。

本制度所称的产品成本，是指企业在生产产品过程中所发生的材料费用、职工薪酬等，以及不能直接计入而按一定标准分配计入的各种间接费用。

第四条 企业应当充分利用现代信息技术，编制、执行企业产品成本预算，对执行情况进行分析、考核，落实成本管理责任制，加强对产品生产事前、事中、事后的全过程控制，加强产品成本核算与管理各项基础工作。

第五条 企业应当根据所发生的有关费用能否归属于使产品达到目前场所和状态的原则，正确区分产品成本和期间费用。

第六条 企业应当根据产品生产过程的特点、生产经营组织的类型、产品种类的繁简和成本管理的要求，确定产品成本核算的对象、项目、范围，及时对有关费用进行归集、分配和结转。

企业产品成本核算采用的会计政策和估计一经确定，不得随意变更。

第七条 企业一般应当按月编制产品成本报表，全面反映企业生产成本、成本计划执行情况、产品成本及其变动情况等。

第二章 产品成本核算对象

第八条 企业应当根据生产经营特点和管理要求，确定成本核算对象，归集成本费用，计算产品的生产成本。

第九条 制造企业一般按照产品品种、批次订单或生产步骤等确定产品成本核算对象。

（一）大量大批单步骤生产产品或管理上不要求提供有关生产步骤成本信息的，一般按照产品品种确定成本核算对象。

（二）小批单件生产产品的，一般按照每批或每件产品确定成本核算对象。

（三）多步骤连续加工产品且管理上要求提供有关生产步骤成本信息的，一般按照每种（批）产品及各生产步骤确定成本核算对象。

产品规格繁多的，可以将产品结构、耗用原材料和工艺过程基本相同的产品，适当合并作为成本核算对象。

第十条 农业企业一般按照生物资产的品种、成长期、批别（群别、批次）、与农业生产相关的劳务作业等确定成本核算对象。

第十一条 批发零售企业一般按照商品的品种、批次、订单、类别等确定成本核算对象。

第十二条 建筑企业一般按照订立的单项合同确定成本核算对象。单项合同包括建造多项资产的，企业应当按照企业会计准则规定的合同分立原则，确定建造合同的成本核算对象。为建造一项或数项资产而签订一组合同的，按合同合并的原则，确定建造合同的成本核算对象。

第十三条　房地产企业一般按照开发项目、综合开发期数并兼顾产品类型等确定成本核算对象。

第十四条　采矿企业一般按照所采掘的产品确定成本核算对象。

第十五条　交通运输企业以运输工具从事货物、旅客运输的，一般按照航线、航次、单船(机)、基层站段等确定成本核算对象；从事货物等装卸业务的，可以按照货物、成本责任部门、作业场所等确定成本核算对象；从事仓储、堆存、港务管理业务的，一般按照码头、仓库、堆场、油罐、筒仓、货棚或主要货物的种类、成本责任部门等确定成本核算对象。

第十六条　信息传输企业一般按照基础电信业务、电信增值业务和其他信息传输业务等确定成本核算对象。

第十七条　软件及信息技术服务企业的科研设计与软件开发等人工成本比重较高的，一般按照科研课题、承接的单项合同项目、开发项目、技术服务客户等确定成本核算对象。合同项目规模较大、开发期较长的，可以分段确定成本核算对象。

第十八条　文化企业一般按照制作产品的种类、批次、印次、刊次等确定成本核算对象。

第十九条　除本制度已明确规定的以外，其他行业企业应当比照以上类似行业的企业确定产品成本核算对象。

第二十条　企业应当按照第八条至第十九条规定确定产品成本核算对象，进行产品成本核算。企业内部管理有相关要求的，还可以按照现代企业多维度、多层次的管理需要，确定多元化的产品成本核算对象。

多维度，是指以产品的最小生产步骤或作业为基础，按照企业有关部门的生产流程及其相应的成本管理要求，利用现代信息技术，组合出产品维度、工序维度、车间班组维度、生产设备维度、客户订单维度、变动成本维度和固定成本维度等不同的成本核算对象。

多层次，是指根据企业成本管理需要，划分为企业管理部门、工厂、车间和班组等成本管控层次。

第三章　产品成本核算项目和范围

第二十一条　企业应当根据生产经营特点和管理要求，按照成本的经济用途和生产要素内容相结合的原则或者成本性态等设置成本项目。

第二十二条　制造企业一般设置直接材料、燃料和动力、直接人工和制造费用等成本项目。

直接材料，是指构成产品实体的原材料以及有助于产品形成的主要材料和辅助材料。

燃料和动力，是指直接用于产品生产的燃料和动力。

直接人工，是指直接从事产品生产的工人的职工薪酬。

制造费用，是指企业为生产产品和提供劳务而发生的各项间接费用，包括企业生产部门(如生产车间)发生的水电费、固定资产折旧、无形资产摊销、管理人员的职工薪酬、劳动保护费、国家规定的有关环保费用、季节性和修理期间的停工损失等。

第二十三条 农业企业一般设置直接材料、直接人工、机械作业费、其他直接费用、间接费用等成本项目。

直接材料，是指种植业生产中耗用的自产或外购的种子、种苗、饲料、肥料、农药、燃料和动力、修理用材料和零件、原材料以及其他材料等；养殖业生产中直接用于养殖生产的苗种、饲料、肥料、燃料、动力、畜禽医药费等。

直接人工，是指直接从事农业生产人员的职工薪酬。

机械作业费，是指种植业生产过程中农用机械进行耕耙、播种、施肥、除草、喷药、收割、脱粒等机械作业所发生的费用。

其他直接费用，是指除直接材料、直接人工和机械作业费以外的畜力作业费等直接费用。

间接费用，是指应摊销、分配计入成本核算对象的运输费、灌溉费、固定资产折旧、租赁费、保养费等费用。

第二十四条 批发零售企业一般设置进货成本、相关税费、采购费等成本项目。

进货成本，是指商品的采购价款。

相关税费，是指购买商品发生的进口关税、资源税和不能抵扣的增值税等。

采购费，是指运杂费、装卸费、保险费、仓储费、整理费、合理损耗以及其他可归属于商品采购成本的费用。采购费金额较小的，可以在发生时直接计入当期销售费用。

第二十五条 建筑企业一般设置直接人工、直接材料、机械使用费、其他直接费用和间接费用等成本项目。建筑企业将部分工程分包的，还可以设置分包成本项目。

直接人工，是指按照国家规定支付给施工过程中直接从事建筑安装工程施工的工人以及在施工现场直接为工程制作构件和运料、配料等工人的职工薪酬。

直接材料，是指在施工过程中所耗用的、构成工程实体的材料、结构件、机械配件和有助于工程形成的其他材料以及周转材料的租赁费和摊销等。

机械使用费，是指施工过程中使用自有施工机械所发生的机械使用费，使用外单位施工机械的租赁费，以及按照规定支付的施工机械进出场费等。

其他直接费用，是指施工过程中发生的材料搬运费、材料装卸保管费、燃料动力费、临时设施摊销、生产工具用具使用费、检验试验费、工程定位复测费、工程点交费、场地清理费，以及能够单独区分和可靠计量的为订立建造承包合同而发生的差旅费、投标费等费用。

间接费用，是指企业各施工单位为组织和管理工程施工所发生的费用。

分包成本，是指按照国家规定开展分包，支付给分包单位的工程价款。

第二十六条 房地产企业一般设置土地征用及拆迁补偿费、前期工程费、建筑安装工程费、基础设施建设费、公共配套设施费、开发间接费、借款费用等成本项目。

土地征用及拆迁补偿费，是指为取得土地开发使用权（或开发权）而发生的各项费用，包括土地买价或出让金、大市政配套费、契税、耕地占用税、土地使用费、土地闲置费、农作物补偿费、危房补偿费、土地变更用途和超面积补交的地价及相关税费、拆迁补偿费用、安置及动迁费用、回迁房建造费用等。

前期工程费，是指项目开发前期发生的政府许可规费、招标代理费、临时设施费以及水文地质勘察、测绘、规划、设计、可行性研究、咨询论证费、筹建、场地通平等前期费用。

建筑安装工程费，是指开发项目开发过程中发生的各项主体建筑的建筑工程费、安装工程费及精装修费等。

基础设施建设费，是指开发项目在开发过程中发生的道路、供水、供电、供气、供暖、排污、排洪、消防、通讯、照明、有线电视、宽带网络、智能化等社区管网工程费和环境卫生、园林绿化等园林、景观环境工程费用等。

公共配套设施费，是指开发项目内发生的、独立的、非营利性的且产权属于全体业主的，或无偿赠与地方政府、政府公共事业单位的公共配套设施费用等。

开发间接费，指企业为直接组织和管理开发项目所发生的，且不能将其直接归属于成本核算对象的工程监理费、造价审核费、结算审核费、工程保险费等。为业主代扣代缴的公共维修基金等不得计入产品成本。

借款费用，是指符合资本化条件的借款费用。

房地产企业自行进行基础设施、建筑安装等工程建设的，可以比照建筑企业设置有关成本项目。

第二十七条　采矿企业一般设置直接材料、燃料和动力、直接人工、间接费用等成本项目。

直接材料，是指采掘生产过程中直接耗用的添加剂、催化剂、引发剂、助剂、触媒以及净化材料、包装物等。

燃料和动力，是指采掘生产过程中直接耗用的各种固体、液体、气体燃料，以及水、电、汽、风、氮气、氧气等动力。

直接人工，是指直接从事采矿生产人员的职工薪酬。

间接费用，是指为组织和管理厂(矿)采掘生产所发生的职工薪酬、劳动保护费、固定资产折旧、无形资产摊销、保险费、办公费、环保费用、化(检)验计量费、设计制图费、停工损失、洗车费、转输费、科研试验费、信息系统维护费等。

第二十八条　交通运输企业一般设置营运费用、运输工具固定费用与非营运期间的费用等成本项目。

营运费用，是指企业在货物或旅客运输、装卸、堆存过程中发生的营运费用，包括货物费、港口费、起降及停机费、中转费、过桥过路费、燃料和动力、航次租船费、安全救生费、护航费、装卸整理费、堆存费等。铁路运输企业的营运费用还包括线路等相关设施的维护费等。

运输工具固定费用，是指运输工具的固定费用和共同费用等，包括检验检疫费、车船使用税、劳动保护费、固定资产折旧、租赁费、备件配件、保险费、驾驶及相关操作人员薪酬及其伙食费等。

非营运期间费用，是指受不可抗力制约或行业惯例等原因暂停营运期间发生的有关费用等。

第二十九条　信息传输企业一般设置直接人工、固定资产折旧、无形资产摊销、低值易耗品摊销、业务费、电路及网元租赁费等成本项目。

直接人工,是指直接从事信息传输服务的人员的职工薪酬。

业务费,是指支付通信生产的各种业务费用,包括频率占用费,卫星测控费,安全保卫费,码号资源费,设备耗用的外购电力费,自有电源设备耗用的燃料和润料费等。

电路及网元租赁费,是指支付给其他信息传输企业的电路及网元等传输系统及设备的租赁费等。

第三十条 软件及信息技术服务企业一般设置直接人工、外购软件与服务费、场地租赁费、固定资产折旧、无形资产摊销、差旅费、培训费、转包成本、水电费、办公费等成本项目。

直接人工,是指直接从事软件及信息技术服务的人员的职工薪酬。

外购软件与服务费,是指企业为开发特定项目而必须从外部购进的辅助软件或服务所发生的费用。

场地租赁费,是指企业为开发软件或提供信息技术服务租赁场地支付的费用等。

转包成本,是指企业将有关项目部分分包给其他单位支付的费用。

第三十一条 文化企业一般设置开发成本和制作成本等成本项目。

开发成本,是指从选题策划开始到正式生产制作所经历的一系列过程,包括信息收集、策划、市场调研、选题论证、立项等阶段所发生的信息搜集费、调研交通费、通信费、组稿费、专题会议费、参与开发的职工薪酬等。

制作成本,是指产品内容制作成本和物质形态的制作成本,包括稿费、审稿费、校对费、录入费、编辑加工费、直接材料费、印刷费、固定资产折旧、参与制作的职工薪酬等。电影企业的制作成本,是指企业在影片制片、译制、洗印等生产过程所发生的各项费用,包括剧本费、演职员的薪酬、胶片及磁片磁带费、化妆费、道具费、布景费、场租费、剪接费、洗印费等。

第三十二条 除本制度已明确规定的以外,其他行业企业应当比照以上类似行业的企业确定成本项目。

第三十三条 企业应当按照第二十一条至第三十二条规定确定产品成本核算项目,进行产品成本核算。企业内部管理有相关要求的,还可以按照现代企业多维度、多层次的成本管理要求,利用现代信息技术对有关成本项目进行组合,输出有关成本信息。

第四章　产品成本归集、分配和结转

第三十四条 企业所发生的费用,能确定由某一成本核算对象负担的,应当按照所对应的产品成本项目类别,直接计入产品成本核算对象的生产成本;由几个成本核算对象共同负担的,应当选择合理的分配标准分配计入。

企业应当根据生产经营特点,以正常生产能力水平为基础,按照资源耗费方式确定合理的分配标准。

企业应当按照权责发生制的原则,根据产品的生产特点和管理要求结转成本。

第三十五条 制造企业发生的直接材料和直接人工,能够直接计入成本核算对象的,应当直接计入成本核算对象的生产成本,否则应当按照合理的分配标准分配计入。

制造企业外购燃料和动力的,应当根据实际耗用数量或者合理的分配标准对燃料和动力费用进行归集分配。生产部门直接用于生产的燃料和动力,直接计入生产成本;生产部门间接用于生产(如照明、取暖)的燃料和动力,计入制造费用。制造企业内部自行提供燃料和动力的,参照本条第三款进行处理。

制造企业辅助生产部门为生产部门提供劳务和产品而发生的费用,应当参照生产成本项目归集,并按照合理的分配标准分配计入各成本核算对象的生产成本。辅助生产部门之间互相提供的劳务、作业成本,应当采用合理的方法,进行交互分配。互相提供劳务、作业不多的,可以不进行交互分配,直接分配给辅助生产部门以外的受益单位。

第三十六条　制造企业发生的制造费用,应当按照合理的分配标准按月分配计入各成本核算对象的生产成本。企业可以采取的分配标准包括机器工时、人工工时、计划分配率等。

季节性生产企业在停工期间发生的制造费用,应当在开工期间进行合理分摊,连同开工期间发生的制造费用,一并计入产品的生产成本。

制造企业可以根据自身经营管理特点和条件,利用现代信息技术,采用作业成本法对不能直接归属于成本核算对象的成本进行归集和分配。

第三十七条　制造企业应当根据生产经营特点和联产品、副产品的工艺要求,选择系数分配法、实物量分配法、相对销售价格分配法等合理的方法分配联合生产成本。

第三十八条　制造企业发出的材料成本,可以根据实物流转方式、管理要求、实物性质等实际情况,采用先进先出法、加权平均法、个别计价法等方法计算。

第三十九条　制造企业应当根据产品的生产特点和管理要求,按成本计算期结转成本。制造企业可以选择原材料消耗量、约当产量法、定额比例法、原材料扣除法、完工百分比法等方法,恰当地确定完工产品和在产品的实际成本,并将完工入库产品的产品成本结转至库存产品科目;在产品数量、金额不重要或在产品期初期末数量变动不大的,可以不计算在产品成本。

制造企业产成品和在产品的成本核算,除季节性生产企业等以外,应当以月为成本计算期。

第四十条　农业企业应当比照制造企业对产品成本进行归集、分配和结转。

第四十一条　批发零售企业发生的进货成本、相关税金直接计入成本核算对象成本;发生的采购费,可以结合经营管理特点,按照合理的方法分配计入成本核算对象成本。采购费金额较小的,可以在发生时直接计入当期销售费用。

批发零售企业可以根据实物流转方式、管理要求、实物性质等实际情况,采用先进先出法、加权平均法、个别计价法、毛利率法等方法结转产品成本。

第四十二条　建筑企业发生的有关费用,由某一成本核算对象负担的,应当直接计入成本核算对象成本;由几个成本核算对象共同负担的,应当选择直接费用比例、定额比例和职工薪酬比例等合理的分配标准,分配计入成本核算对象成本。

建筑企业应当按照《企业会计准则第 15 号——建造合同》的规定结转产品成本。合同结果能够可靠估计的,应当采用完工百分比法确定和结转当期提供服务的成本;合同结果不能可靠估计的,应当直接结转已经发生的成本。

第四十三条 房地产企业发生的有关费用，由某一成本核算对象负担的，应当直接计入成本核算对象成本；由几个成本核算对象共同负担的，应当选择占地面积比例、预算造价比例、建筑面积比例等合理的分配标准，分配计入成本核算对象成本。

第四十四条 采矿企业应当比照制造企业对产品成本进行归集、分配和结转。

第四十五条 交通运输企业发生的营运费用，应当按照成本核算对象归集。

交通运输企业发生的运输工具固定费用，能确定由某一成本核算对象负担的，应当直接计入成本核算对象的成本；由多个成本核算对象共同负担的，应当选择营运时间等符合经营特点的、科学合理的分配标准分配计入各成本核算对象的成本。

交通运输企业发生的非营运期间费用，比照制造业季节性生产企业处理。

第四十六条 信息传输、软件及信息技术服务等企业，可以根据经营特点和条件，利用现代信息技术，采用作业成本法等对产品成本进行归集和分配。

第四十七条 文化企业发生的有关成本项目费用，由某一成本核算对象负担的，应当直接计入成本核算对象成本；由几个成本核算对象共同负担的，应当选择人员比例、工时比例、材料耗用比例等合理的分配标准分配计入成本核算对象成本。

第四十八条 企业不得以计划成本、标准成本、定额成本等代替实际成本。企业采用计划成本、标准成本、定额成本等类似成本进行直接材料日常核算的，期末应当将耗用直接材料的计划成本或定额成本等类似成本调整为实际成本。

第四十九条 除本制度已明确规定的以外，其他行业企业应当比照以上类似行业的企业对产品成本进行归集、分配和结转。

第五十条 企业应当按照第三十四条至第四十九条规定对产品成本进行归集、分配和结转。企业内部管理有相关要求的，还可以利用现代信息技术，在确定多维度、多层次成本核算对象的基础上，对有关费用进行归集、分配和结转。

第五章 附 则

第五十一条 小企业参照执行本制度。

第五十二条 本制度自2014年1月1日起施行。

第五十三条 执行本制度的企业不再执行《国营工业企业成本核算办法》。

参考文献

[1]于富生，黎来芳，张敏.成本会计学(第8版)[M].北京：中国人民大学出版社，2018.

[2]于富生，黎来芳，张敏.成本会计学(第8版)学习指导书[M].北京：中国人民大学出版社，2018.

[3]徐晓敏，赵文静.成本会计(第3版)[M].北京：人民邮电出版社，2018.

[4]陈文军.成本会计学—理论、实务与案例[M].北京：电子工业出版社，2017.

[5]万寿义.成本会计第4版[M].大连：东北财经大学出版社，2016.

[6]刘金星.管理会计实训业务与案例[M].北京：中国人民大学出版社，2015.

[7]焦桂芳，贾讲用，成本会计[M].北京：中国经济出版社，2010.

[8]夏鑫，黄静，梁星.成本会计学[M]、北京：清华大学出版社、北京交通大学出版社，2010.

[9]程旭阳、成本会计与实务[M].北京：清华大学出版社，2009.

[10]胡玉明，潘敏虹.成本会计[M].厦门：厦门大学出版社，2010.

[11]李会青.成本会计[M].上海：上海财经大学出版社，2008.

[12]李会青.成本会计习题集[M].上海：上海财经大学出版社，2008.

[13]中国注册会计师协会.财务成本管理[M].北京：中国财政经济出版社，2005—2010.

[14]陈良华，韩静.成本会计习题与案例[M].大连：东北财经大学出版社，2009.

[15]刘巧茹，刘松颖，代学钢，成本会计[M].北京：机械工业出版社，2011.

[16]梁莱歆.公司理财[M].北京：清华大学出版社，2009.

[17]沈亚香，顾玉芳，成本会计实训[M]，上海：立信会计出版社，2010.

[18]顾玉芳.成本会计实训[M].上海：立信会计出版社，2010.

[19]朱朝晖，许庆高，胡桂兰.成本会计[M].北京：科学出版社，2011

[20]程明娥.成本会计[M].北京：清华大学出版社，2009.

[21]孙茂竹，王艳茹.成本管理会计[M]，大连：东北财经大学出版社，2011.

[22]胡玉明.高级成本管理会计[M].厦门：厦门大学出版社，2002.

[23]唐艳，张五新，成本会计学[M].武汉：华中科技大学出版社，2010.

[24]果洪斌，张庆春.新编成本会计学学习指南与练习[M].武汉：电子工业出版社，2010.

[25]王志红.成本会计学[M].北京:清华大学出版社、北京交通大学出版社,2010.

[26]乐艳芬,成本会计[M].上海:上海财经大学出版社,2008.

[27]董淑芳.成本会计实务[M].北京:中国人民大学出版社,2009.

[28]孙蕾蕾.成本会计超简单[M].北京:中国宇航出版社,2014.